湛庐文化
Cheers Publishing

a mindstyle business
与思想有关

LEADERS

领导力之父 沃伦·本尼斯

组织发展理论先驱

Warren Bennis

LEADERS 从第二次世界大战走出的领导力大师

> 沃伦·本尼斯从不自吹自擂，却已经领先一步。
>
> ——现代管理学之父 彼得·德鲁克

1925年，本尼斯出生在美国新泽西州的一个犹太家庭。他在1943年参军，奔赴第二次世界大战战场。战争给了本尼斯一份厚礼，让他在19岁时就有机会成为领导者——步兵中尉，后因作战英勇而成为整个欧洲战区最年轻的军官，并荣获至高荣誉紫心勋章和铜星勋章。

与很多管理学者不同，本尼斯的很多研究和洞见都源于他的个人经历。战后，本尼斯进入安迪亚克学院深造，深受导师——XY理论创始人道格拉斯·麦格雷戈（Douglas McGregor）的影响。后来，他追随麦格雷戈来到麻省理工学院，成为经济学泰斗保罗·萨缪尔森的学生。

1971年，本尼斯担任辛辛那提大学校长，将多年从事的领导力研究付诸实践，率领他的团队力挽狂澜，拯救了这所正面临财政危机的大学。此外，他曾担任麻省理工学院组织研究系主任，哈佛大学肯尼迪政府学院公共领导力中心顾问委员会主席，哈佛商学院波士顿校区的托马斯·墨菲杰出研究学者，南加州大学工商管理学院杰出教授、领导力学院创始人兼主席等职务，还荣膺四任美国总统的顾问团成员，多家《财富》500强企业的顾问。

LEADERS

领导学大师们的院长

将领导力确立为受人尊敬的学术领域的教授。

——《金融时报》

在管理学界，本尼斯是首屈一指的领导力大师和先驱人物。他是欧洲最伟大的管理思想大师查尔斯·汉迪的老师。《福布斯》杂志称他是“领导学大师们的院长”，可见其地位与声誉。本尼斯曾对美国各行各业的90位领导者做过一次著名的领导力研究。这些人物包括第一位踏上月球的宇航员尼尔·阿姆斯特朗、洛杉矶公羊队主教练、管弦乐团指挥、麦当劳创始人雷·克洛克等。“他们有些是右脑型人物，有些是左脑型人物，他们有高有矮，有胖有瘦；有的伶牙俐齿，有的不善言辞；有的过分自信，有的畏手畏脚……”本尼斯说。这些人之间的共同点是，他们都表现出了“对当前混乱状态的控制能力”。也就是说，领导力是无所不包的，所有人都能拥有它。

在20世纪80年代之前，领导力主题曾长期遭到忽视，没有人认为值得为它展开严肃的学术研究，正是本尼斯卓越的贡献，才使它重获生机。从那时起，本尼斯认为，“领导学已经成为了一个重要的研究领域，对其发展的关注和兴趣不再仅限于美国，成了真正的全球现象。”

两度斩获麦肯锡奖的 LEADERS 领导力开创者

> 世界上有“团队”也有“伟大的团队”。本尼斯可以为您带来希望。
>
> ——欧洲最伟大的管理思想大师 查尔斯·汉迪

本尼斯爱读莎士比亚，称每次重读都会有不同的收获。莎翁在剧作《皆大欢喜》中，将人生分为七大阶段。本尼斯认为领导者的一生也可以分为七个阶段，而且和莎翁的描述异曲同工，它们是：嗷嗷待哺的婴儿、满面红光的学童、哀歌的恋人、长胡子的士兵、身经百战的将军、戴眼镜的政治家和返璞归真的贤者。本尼斯说：“领导者每进入一个新境界，都意味着新的危机和挑战。蜕变过程痛苦无比，如能做好准备，便可安然渡劫。”

本尼斯是现代管理思想家的卓越代表，在管理特别是领导力的研究和咨询上建树颇丰，有多部著作荣获蜚声国际管理界的“麦肯锡最佳管理书籍奖”，被誉为“领导力大师”。

40 年间，他一共撰写和编辑了近 30 本专著、1 500 多篇文章，发表研究论文上百篇。最负盛名的著作有《领导者》《成为领导者》《七个天才团队的故事》《经营梦想》等，其中《领导者》《成为领导者》已被译成 20 多种语言在全球出版。

大师虽已仙逝，但他深邃的领导力思想将一直在管理界回响……

Managing the Dream

沃伦・本尼斯 经典四部曲・04

经营梦想

「纪念版」

[美] 沃伦・本尼斯（Warren Bennis）
姜文波 ◎译　徐中◎审校

浙江人民出版社
ZHEJIANG PEOPLE'S PUBLISHING HOUSE

主编的话

杨斌 教授
清华经管领导力研究中心主任

开设 leadership 类的课程伊始，我就打定主意，认真地称呼它作“领导之道”。倒不是为了简单地省“力”求异，而是包含些许自己的念想在里头。

一是想突出 TO BE（是）与 TO DO（做）的不同。听者习者，是想有些即刻好用的法子、技艺，能够克敌制胜，佳绩可期。送他们来念课参训的法人、大人们，也有不少抱有希望收获回去更趁手的兵器。这都再正当不过了。“力”掌握于个体，服务于集体，可以度量，可以培养，可以作价，可收可发。但正当，不代表正确。那些后缀着“ship”的名堂，常常因为它忘怀了知识（K），超越了技能（S），融进了品性（A）。你所变成的，你所就是的，于他人可以发见、欣赏，但却不那么容易迁移，或迁移成了却了无生意。“成为领导者”，“作为领导者”，与“具备领导力”“谙熟领导学”不同。其不同，我想先从不用“力”做起。

二是想坦陈“坐而论道”的局限，为师的难。看成是本事，提高得靠实践、历练；看成是心性，则需要更长时间的积淀，抑或机缘遭逢的悟到、绽放。而写出来，讲出来，lost in words，几乎是一定的。开个诗歌课是个多难的事儿呢？诗歌鉴赏课上的七嘴八舌，或读几句就走心呆坐，但还没有逼到要叫人“写出诗句”或“活出诗意”。所以，要认命。也就是自说自话的说道（也最好还别布道），不敢轻易说有多少科学，但经过了组织与梳理，遵从逻辑，有所体系，不怕人说是 well organized common sense（精装常识）——这年头常识常遭忽视。总有“听者有心”并愿意起而行之，反求诸己，自我修炼，把看到听到的“常识道”，与本身的使命、本心化成，内化调制为自己的“非常道”。谁之功？回首向来萧瑟处，百姓皆谓我自然。

再说千遍又何妨？领导这个词，在这里，在我所选的这些书里，不是职位，不是功绩，不是命令链条，不是炫目浩荡。它是一个或是一些人，让人更是人，让组织更向上，让社会更向前，让这些变化更有机地发生的实践。

为什么用卓越？讨论领导，常用的是有效，充满着还原论的机械；说伟大，又太多 Kitsch 表达。卓越各不同，横看成岭侧成峰。如果说领导像爱情一样，是世界上最容易观察到的却又最不容易理解的现象的话，卓越则更是多维多样，甚至，很多时候领导者之卓越、之所以卓越，与你“纯朴真挚、劝人向善”的意识形态存在矛盾。所以，我特意编选的这个“卓越领导之道”书系中的书，都有些思想上的耐人寻味，而不怎么是用力地鼓吹感召，都有些无心栽柳的边缘意识，却正合了这不确定时代的道道。

希望你通过阅读而享受思考，通过领导而获得解放。

经营梦想，引领变革

——领导的真谛

徐中博士
清华经管领导力中心研究员
领越®领导力高级认证导师
学堂在线“中国创业学院”频道主任

人类进入 21 世纪，创新和全球化加速了各领域的变革。在中国，变革的速度、广度、深度和力度前所未有，领导力的重要性和紧迫性与日俱增。

2016 年 5 月 30 日，华为总裁任正非在全国科技创新大会上说：“从科技的角度来看，未来二三十年人类社会会演变成一个智能社会，其深度和广度我们还想象不到……华为正在本行业逐步攻入无人区，处在无人领航，无既定规则，无人跟随的困境。华为跟着人跑的‘机会主义’高速度，会逐步慢下来，创立引导理论的责任已经到来。”

在波士顿的哈佛商学院，领导变革权威约翰·科特（John P. Kotter）教授在最新出版的《变革加速器》（*Accelerate: Building Strategic Agility for a Faster-Moving World*）中指出：我们正在穿越一条边界，进入一个充满难以预测的混乱和指数级变化的世界，我们对此尚未做好准备。

展望未来30年，中国将从长期的跟随，迈向局部的超越、全球的引领。任正非的观点代表了一批有远见的领导者对未来的思考，我们必须前瞻未来、面向世界，加速培养一大批根植中国、放眼全球、知行合一、使命必达的领导者。

湛庐文化本次集结领导力大师沃伦·本尼斯最有代表性的四部著作《领导者》《成为领导者》《七个天才团队的故事》《经营梦想》重新出版，对于我们了解近代西方领导力思想、认识现代组织的领导力真谛，迎接当下和未来的领导力挑战，具有重要的意义。

我第一次了解本尼斯是在2003年，当时阅读了清华大学杨斌教授翻译的本尼斯的大作《极客与怪杰》（*Geeks and Geezers*），对书名、研究方法，以及“熔炉”“赤子态”“适应能力”等新概念深感好奇。此后，陆续阅读了《领导者》《成为领导者》等多部著作，也在多个国际领导力论坛上听到众多学者对本尼斯的赞美和思想的引用，让我的领导力研究和教学受益匪浅。

在领导力研究领域，沃伦·本尼斯被誉为“领导力之父”“领导学大师们的院长”，他先后担任过四任美国总统（约翰·肯尼迪、杰拉尔德·福特、林登·约翰逊、罗纳德·里根）的顾问团成员，众多《财富》500 强公司的顾问、董事，星巴克董事长霍华德·舒尔茨称其为导师。2000 年 5 月，《金融时报》称本尼斯为"将领导力确立为受人尊敬的学术领域的教授"。2007 年，《商业周刊》将本尼斯评为十大最有影响力的思想领袖之一。

哈佛商学院教授、《真诚领导力》（*Authentic Leadership*）作者比尔·乔治（Bill George）称颂本尼斯：

> 如果说彼得·德鲁克是"管理学之父"，沃伦·本尼斯就是"领导力之父"。沃伦·本尼斯第一个提出，领导力不是一系列天生的特质，而是持续一生的自我探索的结果。这个自我探索的过程让人们成为更完整、更圆满的人，成为对自我有清晰觉察，并能激发他人最佳潜能的人。

本尼斯的一生，既是对领导力学术探索的一生，更是对领导力实践追寻的一生。1944 年，19 岁的他成为第二次世界大战欧洲战区最年轻的步兵指挥官，战争的"熔炉"锤炼了他，开启了他探索领导力的独特视角。退役后，他先后在安迪亚克学院和麻省理工学院学习经济学、心理学和商业。20 世纪 60 年代，他在麻省理工学院研究群体行为之时，就已经预言并促进组织勇往直前地迈向更少等级、更加民主和更有适应能力的新组织。1967 年，他先是辞去了在麻省理工学院轻松且回报颇丰的教职，到崭露头角的纽约州立大学布法罗分校担任了 4 年的教务长，1971—1978 年，出任辛辛那提大学的校长。之后，本尼斯在南加州大学沉下心来深入研究和思考当代领导力的挑战与出路，撰写了《领导者》《成为领导者》等 20 多部著作，开创了领导力研究的新时代。

在本尼斯看来，领导力与情境、追随者、任务密切相关，必须与时俱进。关于领导力的概念，据统计有850多个。对此，本尼斯打了一个比方：**在某种程度上，领导力就像美，很难定义它，但当你看到它时，你就知道那是美。**

为帮助读者更好地了解和理解本系列图书的要点，在此对四部著作做一个简要介绍：

1.《领导者》论及的是"领导者是什么人"。本尼斯团队耗时两年采访了90位领导者，其中60位是成功的CEO，另有30位则是公共服务领域的杰出领导者。其主要结论是：

- 领导者有四大共同的主题策略：策略一，通过愿景唤起专注；策略二，通过沟通赋予意义；策略三，通过定位赢得信任；策略四，通过自重实现自我成长。
- "领导"与"管理"是两个不同但互补的概念，"管理者是把事做对的人，领导者是做对的事的人"，"管理"意味着"带动、实现、负责、指挥"；而"领导"是"影响、指引方向、过程、行动、提出意见"，领导意味着有效的愿景和决断，管理意味着熟练的日常业务运营。

2.《成为领导者》是本尼斯最重要的一部著作，以宏大的美国历史画卷探讨了领导力的作用、形成与挑战，通过对数十位领导者的深入访谈与研究，讨论了领导力的方法论：人们怎样成为领导者，他们怎样领导，以及组织是怎样鼓励或者限制有潜力的领导者。

- 《成为领导者》是基于这样一个假定：领导者是那些能够充分表现自我的人。他们知道自己是什么人，知道自己的优点和缺点是什么，知道该怎样去充分利用自己的优点、弥补自己的缺点。他们还知道自己想要的是什么、为什么有这样的目标，以及如何通过有效地沟通共同的目标赢得他人的合作与支持。他们知道该怎样去实现目标。充分表现自我的关键是了解自我和外在的世界，而了解的关键是学习——从自己的人生和经历中学习。

- 新经济是靠智力资本推动的，这也将是 21 世纪经济的特征。一家公司最重要的资产是办公楼、厂房和设备的时代已经一去不复返了。今天，创意是全球经济的发动机和货币。对领导者以及想要成为领导者的人们来说，新经济的真谛在于其力量源自创意而非职位。
- 领导者们都认为领导力不是天生的，而是后天造就的，而且更多的是靠他们自身的努力而非任何外在的途径。其次，他们都认为，没有哪个领导者原本就打算成为一个领导者，确切地说，他们是想充分自由地表现自我。换句话说，领导者没有兴趣向他人证明自己，他们始终关心的是表现自己。这一至关重要的差别是一个“熔炉”，决定了一个人是“被驱策”还是“主动领导”。在整个人生中，他们都在不断地成长和发展自我。
- 领导的六个基本要素：第一，指引性的愿景（guiding vision）；第二，激情（passion）；第三，正直诚实（integrity）；第四，信任（trust）；第五，好奇心（curiosity）；第六，勇气（daring）。
- 领导者的七个主要品质：专业能力、概念能力、业绩表现、人际能力、鉴赏力、决断力和品格（character）。在未来的世界中，卓越领导者的核心软技能是：人际能力、鉴赏力、决断力和品格，以及适应能力（adaptive capacity），适应能力让领导者能够迅速、聪明地应对持续不断的变化。
- 真正的领导者不是天生的，而是后天造就的，并且通常是自我造就的。领导者创造自己（leaders invent themselves）。领导者创造自己的方式就是培养自己的品格和愿景。
- 人人都有领导力，但并不是人人都会成为领导者。

3.《七个天才团队的故事》研究了美国历史上七个具有持久影响力的团队：迪士尼电影公司、施乐公司的帕洛阿尔托研究中心的伟大团队、苹果公司团队、克林顿竞选团队、“臭鼬计划”与隐性飞机团队、黑山学院、“曼哈顿计划”团队，总结出了伟大团队的15条经验。这本书对于从事颠覆式技术创新的创业团队尤有启发。

- 全球最大的猎头公司光辉国际（Korn Ferry）及《经济学人》杂志最近对一些跨国公司高管所做的研究证实了我们的理论：未来的机构将领导团队来管理。
- 伟大的领导者和追随者总是致力于富有创造性的合作。一个有天赋的人就能够解决我们所有问题的时代早已一去不复返。如今我们面对的问题来得太快，也太复杂，以至于要解决它们，我们需要优秀的领导者甚至是领导团队率领下的人才群体。
- 要领导一个优秀的团队，领导者不必具备团队成员具备的所有技能。他必须具备的是愿景、感召他人的能力以及正直。
- 伟大团队是完全投入到惊心动魄的探索过程中的组织，充满活力与创意，成员多姿多彩、才华洋溢，并在极高的风险和时间压力下工作。
- 伟大团队很少有士气问题。成员大都自动自发，陶醉在解决问题的喜悦中。全体的注意力集中于一个伟大的计划，对于一般环境下所产生的困扰全无知觉。
- 金钱不重要，职业生涯也无所谓，项目重于一切。这不是一份工作，而是一项使命，由眼中闪烁着火花的一群人执行。
- 领导一群天才，领导者首先要赢得相当的尊敬；让天才认为他说的话有价值，因为天才总是可以有其他的选择；还要能激发彼此信任，并值得大家信任；同时要谦恭殷勤——虽然彬彬有礼并非伟大团队的特点，但想要带领伟大团队的人必须具备这个特质。

4.《经营梦想》是本尼斯30年研究精选，汇集了他全部领导力论著的精华，书中的每一页都闪耀着他的才华和智慧。他认为，通过拥抱和“经营”一个真实的梦想，领导者就真正地肩负起塑造未来的责任。

- 本书重点探讨的就是领导者与其梦想的关系，以及他的组织与其梦想的关系。深入探讨领导者如何推动领导和管理变革。
- 第三部分专注于品格和道德。对那些留下了真正遗产的领导者们来说，品格和道德是最宝贵的优点。每一个组织都怂恿其领导者专注于眼前的当务之急，而代价就是忽视那些决定我们所有人生活质量的大问题。
- 事实上，领导者就是那个未来梦想的化身。一个梦想就是一张路线图。它告诉我们怎样前往与命运碰头的约会地点；梦想就是一系列富有想象力的假设，摸索着走向存在于我们意识深处的栩栩如生的理想境界。

本尼斯的领导力思想、理论与实践具有广阔的历史视野、精微的人文情怀、如炬的全球前瞻，希望从推荐序的点滴光辉映射出大师的卓然风采。

就在本书系即将付印之际，2016 年 9 月 10 日上午，具有开创性意义的跨文化全球领导力项目，旨在培养具有全球视野、致力于推动人类文明进步的未来领导者——清华大学苏世民学者项目举行了开学典礼，迎接首届入学的来自 31 个国家的 110 名苏世民书院的学生。中国国家主席习近平和美国总统奥巴马分别发来贺信，表达对首届学生的祝贺与期待。由此可以看出，领导力教育已经成为中国高校教育改革的重要方向，逐渐迈进青少年教育的核心区域。

彼得·德鲁克说：领导者的首要任务是定义使命。使命即是初心。学习与发展领导力，我们需要时常问问自己：我的初心是什么？

最后，感谢湛庐文化董事长韩焱女士、高级副总裁张晓卿女士、总编辑董寰女士的信任，让我领衔重新审校和翻译这四本书，特别是因为连续创业的原因，一再延误书的出版，使得自己一直惴惴不安、深感愧疚。

感谢第一版的译者姜文波，感谢赵岑博士、徐琨女士百忙之中重译《领导者》，感谢胡金枫女士在翻译过程中的参与和支持。感谢我的太太佛影女士长期以来的包容和支持，她总是为一些精彩的翻译手动点赞，给我莫大的鼓舞。

由于译者水平所限，不当之处，敬请指正！

共勉。

扫码关注庐客汇，
回复“经营梦想”，
听徐中老师亲自讲述本尼斯的领导力智慧。

推荐序2

他，毕生充满好奇心

汤姆·彼得斯
全球著名管理学大师

好奇心总是让沃伦·本尼斯受益无穷，而我们大多数人也都从中获益。对一位年事已高，却始终像六七岁的孩子一样充满好奇心、喜欢琢磨的老人来说，本书就是最好的证明。

本尼斯是组织领域的先驱，他有先见之明。20世纪60年代，他在麻省理工学院研究群体行为之时，就已经预言并促进当今的组织勇往直前地迈向更少等级、更加民主和更有适应能力的新组织。他毕生都在毫无保留地奉献着知识和智慧。在对社会互动的细节进行谨慎研究的同时，本尼斯还拿自己去冒险，在缅因州贝瑟尔的国家培训实验室为首批

T团队（T-group）[①] 担任领导。1964年，在发表于《哈佛商业评论》的一篇里程碑式的文章中（参见第8章），本尼斯和他的同事菲利普·斯莱特（Philip Slater）令人震惊地宣称“民主是必然的”。应斯莱特和本尼斯的请求，《哈佛商业评论》在1990年重新刊登了这篇论文；我们很少有人能有机会公开地说：“我早跟你们说过了。”

在发出了大胆的民主宣言之后，仅仅过了两年，本尼斯就紧跟着发表了《垂死的官僚制度》（*The Coming Death of Bureaucracy*）（参见第9章）一文。在这篇论文中，本尼斯坚持认为，几百年来基于命令和控制的、金字塔形的组织结构气数已尽，在面对被“持续变革”所困扰的社会和经济时，完成明天的工作将需要“适应能力强、快速变化的临时系统”。这一观点在当时的背景下也同样是前瞻的。这篇论文最早出现在IBM公司的《思考》（*Think*）杂志上，但是很可惜，IBM公司并没有听他的话！

1967年，本尼斯再一次被自己的好奇心驱使，开始花10年的时间来实践自己一直以来所宣扬的：首先是在纽约州立大学布法罗分校担任教务长，之后又到辛辛那提大学担任了校长。说他不过是实践了他所宣扬的，那就未免过于轻描淡写了，因为事实证明，实践领导力与通过文字来影响领导力完全是两回事。这段低谷绝不少于高峰的经历让本尼斯身心俱疲，无疑是他在53岁心脏病严重发作的一大诱因。

他从前拥有过惊人的职业生涯，在社会科学历史上极具地位，浑身上下、里里外外还有着许多伤疤，可为什么他还要自寻更多的烦恼呢？

---

① 项目开始于1947年。参与者在一起学习并体验所学，并将由此产生的创造性应用于团队建设。此方法可帮助领导者和管理者构建一个更加有亲和力的、服务于人们的系统，并帮助他们了解自己的行为如何对他人产生影响。——编者注

那该死的好奇心再一次驱使了他，这就是原因。现在，本尼斯倾注了全部精力来回顾自己的过去，紧接着对领导力进行了一系列重大、系统的研究，还有这本最新的、在很多意义上来说也是最好的个人反思的著作。

为什么说是最好的呢？**在担任辛辛那提大学的校长时，本尼斯得出结论，领导力最终涉及的就是个体领导者与组织的关系。他在本书中所进行的这种自我探索和反思，对任何一个成功的领导者来说都是成长历程中不可或缺的部分。**

我喜欢这本书。它以同样的深度反映了人性、开放、勇气以及严谨的思维，令人惊叹地例证了优秀的社会科学既可以是非常严谨的，也同样可以是非常生动、优美的。

我喜欢这本书，是因为它让长期处于困惑中的我茅塞顿开。一方面，在关注变革、民主和官僚制度这一点上，本尼斯30多年来是始终如一的；另一方面，他又是变化的、常新的、与时俱进的、勇于挑战的。现在的他还和1970年时一样，那时，身为MBA新生的我第一次接触了他的研究成果（《垂死的官僚制度》是斯坦福大学的老师给我们指定的首批读物之一）。本尼斯承认自己一直深受两位早期导师的影响。其中的一位是凯普顿·贝辛格（Captain Bessinger），当19岁的本尼斯在1944年成为欧洲战区最年轻的步兵指挥官时，高中辍学的贝辛格是本尼斯的连长；另一位是道格拉斯·麦格雷戈（Douglas McGregor），这位社会科学大师的思想激励着本尼斯后期做了大量工作。我也深受一些导师的影响，本尼斯就是其中最重要的一位。一位新闻记者曾经问我，希望自己的墓志铭怎么写。在毫不含糊地告诉他我还一点儿都不急着去见上帝之后，我接着对他说，我希望将来我的墓碑上写着："他毕生充满好奇心！"在读过本书并进行了反思之后，我认识到在某种意义上，我信口说出的那句话正是沃伦·本尼斯非凡人生的鲜明标志。当然，本尼斯和我都还不急于让人给我们写墓志铭。但是，如果你希望从这个丰富多彩、充满好奇心的生命身上学到些什么，希望从他的思想和实践中得到激励，那么认真地阅读和思考这本书将是你最好的选择。

目录

倾向于分权的组织正在兴起；在这样的组织里，好的创意会受到重视，即使它们并不是上司的创意。不论是过去还是现在，民主都要比任何其他非民主的组织形态更有效。

每一个时代都会形成适合其特色的组织形式，而被社会学家称为官僚制度的主流形式，已经与当代的现实脱节了。我所说的官僚制度是一种以金字塔形式建构起来的行政管理系统，这一典型的结构协调着我们所知道的几乎每一种人类组织：企业、政府、大学以及研发实验室、军队、宗教组织、志愿组织。

10 LEADER 企业的董事会 /115

在近些年里，组织生活发生了根本性的变化，所以企业的董事会已经变得比以往更重要了。过去的老头俱乐部所做的几乎就只是不假思索地批准管理层的决定，如今，他们已经让位给一个多样化的群体。这个群体同时负有法律和道德的义务，必须要仔细审查管理层，甚至要承担领导角色，就像通用汽车公司的董事会在几年前所做的那样。

11 LEADER “联邦制”企业的未来 /125

在成功的联邦制组织中，对于领导者的领导者来说，一项重要且核心的任务就是要成为其他领导者的培养者。实际上，企业联邦制可以为“授权”提供一个结构框架。企业联邦制不会消除对领导力的迫切需要，而是要突出并重新定义领导者的任务。最终，联邦制组织可能还会为更加民主的组织铺平道路。

第三部分　实现梦想：领导者的品格

18 LEADER 沃伦达因素 /263

“沃伦达因素”既是关于管理的，同样也是关于人生的。那些在各个领域里成功“走钢丝”的人有很多共同点。他们在冒险时不会过多地考虑不利因素。在他们看来，错误不是失败，而是成长。

19 LEADER 何时辞职 /269

当你必须要放弃自己曾经钟爱的东西时，不管那是一份工作还是一段婚姻，作出这样的决定显然是最令人痛苦的。辞职的代价固然很大，但继续留在一个你已不再能发挥作用的职位上，代价更加巨大。领导者该何时与组织划清界线？

未来梦想的化身

“责任始于梦想”，诗人叶芝[①]写道。这句话在卓越领导者们的人生中得到了最生动的验证。所有人都有一种无法抗拒的欲望，想要理解和预测未来；但是，通过拥抱和“经营”一个真实的梦想，领导者就真正地肩负起塑造未来的责任。事实上，**领导者就是那个未来梦想的化身**。

对我来说，梦想是一个混合词，有着很多的含义。首先，它涉及运用想象力，让我们能够凭智慧去超越和战胜未来的事件；其次，想要控制未来的努力是一种社会性创造，它证明为将来做规划的过程是合理的。就我所知，除了着眼于表面的事实并推断它们可能会怎样发展，我们没有其他的办法抵抗“盲目力量的暴行”，也没有其他可靠的办法对目标或价值观作出协调。

① 爱尔兰诗人、剧作家和散文家，著名的神秘主义者、“爱尔兰文艺复兴运动”的领袖。——编者注

诗人卡尔·桑德伯格（Carl Sandburg）曾经说过："除非先有梦想，否则什么都不会发生。"的确，**一个梦想就是一张路线图，它告诉我们怎样前往与命运碰头的约会地点；梦想就是一系列富有想象力的假设，摸索着走向存在于我们意识深处的栩栩如生的理想境界。**

马丁·路德·金著名的理想诗句"我们终将胜利"常常被引用，但事实上，这一引用是不完整的。他原来说的是"总有一天，我们将会胜利"。这个被他用来引领追随者的梦想，预示的不是马上就要实现的结果，而是走向胜利必须要经历的漫长而又艰难的斗争。

对有些人来说，这种对梦想含义的强调可能有些不相关，尤其是有些人可能觉得宏伟的梦想是马丁·路德·金那种伟人的专属，真实的财务结果才是我们这些人该关注的。这样一个没有梦想的人，他能够安全地抛弃不切实际的幻想吗？他能够直奔主题吗？他能够专注地研究管理好一家企业或机构的基本细节吗？

根据我这几十年的研究和经验看来，这样的人可能会在一段时间里证明自己是成功的管理者，但他永远也不会成为一位真正的领导者。一个梦想可以对追随者产生无与伦比的吸引力，尤其是当追随者能在这个梦想中找到家园的时候。**一个梦想不必是浩大无边的，但它必须大得足以容纳一群追随者。**的确，如果一个人不能经营好一个梦想，不能为其他人想要融入群体、作出贡献、进行创造的基本需求构筑一个乐园，一般来说，他就不会以领导者的形象留下长久的印迹。因此，本书想要探讨的就是：**领导者与其梦想的关系，以及他的组织与其梦想的关系。**

本书代表着过去几十年来，我穿越各种领导力梦想的旅程。我认为，在这个变化步伐日益加快的时代，组织动态学领域早期阶段的著述可以给我们大量的学习经验。有些见解和预言非常准确，有些则因未曾料到的社会和科技发展而变得复杂了。尽管如此，我还是希望它们能够体现出真正的价值，帮助我们对未来将需要什么样的领导力和组织作出可靠的推断。

就我自己而言，我几乎一生都在探索领导力。在这个让我终生着迷的主题上，我的两个哥哥是我最早的老师。他们俩是双胞胎，除了领导能力之外，他们几乎处处都一样。随着我们渐渐地长大，我的一个哥哥成了典型的天生领导者，他能够说服十几岁的小伙伴们去干那些家长们做梦也想不到的事，包括长时间的逃学。我的另一个哥哥恰恰相反，他在那群孩子中是一个天生的追随者，没有影响力，甚至没有发言权。

我的两个哥哥让我学到了关于领导力的头两个道理：**领导力既取决于性格，也取决于行为；领导比追随要好**！作为一个孩子，我开始仔细地观察领导者们（首先是我那个更讨人喜欢、更有权威的哥哥），以发现他们怎样控制和构造自己的势力范围。我希望学到他们的秘诀：怎样成为一位领导者，甚至更重要的是，领导者怎样做成事情。在第二次世界大战期间，还不到 20 岁的我研究领导力的场所已经不是起居室或者附近的街区了，而是欧洲的战场。一夜之间我认识到，一位领导者不仅会体验到肩负责任的兴奋，他的行动还会对其他个体的人生产生深远的影响，有时甚至是永久的影响，不管是好的还是坏的。

本书包含了我所认识到的关于领导和变革的精髓。它包含了强烈的个人色彩，其中包括一段简要的自传和学术经历。后一部分内容概要地介绍了几十年前社会科学研究怎样改变了我们看待组织的角度，以及可以用来激励人们为自己和组织作出贡献的方法。

你会发现，第二次世界大战、安迪亚克学院（Antioch College）以及其他的事件怎样影响了我的工作。你们会了解到，在我担任大学管理者的那些年里，这段复杂环境中的实践经历让我对自己的那些理论有了哪些新的认识。

我们都是时代的产物，而我的时代曾经是人类历史上最不寻常的一个时代。除了那些论文，我还在本书中提供了一些介绍背景的评论。在阅读这些论文时，你将看到一次又一次革命（信息爆炸仅仅是其中之一）的开端，你将发现为什么我会渐渐地开始相信，这个世界唯一不变的就是变化。

这么多年来，我一直在就"怎样最有效地领导"向企业高管以及其他的领导者提供建议，与他们分享一些认识和见解，比如领导的必要性。但是，或许我给领导者的最经得起时间检验的建议就是：**要保持机敏。在这个充满不确定性的时代，领导者必须要为尚未想象到的事物做好准备**。如今，领导就像是第一次做父母——早在你充分地理解状况之前，你就必须做正确的事。仅举一例：当我在 1964 年与人合写《民主是必然的吗？》（*Is Democracy Inevitable?*）这篇论文时，还没有人能想象到日本会对管理的哲学和实践产生多么深远的影响。然而，从那个年代幸存下来的企业是那些足够灵活的企业，它们可以快速地响应由日本所激发的范式转变。穆罕默德·阿里（Muhammad Ali）说得对：你必须要像蝴蝶一样掠过，像蜜蜂一样螫刺。

这本书一半是反思，一半是方法指南。我倾向于和大家分享自己在一次次的思维爆发中领会到的东西，而不是大量的分析。只要可能，我就会展示而不是说教。在这本书中,大部分的内容都包含在故事中。的确，我认为关于组织的伪科学术语实在太多了，我们需要更多生动的故事。

本书的大部分内容，探讨的都是推动领导和管理变革。但是，第三部分专注于品格和道德。我发现，对那些留下了真正遗产的领导者们来说，品格和道德是最宝贵的优点。每一个组织都怂恿其领导者专注于眼前的当务之急，而代价就是忽视那些决定我们所有人生活质量的大问题，比如，这是正确的吗？这对我们的子孙后代是有益的吗？这对我们的地球是有益的吗？**事实上，在企业和公共生活中，最优秀的领导者既牢记着自己的组织职责，也时刻铭记着自己的社会责任。**

几十年前，我被看成是一个未来学家。实质上，那意味着我喜欢厚着脸皮预言将来可能会发生什么，而不是把自己的分析局限于已经发生的事情上。然而，这本书却不是要对未来作出新的预测，而是提出了一系列我认为必须要找到满意答案的问题。领导者以及研究领导力的学者就是回答这些问题的人，他们有责任替未来构造新的梦想。即使是在这些个错综复杂、令人困惑的时代，我也坚信我们能够胜任这项任务。

领导者的梦想和梦魇

我觉得，首先坦诚地反思一下领导者的理想与现实之间存在的明显差距，会很有帮助。几十年前，当我在波士顿开始自己的学术生涯时，我和很多有才华的同事都坚信，我们能够创造历史，我们的共同努力能够改造人类组织的社会结构。

我们有巨大的动力。当时，“希特勒的阴魂”仍时隐时现，第二次世界大战的硝烟也还没有散尽，我们觉得有必要以某种方式彻底改造社会组织，让民主重获新生并免受法西斯主义和专制的侵袭。在那种背景下，对有效领导力的研究有着我们能想象到的最广泛的影响和意义。

1967 年，我暂时放下了自己潜心从事 10 多年的领导力研究，转而进行了 10 多年的领导力实践。我先是辞去了在麻省理工学院轻松且回报颇丰的教职，到崭露头角的纽约州立大学布法罗分校担任了 4 年的教务长。随后在 1971 年，我离开纽约州立大学布法罗分校，出任辛辛那提大学的校长。本书的第 16 章非常详细地描述了我在这两所大学的经历，但是在这里，我的心愿是让大家透过我的描述，看看当我这个学者把自己的理论带到复杂的社会组织中去时，炽热的实践检验给出了怎样的答案，而我又得到了哪些认识和领悟。

当时，我在麻省理工学院的同事们都认为这是我作出的最愚蠢的决定；事实上，直到今天他们仍然这么认为。然而对于我自己来说，随着时间的推移，我当年暂时停止自己如日中天的学术生涯的动机已经变得越来越清楚了。我为什么选择从事管理与我从中学到了什么，完全是两回事。没有谁知道自己的全部动机，以下是我的部分动机。

从我在安迪亚克学院就读时开始，就一直想追随我的恩师、时任校长的道格拉斯·麦格雷戈的脚步，到一所学院或大学去当校长。我并不认为那是理智的，但它的确是一个强烈的动机。我已经厌倦了做一个看台上的蒙田[①]。蒙田曾经坦承："要是我理应被人们所相信，我就不会那么大胆了。" 看台上的旁观者，置身事外的分析家和客观的评论家，对这些远离行动的人来说，他们当然很容易做到大胆了。我想做到在竞技场中大胆，我想看看自己写的那些东西能否在实践中具体化；在实践者的世界里，行动比空谈更重要。这让我想到了英国作家罗伯特·格雷夫斯（Robert Graves）的诗句：

> 斗牛评论家们在看台上排排端坐，
> 巨大的斗牛场座无虚席；
> 但真正了解情况的人只有一个，
> 他就是场地中央的斗牛士。

① 法国文艺复兴后期重要的人文主义作家、批评家和观察家。——译者注

我的初衷并不完全是要去“斗牛”，但事实证明，这 11 年的经历对我的学术观点来说，是一次绝妙的效果检验。

我猜想，让自己的作品得到充分的诠释和演绎，这必定是每一个作曲家或剧作家急切想要看到的。如果不是亲耳听见，一个作曲家怎么会知道自己写的曲子听起来如何呢？如果不是亲见亲闻，一个剧作家怎么会知道自己写的剧本实际演起来如何呢？如果没有这 11 年的经历，我怎么能够真正地知道自己写的那些文字是否引起了管理界的共鸣，是否具有实际意义呢？

另外，我还对高等教育有一些想法，我希望能有一个机会，尝试推动高等教育界朝着新的方向发展。

想要对他人的生活产生切实的影响，这种使命感和冲动也是我的强烈动机之一。在新泽西州的韦斯特伍德高中（Westwood High），我们的校训是“行胜于言”。或许，过了若干年，当我在 1966 年前后造访身在旧金山的迈克尔·墨菲（Michael Murphy）时，正是这条校训促使我有所“领悟”（我轻易不用这个字眼）。作为伊莎兰学院（Esalen Institute）的创建者以及新世纪哲学的杰出阐释者，墨菲当时正在为《生活》（*Life*）杂志上一篇关于伊莎兰学院的报道哀叹。让他感到震惊的是，这篇报道谈论的不是伊莎兰学院具有挑战性的学术观点，而仅仅是热浴盆、按摩以及一个裸体小组（嗨，这可是在 20 世纪 60 年代）[①]。而让墨菲感到更糟糕的是，同一期杂志的封面上描画了另一种完全不同的裸体——一次野蛮的部落战争夺走了很多比夫拉（Biafran）[②]儿童的生命，他们裸露的尸体就像成捆的木材一样胡乱地堆在一起。这样的两篇报道竟然出现在同

① 伊莎兰学院是伊莎兰按摩的发源地。——译者注

② 尼日利亚东部的一个地区。——译者注

一期杂志上，让我感到骇然，促使我想要超越空洞的分析，超越置身事外的公正和客观：我要做点什么！

还有很多其他无法言喻的东西是我在回望过去时至今仍旧看不清楚的；而当我试图去表达它们时，我的言词听起来老套而又混乱。美国作曲家约翰·凯奇（John Cage）曾经说过："我已经没什么可说的了，但我还是要说一说。"我要顶住这种诱惑。

我在这 11 年中学到了什么，要远比我前面对自己为什么会走上这条道路的思考重要。迎面泼来的冷水往往会打断我所怀抱的梦想，让我回到现实中；还有的时候，我感到梦想彻底地变成了梦魇。不管怎样，我要总结一下自己所学到的东西。

关于权力：在我的学术作品中，我强调领导者作为"引导者"（facilitator）的角色，而对各种形式的权力有所忽略。另外，借用麦格雷戈的著名比喻①，我强调播种、培育和气候营造的"农业模式"。我所讲的是一种驯化版的权力，所强调的是掌权者努力实现集体目标、保持自身决定的合法性以及他人的服从的流程，而不是各种潜在派别的视角，包括各种试图影响掌权者选择的利益群体。换句话说，我意识到组织不仅是一种人际关系模式，而且也是一种政治模式（比如提出稀缺资源的配置）。

关于变革：同样，我的作品提出了一个相当简单的变革模型，基于来自环境的轻微压力和关于真理与爱的战略。也就是说，有了充分的信任和协作，再加上知识，组织就会沿着民主的单向道不断地进步。简而

① 行为科学家道格拉斯·麦格雷戈在《企业的人性面》一书中，详细分析了员工在事业生涯中"干中学"的 5 种学习技术，即陪伴、播种、催化、示范引导与收获。《企业的人性面》一书中文简体字版已由湛庐文化策划、中国人民大学出版社出版。——编者注

言之，我所设想的未来组织，肯定会与巴赫的众赞歌以及沙特尔大教堂一道，成为西方文明的典范。

关于变革我还认识到，要想成为一个有效的变革领导者，你必须既能够尊重传统和稳定性，又能够推动修正和变革。很多追随者认为，我强调后者，而对前者缺乏重视。我认为他们的这种感觉是有些准确的。作为辛辛那提大学的校长，我原本应该更多地了解这座城市及其引以为豪的传统。此外，我采取的一些措施似乎忽视了老教员们的感受。

关于官僚制度：它远比我想象的要棘手和顽固。曾经有个署名为"组织变革的巴克·罗杰斯（Buck Rogers）[①]"的人给我的《变革组织》（*Changing Organization*）一书写过一篇书评；这对我而言不是一个坏的教训。或许，大学要比大多数的组织更顽固。有句老话说，大学比墓地更难改变，听起来是有些道理的。在一所现代的大学里，各方利益相关者之间的复杂关系令人十分困惑，同时也充满了冲突。各方所持利益各异，这让我想到了另一句老话：对一个大学校长来说，成功之道就是给学生们准备好性，给校友们准备好一支获胜的橄榄球队，给教员们准备好一个停车场。

在辛辛那提大学当校长时，我把每周三的下午作为"开放时间"，允许任何人到我的办公室来说出自己的问题、抱怨或意见等。我觉得这是一个权宜之计；有太多的人希望我能听到他们的声音，而我只能每周挤出一个下午的时间。起初我会一对一地接见本校的学生、教员或管理人员，或者是任何一个为此而来的社区成员。后来消息就传开了，有越来越多的人想成为"校长的拜访者"。于是，为了保持秩序，也为了有一个像样的地方让他们等候，我打开了隔壁的会议室，并在里面准备了饮料和小

① 一个电影人物，是拯救地球的英雄。——译者注

点心。最后，提出请求的人实在太多，会议室已经装不下所有的来客了。我只好把大家都请到我的办公室去坐。他们提出的大多数问题都是官僚制度所造成的障碍和混乱。

因为不想越俎代庖地插手原本该由系主任、教务长或副校长作出的决定，我把学校的其他高层管理者也请来了。学校的巡视员总是会在现场做记录，并监督后续措施的落实。这些座谈往往会持续到夜晚；对我来说，到了晚上八九点钟才目送最后一个人离开我的办公室，这是常有的事。人们经常会成群结队地来游说我；大学城里的居民们会常常来抱怨那些不守规矩的学生，而家长们会常常来表达他们对子女成绩的不满。有很多座谈还很热闹；即使达不到别的目的，它们至少让我看到了这所学校的 DNA。我注意到有一个六十多岁的老太太每周都来，而且总是一边织毛衣一边静静地听着，脸上的表情好像很惬意。有一次我问她，是不是有什么问题想问，她回答说："不，没有，我来这儿是因为这是镇上最好看的表演。"

在主持了三年的"开放时间"之后，我没有看到这所学校在行政管理上的常规惯例有任何变化。我很难证明这些座谈对官僚制度的惰性有任何明显的影响。我曾经天真地希望，我会给其他的大学管理者们树立一个值得效仿的榜样。甚至更加天真的是，我一厢情愿地期望这些座谈加上其他的行政干预，会以某种方式把官僚制度赶出校园，让学校能够更迅速地响应教员和学生的要求。或许当初我该继续坚持下去，我不知道；不过，这的确是一段痛苦但也对我有所启迪的"学习经历"，并且可以追溯到我在安迪亚克学院的根。使我坚信的不是宿命论，而是现实主义。

关于领导力（和我）：在布法罗学院和辛辛那提大学的那 11 年是艰

难而又非常重要的。做事与写作完全不同。商学教授尤其容易被管理的实践与研究之间的危险隔阂所伤害。在很多专业，教师同时也是研究者和实践者。比如在医学领域，医学院的教授就既是教师和研究者，也是临床医师。当然，也有少数人只做研究，他们通常拥有哲学博士和医学博士的双重学位。但是大体上来说，医学院的教师和研究者们也给人看病；他们不仅担任院系的教职，而且也保持实践。但是担任咨询顾问，就像很多管理学教授所做的那样——与从事管理不是一回事。在南加州大学一流的影视学院，讲授导演和制片的老师自己也执导和制作电影；讲授剧本写作的老师自己也创作剧本。我认为，与物理学或英国文学这样的学术性学科不同，一个职业性学科，如果不去实践它，是不可能理解它的。

在我看来，研究和实践之间、观察到的真理和体会到的真理之间存在着巨大的差别。亲身实践管理的这 11 年，让我对领导力的深厚本质、其成功和失败，以及领导者个人的心路历程有了更深入的理解。我知道这并不适合于每一个人，但是那段亲身实践的岁月，的确为我认识管理打下了良好的基础；作为一个疯狂的经验主义者，这些是我用任何其他的方法都不能获得的。

我必须要赶紧补充的是，在很多方面，它也是不适合于我的。至少从长远来看是不适合的。事实上，为了这个世界，我不会错过这次机会，但我也不想再做一次。尽管作为一个学校领导者，我有自己的短板也有自己的优势，但是我深知还有别人能比我干得更好。它只是不是我的使命。这个认识的形成过程中有一个转折点，一个顿悟的时刻。

那是 1976 年的一个晚上，我正在给哈佛教育学院的师生们做演讲。他们请我谈谈学校领导力的主题，我花了很多的时间来做准备。演讲大厅里坐满了人，我也觉得自己正处于最佳状态。当我或诙谐或讽刺地描述管理一所大型的城市大学所面临的抱怨、经历的起起落落以及所引发的流言蜚语时，我感到非常痛快。回想那个晚上，我觉得自己一半是社会人类学家，一半是独自表演的滑稽演员。听众们似乎也和我一样愉快。后来，教育学院的院长保罗·伊尔维萨克（Paul Ylvisaker）提了一个问题。他是高等教育界最受尊敬的人物之一，从美国总统到哈佛校长，人人都仰慕他的学识和智慧。他是高等教育界毫无争议的元老。

那时我觉得，我回答问题的经验已经非常老到了。这要得益于多年的执教以及经常与媒体打交道；你知道，媒体总是喜欢问一些令人为难的问题。我非常自负地以为，没有哪个问题我不能生动而又令人信服地作出回答。我想，至少我绝对不会被卡住。伊尔维萨克就坐在大厅的后排，而他的问题就像一个高抛球，懒洋洋地越过听众飘然而至。他慢吞吞的中西部腔调掩盖了问题的精明，不引人注意，很有欺骗性。他的问题很简短。“沃伦，”他问道，“你真的喜欢辛辛那提大学校长这份工作吗？”我不知道在我作出回答之前，时间嘀嘀嗒嗒地过去了多少秒。大厅里突然变得非常安静，我甚至都能听到自己的心跳。最后，我抬起头看着伊尔维萨克的方向，犹犹豫豫地回答说：“我不知道。”实际上，在那一刻我已经知道了答案，只是我还没有明确地告诉自己。

事实是，我不喜欢当校长，我对这个职位没有热情，我正在做的并非出于我的心声。我只是想成为一个大学校长，却不想履行一个大学校长的职责。现在看来，那对我而言是一个巨大的教训，如果说关于领导者我仅有一个发现的话，那么这个发现就是：总的来说，领导者看起来都一贯地热爱自己所从事的工作。迈克尔·阿姆斯特朗（C. Michael Armstrong）是美国电话电报公司（AT & T）的首席执行官和董事长，他最近告诉我，他最喜欢的日子就是星期一。我开玩笑说，他应该在自己的汽车牌照上印上“感谢上帝，星期一到了”[①]。说到杰克·韦尔奇对通用电气公司二十多年来的领导，人们会记住的标志不会是他的战略天赋，而是他动员和激励各个业务中的数万名员工参与建设性活动的方法，这会让他的名字载入商业史。当我与南加州大学的校长史蒂夫·桑普尔（Steve Sample）一起给本科生上一门领导力课程时，我认识到了他是多么热爱自己的工作。我觉得筹集资金是一种难为情的行为，而他却热爱这项活动；他喜欢处理日常的冲突，喜欢令人麻木的日常互动，汽车里的他总是在打电话；他会尽最大努力让自己的星期天保持“空闲”，但愿望时常落空。此外，与领导一所重要的研究型大学相伴随的，还有无数其他的职责等着他。**如果没有足够的热情，谁都不可能成为伟大的领导者。**

伊尔维萨克的问题让我意识到，行政管理不适合我。我对这种工作没有热情。在之后的二十多年里，对卓越领导者品质的研究印证了我当初经历的那个顿悟的时刻。**一个很简单的事实是，所有堪称楷模的领导者都找到了自己独特的心声、自己的标志。**他们知道自己是什么人，知道自己所做的再没有别人能照着去做。杰里·加西亚（Jerry Garcia），“感恩而死”乐队（Grateful Dead）的忧郁灵魂，比我说得更为精辟：

> 你不仅仅是希望人们把你看成是最好中的最好；你希望他们把你看成是唯一一个能够这样做的人。

至今我也不知道伊尔维萨克从我的演讲或肢体语言中接收到了什么，让他提出了那样一个问题。可能是我的漫不经心和肤浅，或者是我眼神

---

① 顺便提一句，这恰好是肯·克洛克（Ken Cloke）和琼·戈德史密斯（Joan Goldsmith）合著的一本好书的书名。

中的某种东西。或许，他那时已经读过了我最近才偶然读到的奥登（W. H. Auden）的诗句：

> 要知道一个人的职业是否适合他，
> 你不必看到他在做什么，
> 而只需注视着他的眼睛：
> 一个厨师会配制他的调味料，
> 一个外科医生会给病人开刀，
> 一个店员会填好一张提货单。
> 他们有着同样的眼神，
> 他们都忘我地沉浸在自己的职责中。

他肯定已经知道了我不能忘我地沉浸在校长的职责中。不过，这并不是灾难。现在我知道了，我注定不会像篮球场上的迈克尔·乔丹或魔术师约翰逊那样，成为管理实战中的英雄。或许，我更多的是菲尔·杰克逊（Phil Jackson）或者帕特·莱利（Pat Riley）——曾经在竞技场中挥汗如雨，但最终是以研究者和教练的身份作出了最重大的贡献。实际上，我们有很多最伟大的教练当初都是不太出色的球员，也有很多最伟大的球员后来当教练却非常失败。我发现，我的天职就是给企业、政府机构和高等院校中的领导者们担任顾问和教练。对于这个角色，给了我巨大帮助的是我新发现的一种能力，也就是充分地认识各个领域中令人筋疲力尽的复杂性的能力。

总而言之，我找到了自己在梦想中的位置；这花了我不少时间。这个位置不是我曾经预想的，但它却是适合于我的，也适合于很多其他的人。

MANAGING THE DREAM

第一部分

开创梦想

领导的艺术

REFLECTIONS ON LEADERSHIP AND CHANGE

A Leader incarnates a dream for future.

领导者就是那个未来梦想的化身。

MANAGING THE DREAM

REFLECTIONS ON LEADERSHIP AND CHANGE

01 经营梦想

我越来越相信，不管时空怎样转变，优秀的领导始终不变。不论是"全球管理者"还是组织，都必须要设法理解和领会其他的文化，尤其是在完全不同的企业发生大规模合并的时代。卓越的领导者都理解并乐于接受这种多样性。

领导者而非管理者

考虑到变化的本质及其永恒性，以及商业领导者所面临的跨国性挑战，作出正确选择的关键在于理解并乐于接受在多变的全球经济中取得成功所必需的领导力品质。要想在21世纪生存，我们将需要新一代的领导者——是领导者，而非管理者。

这是一个重要的差别。多变、动荡、不确定的环境因素，有时似乎是勾结起来围剿我们，而如果任它们为所欲为，我们就一定会被它们所扼杀。**面对这样的环境，领导者的态度是征服，而管理者则是屈服。**领导者与管理者之间还有其他一些至关重要的差别：

- 管理者照章管理，领导者创新。
- 管理者是复制品，领导者是原创品。
- 管理者维持现状，领导者力求发展。
- 管理者重视系统和结构，领导者重视人。
- 管理者依赖控制，领导者激发信任。
- 管理者着眼于短期目标，领导者着眼于长远目标。

- 管理者总是问怎样做与何时做，领导者总是问是什么与为什么。
- 管理者始终盯着盈亏数字，领导者总是放眼于长远发展。
- 管理者忍受现状，领导者挑战现状。
- 管理者是典型的好士兵，领导者做最好的自己。
- 管理者把事做对，领导者做对的事。

1943—1945年，陆军元帅威廉·斯利姆爵士（William Slim）曾经率领英国陆军的第14集团军从日本人手里夺回缅甸，这是第二次世界大战期间的一场大规模战役。他从中认识到了领导者与管理者的差别。他说：

> 管理者是需要的，领导者是不可或缺的……领导是关于精神的，结合了个性和愿景……管理是关于智力的，更多地涉及准确的计算、统计数字、方法、时间表和日常事务。

近年来，我一直在与领导者们对话，其中包括强生公司的詹姆斯·伯克（James Burke）、苹果电脑公司的约翰·斯卡利（John Scully）、电视制作人诺曼·李尔（Norman Lear）以及大约100位其他领导者。他们有的很出名，有的则默默无闻。在我的研究过程中，我对领导者的当前现状以及铸就未来所必需的领导力有所领悟。尽管领导者可以是形形色色、各种各样的——有高的也有矮的，有整洁的也有邋遢的，有年轻的也有年老的，有男的也有女的；但是，与我交谈过的每一位领导者都至少有一个共同的特征：**关注指引方向的终极目标以及整体愿景**。他们不仅仅是目标导向的。正如伟大的高空杂技演员卡尔·沃伦达（Karl Wallenda）曾经说过的：“走钢丝的时刻才是生活，其他时刻都是等待。”

无论是就个人还是职业而言，领导者都很清楚他们想要做什么。在面对挫折甚至失败时，他们有坚持下去的毅力和勇气。他们知道自己将去向何处，也知道为什么要去向那里。参议员霍华德·贝克（Howard Baker）曾经在里根总统任内担任过白宫的办公厅主任，在谈到里根总统时他说："他知道自己是什么人，信仰什么，想去何处。"

领导者经营梦想

很多领导者会找到一个比喻来体现和宣扬他们的愿景。比如查尔斯·达尔文提出的富有创造力的比喻就是，一棵枝繁叶茂的进化树，他可以在这棵树上追踪不同物种的繁盛和灭绝；美国心理学家威廉·詹姆斯（William James）把心理过程看成是一条小溪或河流；英国哲学家约翰·洛克（John Locke）关注放鹰打猎的人，并用他们放开猎鹰的过程来比喻自己"对创造性过程的新见解的产生"，换句话说，就是对人类知识的探求。

领导者经营梦想。所有领导者都有能力创造一个令人信服的愿景，它可以把人们带到新的境界；所有领导者也都有能力把这个愿景转化为现实。彼得·德鲁克曾经说过，领导者的首要任务是定义使命。在《领导是一门艺术》（*Leadership Is an Art*）这本书中，赫尔曼·米勒公司（Herman Miller）的首席执行官马克思·德普雷（Max De Pree）换了一种说法：

> 领导者的首要职责是定义现实，最后一个职责是表达感谢。在这两者之间，领导者是公仆。

经营梦想可以细分成五个部分。第一个部分是沟通愿景。荣格说过："一个未被理解的梦想仅仅是一个发生的事件。被理解了之后，它就变成了一段活生生的经历。”

强生公司的前首席执行官詹姆斯·伯克把40%的时间用于沟通强生公司的信条。有800多名管理者参加过强生公司的挑战大会，在会上他们一行一行地审阅公司的信条，看看需要作出哪些改变。这么多年来，其中有些改变是根本性的。但就像宪法一样，强生的信条本身一直持续了下来。

其他四个部分分别是谨慎地招聘、奖励、再培训和组织重构。所有这五个部分,都在北欧航空公司首席执行官詹·卡尔森（Jan Carlzon）[①]的身上得到了充分的体现。

卡尔森的愿景是要让北欧航空公司成为最终仅存的五六家国际航空公司之一。为了实现这个愿景，他确定了两个目标：第一个目标是让北欧航空公司在100个不同的方面都比竞争对手好上1%；第二个目标是找到一个市场利基（market niche）。卡尔森选择了商务旅行者群体，而不是大学生、旅行社或者任何其他的选择，因为他相信这是最有利可图的细分市场。为了吸引商务旅行者，卡尔森必须让他们与公司每一个员工的每一次互动变得令人愉快。他必须让每一次互动都是有意义的、适当的、礼貌的和充满关心的。他估计，在公司员工与现有的或潜在的顾客之间，每天会有63 000次这样的互动。他把这些互动称为“关键时刻”。

卡尔森还组织编写了一本神奇的漫画书《小红本》（*The Little Red*

① 详见卡尔森的商业畅销书《关键时刻MOT》，此书中文简体字版已由湛庐文化策划、浙江人民出版社出版。——编者注

Book)，用来向员工们传达公司的新愿景。他还在哥本哈根创建了一所企业大学来培训员工。同样重要的是，他还对整个组织进行了“去官僚化”。组织的结构图看起来不再像金字塔，而像一系列的圆环或一个星群。事实上，他那本名为《关键时刻MOT》的商业畅销书，原本的瑞典语书名就是“摧毁金字塔”的意思。

这些圆环中的一个就是哥本哈根-纽约航线。所有的飞行员、导航员、工程师、机组乘务员、行李员和预订代理商，每一个与这条航线有关的人，他们共同构成了一个自我管理、独立自主的工作团队。他们有自己的利益分配计划，以便各方都能合理地分享航线带来的利润。公司还有哥本哈根-法兰克福航线等。整个公司就是由这些平等的小团队构成的。通用电气的首席执行官杰克·韦尔奇曾经说过：

> 过去，我们对老板的印象是，老板能够成为老板，只是因为他比手下的人懂得更多。这其实只是管理者的概念。将来的领导者要通过愿景、共同的价值观和共同的目标来领导。

领导者最重要的能力，就是建立和实现愿景的能力。叶芝说过：“责任始于梦想。”愿景是清醒时的梦想。对领导者来说，其责任就是要把愿景变为现实。在这个过程中，领导者会改变他们的领域，不管那个领域是一家航空公司、一部电影、整个计算机行业，还是一个国家。

对此，梭罗这样写道：“如果一个人满怀信心地朝着自己的梦想前进，努力去过自己想象中的生活，那么他就会在不经意间迎来平常意想不到的成功……就算你造的是空中楼阁，你的努力也不一定就毫无意义；它们本该建在空中，现在要做的，是给它们打下坚实的地基。”

THE DREAM
MANAGING
领导力智慧
REFLECTIONS ON LEADERSHIP AND CHANGE

领导者经营梦想的 5 个部分

1. 沟通愿景。
2. 谨慎地招聘。
3. 奖励。
4. 再培训。
5. 组织重构。

新的全球联盟

卡尔森体现的另一个方面，是我认为能把 21 世纪领导者的愿景与当前模式区分开来的。他的愿景是一个全球愿景；他充分意识到了结成跨国网络和联盟的必要性。

卡尔森并不孤独。联合调查公司（United Research Co. /Harris）最近对《福布斯》500 强企业中的 150 名首席执行官进行了问卷调查，结果发现，他们认为未来最大的机会和挑战都来自全球市场。在卡内基梅隆大学对其商学院毕业的校友所做的一次调查中，被调查的高级管理者们，也都以同样的口气把有效的全球竞争列为未来最棘手的管理难题。

全球的相互依赖性是影响当今世界的 6 个关键因素之一，其他的 5 个因素分别是技术、并购、宏观调控、人口与价值观、环境。要处理好其中的任何一个因素，领导力都是必需的，但这是另外的话题了。

就卡尔森来说，当他试图收购竞争对手比利时国家航空公司未果时，他就与其建立了联盟。北欧航空公司还与阿根廷的一家航空公司以及东方航空公司（Eastern Airlines）合作，分享登机口并建立了航线联系。全球战略牢牢地扎根在卡尔森的愿景中。所有领导者的愿景都为组织提供了标记清晰的路线图，每个成员都能看到组织正在走向何方。愿景的传达可以激发旅途的兴奋。为这段旅程制订的计划，可以化混乱为有序，可以注入信心和信任，可以提供成功的标准。当成功到来时，整个团队都会知道。

在全球联合的冒险之旅中，成功的关键因素是两家企业有一个共同的愿景。如果你连自己企业的愿景是什么都拿不准，你怎么可能知道联盟的优势是什么？在踏上合作之旅以前，你必须首先确定你们有正确的地图。如果你觉得自己企业的愿景还不够明确，那么下面这些问题可以帮助你确定：

- 我们独有的优势是什么？
- 哪些价值观是我们未来要优先考虑的？
- 在接下来的 5—10 年里，我将如何全身心地投入到这个愿景中？
- 这个世界真正需要我们（能够并且应该）提供的是什么？
- 我真正希望组织实现什么，才会投入组织中，与组织保持一致，并为自己身处这个组织而感到自豪？

今天就拿这些问题问问自己吧。你的回答将会点燃熊熊火焰，为你铸就企业的未来做好准备。

MANAGING THE DREAM

REFLECTIONS ON LEADERSHIP AND CHANGE

02 领导者的 4 种能力

有效的领导力是品格的体现。如果你问下属，希望在一位领导者身上看到什么，他们通常会列出三样东西：方向或者愿景、值得信赖、乐观。就像优秀的父母、爱人、教师和临床医生一样，优秀的领导者也会让人们满怀希望。

在将近 5 年的时间里，我一直在为《领导者》一书进行研究工作。我走遍了全国，拜访了 90 位卓有成效、最成功的领导者，其中有 60 人来自企业，30 人来自公共部门。

我的目的是要找出这些领导者共有的特征。完成这项任务所需的调查和探寻比我预想的要深入得多。在一段时间里，我在他们中间发现的多样性要比共性多得多。这个群体当中既有左脑思考者，也有右脑思考者；既有人着装认真，也有人着装随意；既有人口齿伶俐，也有人不善言辞；既有硬汉，也有温文尔雅的绅士。有趣的是，这个群体中只有少数人是那种典型的有领袖气质的领导者。尽管存在着这么多重大的、不可低估的不同点，但我还是找出了这 90 位领导者都共有的能力。在展示这些发现之前，我有必要先介绍一下这次研究的背景。

样本：90 位领导者

对我的研究来说，我希望找到 90 位有确切业绩记录的有效领导者。最终的研究对象包括了 60 位企业高管（大多数来自《财富》500 强企业）

和 30 位来自公共部门的领导者。我的目的是要找到具备领导能力的人，不仅仅是“优秀的管理者”，而是真正的领导者——他们是组织文化的影响者，组织社会的建造者，也是建立和捍卫价值观的人。

领导者做对的事，管理者把事做对。领导者和管理者，这两个角色都至关重要，但他们在本质上是不同的。我经常发现一些身居最高职位的人很努力地做着错误的事情。美国组织所面对的关键问题之一就在于，他们领导不足而管理过度。他们没有对“做正确的事”给予足够的关注，却对“把事做正确”过于关注了。造成这种误区的部分原因在于我们的管理学院；我们教学生怎样成为优秀的专业人员和行政人员，但没有对他们进行领导力的培训。

同美国所有企业的最高领导层相比，这 60 位企业领导者并没有什么特别不同的地方。他们的平均年龄是 56 岁；大多数是白人男性，有 6 位非裔人和 6 位女性。唯一令人吃惊的发现是，所有这些首席执行官不仅都与各自的第一任配偶保持着婚姻关系，而且看起来他们都对婚姻制度充满热情。比如阿科石油公司（Arco）的威廉·基斯奇尼克（William Kieschnick）和麦当劳公司已故的雷·克洛克（Ray Kroc）就是这样的首席执行官。公共部门的领导者包括：时任证券交易委员会主席的哈罗德·威廉斯（Harold Williams）、登月英雄尼尔·阿姆斯特朗（Neil Armstrong）、三位选举产生的政府官员、两位交响乐队指挥、两位成功的体育教练。之所以在研究对象中包括了乐队指挥和体育教练，是因为我错误地以为，他们是对追随者保持完全控制的最后的领导者。

经过了几年的观察和交流之后，我定义了领导者的 4 种能力，它们在该群体的每一个成员身上都有一定程度的体现。

M THE DREAM
领导力智慧
ANAGING
REFLECTIONS ON LEADERSHIP AND CHANGE

领导者应具备的 4 种能力

1. 吸引注意的能力（management of attention）
2. 管理意义的能力（management of meaning）
3. 管理信任的能力（management of trust）
4. 管理自我的能力（management of self）

吸引注意的能力

在这些领导者身上，最明显的特征之一就是吸引他人的能力，因为他们有愿景、有梦想、有一系列的目标、有计划、有一个参照系。他们专注于承诺，这会把人们吸引到他们周围。其中的一位领导者被描述成“让人们想要加入到他的事业中”；他可以把人们纳入到他的愿景中去。因此，**领导者通过一个令人信服的、能把他人带入新境界的愿景来吸引人们的注意**。我走了很多的弯路才认识到这一点，就像下面这段故事所证明的。

在我最想采访的人当中，有一个是少数我似乎无法联系上的人之一。他拒绝回我的信件或电话。我甚至试着联系过他们理事会的其他成员。这个人就是利昂·弗莱舍（Leon Fleischer）①。他曾经是著名的神童，长大后成为杰出的钢琴家、指挥家和音乐学者。

当我最初给他打电话，邀请他到辛辛那提大学任教时，他拒绝了。他告诉我，他正在与整形外科专家配合，以便恢复他右手的功能。弗莱

① 世界著名钢琴大师，“乐圣”贝多芬的第四代传人。在他事业如日中天之时，因身患右手肌肉张力不全症而被迫退出舞台，但他并未就此放弃，转攻指挥领域和音乐教育事业，并开始弹奏只为左手而写的钢琴作品。经过了近 30 年不懈的单手练习和治疗，不仅战胜病魔恢复了双手弹奏的能力，更令他成为“世界上左手弹奏技术最好”的钢琴家。——编者注

舍是唯一一个一直拒绝接受我采访的人，后来我放弃了。几个夏天过后，当我到了科罗拉多州的阿斯彭时，弗莱舍正在那里指挥阿斯彭音乐节。我试着再次联系他，甚至在他更衣室的门上留了一张便条，但他还是没有答复我。有一天，在阿斯彭的市中心，我看到有两个年轻的大提琴手带着他们的乐器，正在汗流浃背地赶路，于是就提出开车送他们去音乐营。他们跳上我的吉普车后，我一边开车一边向他们打听起了弗莱舍。“我愿意告诉你他为什么如此杰出，”其中的一个年轻人说，“他从不会浪费我们的时间。”

弗莱舍最终不仅同意接受我的采访，而且还允许我观看他怎样排练、怎样上音乐课。他的工作方式让我想到了年轻人那句简单的描述：“他从不会浪费我们的时间。”站在乐队的前面，弗莱舍时时刻刻都清楚地知道他想听到的是什么声音。他从不浪费时间，因为他的目标总是非常清晰。正是这种对目标和结果的关注让他与其他的演奏者融为一体。

反思自己的经历，我突然意识到，我的努力最有效果的时候，是因为我知道自己想要的是什么；而我的努力没有效果时，是因为我并不清楚自己想要什么。因此，领导者的首要能力是通过一系列的目标或愿景来吸引他人注意的能力——不是在神秘或宗教的意义上，而是在结果、目标或方向的意义上。

管理意义的能力

为了让他人清楚地看到自己的梦想，让他人与自己协同起来，领导者必须与他们沟通愿景。沟通与协同相辅相成。

罗纳德·里根被誉为“伟大的沟通者”；他的一个演讲稿撰写人说，

即便是拿着一本电话簿，里根总统也能讲得生动有趣。原因就在于里根善于运用人们能够理解的象征和比喻。例如，在他的第一次预算演讲中，里根把10 000亿美元比作堆得和帝国大厦一样高的一摞美钞。他把这个概念“形象化”了。领导者可以让概念变得生动、真实，好让别人能支持他们。不管愿景多么神奇，卓越的领导者必须要用一个比喻、一个词语或者一个模型来让愿景清晰地呈现在别人的眼前。

相反，卡特总统就显得单调沉闷。卡特是最见多识广的总统之一，他所了解的事实几乎要多于任何一位总统。但是，他从来没有做到通过那些事实来传达意义。我曾经采访过由卡特任命的一位商务部长助理，她告诉我，在为卡特政府工作了4年之后，她仍旧不清楚卡特主张什么。她说，为卡特工作就像是在浏览一幅织锦的背面，所看到的图案是一团乱麻。

领导者的任务不仅仅是解释或澄清意义，还要创造意义。组织越广泛、越复杂，这种能力就越关键。卓越的领导者能够让概念传达到组织的各个层次，能够让它们跨越遥远的距离，甚至能够让它们穿透特殊利益群体和反对者的干扰信号。我们往往会忽视意义的重要性，相关的信息我们读到或听到得太多了。实际上，一个社会或组织遭受的冲击越大，事实和概念越泛滥，其对意义的渴望就越强烈。领导者可以把事实、概念和趣闻综合起来，为公众创造出意义。

领导力箴言
MANAGING THE DREAM
REFLECTIONS ON LEADERSHIP AND CHANGE

领导者的任务不仅仅是解释或澄清意义，还要创造意义。

在我的研究对象中，不是所有的领导者都能言善辩。他们以各种不同的方式让他人理解和支持他们的目标。管理目标和意义的能力来自于领导者本人。仅仅使用正确的时髦词语、伶俐的技巧，或者雇用一个公共关系专家来写讲稿，这是不够的。

管理信任的能力

信任对所有的组织来说都不可缺少。信任的主要决定因素是可靠性——我称之为“始终如一”。当我与这些领导者的同事或下属们交谈时，我一再听到了这样的说法：“她坚定不移”“不管你喜不喜欢，你总是会知道他的出发点，知道他主张什么”。

人们更愿意追随即使与他们观点不一致但可以信赖的人，而不愿追随虽然与他们观点一致但时常改变立场的人。对于可靠性和专注力的重要性，我觉得怎么强调都不过分。

管理自我的能力

第四种领导能力是管理自我的能力，也就是了解自己的才能并有效地施展它们。**对自我的管理至关重要；没有对自我的管理，领导者和管理者就可能造成更多的危害而不是福祉。**就像不合格的医生一样，不合格的管理者可能会把人们的生活搞得更糟，会让人们变得更加倦怠，缺乏活力。有些管理者让自己患上了心脏病和精神失常；甚至更糟的是，很多管理者是“携带者”，会把“疾病”传染给他们的员工。

领导者了解自己；他们了解并培养自己的优点，同时他们有承受风险的能力。一位首席执行官告诉我，如果说她有什么领导诀窍的话，那就是“在尽可能短的时间里犯尽可能多的错误，从而不让这些错误成为绊脚石”。还有一位首席执行官说，错误只不过是“另一种做事方式”。这些领导者从挫折中学习；对他们来说，错误和挫折不是失败，而仅仅是下一步的开始。

当我请盖蒂基金会（Getty Foundation）的总裁哈罗德·威廉斯说出对他成为领导者最有影响的一段经历时，他说那就是诺顿西蒙公司（Norton Simon）拒绝聘请他担任总裁的经历。在被拒绝后，他非常愤怒，要求对方给出理由，而他认为其中的大多数理由都是愚蠢的。最后，一个朋友对他说，其中有些理由还是站得住脚的，他应该有所改变。他照着做了；一年半之后，他成为总裁。

或者，让我们来看看德保罗大学（DePaul University）的篮球教练雷·迈耶（Ray Meyer）。在连续赢得了29场主场胜利之后，他的球队终于在主场失利了。我在电话里问他感觉如何。他说：“很好，现在我们就能把注意力集中在赢得比赛上了，不用再总是想着可别输了。”

授权

组织中处处充满领导力。它赋予员工工作的步调和能量，向他们授权。授权产生领导力的集体效应。在拥有有效领导者的组织中，授权最明显地体现于如下4个主题：

第一，人们感到自己很重要。人人都觉得自己能以某种方式为组织的成功作出贡献。贡献可能并不大，比如准时把薯片送到一家零售店去，或者是改良一个微小但不可缺少的飞机零件。但是，在成员得到授权的组织里，人们会感到自己所做的一切有意义、有价值。

第二，学习和能力受到重视。领导者重视学习，为他们工作的人也是如此。领导者会清楚地表明，在他们的组织中没有失败，只有可以提供反馈和指引的错误。

第三，人人都是团队的一员。哪里有领导者，哪里就有团队、家庭及共同体。即使是那些并不特别喜欢彼此的人，也会有一种团队归属感。当阿姆斯特朗谈到阿波罗登月计划时，他描述了一个团队怎样完成一系列复杂得难以想象的任务。在出现女性宇航员之前，这些男宇航员都把这种感觉称之为“兄弟之情”。我建议他们给它重新起名为“大家庭”。

第四，工作令人兴奋。哪里有领导者，哪里的工作就令人兴奋，富有挑战性，具有吸引力，充满乐趣。组织领导力的一个基本要素就是领导（pull）而非督促（push）成员去实现目标。“领导”式的影响是吸引和激励成员融入到令人兴奋的未来愿景中。它是通过认同，而不是通过奖励和惩罚来实现激励。领导者会清楚地表达组织为之奋斗的理想，并把它们具体化。

THE DREAM MANAGING
REFLECTIONS ON LEADERSHIP AND CHANGE

领导力智慧

组织授权所体现的 4 个主题

1. 人们感到自己很重要。
2. 学习和能力受到重视。
3. 人人都是团队的一员。
4. 工作令人兴奋。

要想让人们加入进来，仅有令人兴奋的愿景是不够的。有些愿景和概念具备更强大的持久力，并且更深地扎根于人类的需求。我认为在现代的组织生活中，有两种观念的缺乏是造成人们普遍感到疏远和缺乏意义的主要原因。

第一，质量观念。现代的工业社会一直是追求数量的，要为每一个人提供更多的商品和服务。数量是以金钱来衡量的；我们是一个金钱取向的社会。质量往往根本不被衡量，只是进行直觉性的评价。我们对质量的反应是一种感觉。我们对质量的感觉，与我们在生活中对意义、美以及价值的体验密切相关。

第二，奉献观念。它与质量观念紧密相关，甚至是对工作的热爱。这种奉献由质量激发，是高绩效系统的动力之源。当我们热爱自己的工作时，当我们的工作有质量时，我们就无须靠奖励来引诱或者靠惩罚来驱迫。我们能够建立有效的促进系统，而不是充满检查和控制、人们都想逃避或利用的系统。

这正应该是人力资源领域最关心的主题。

MANAGING THE DREAM

REFLECTIONS ON LEADERSHIP AND CHANGE

03

变革前沿的领导者

竞争优势的关键将在于领导者为智力资本营造良好环境的能力。一个组织仅靠实施领导者独自的创意就能成功的时代已经一去不返了。未来卓越的领导者将是那些最有能力促进和协调各种创意的人。

罗伯特·沃特曼（Robert H. Waterman）在他的《变形虫组织：变革的力量》（*Adhocracy: The Power to Change*）一书中告诉我们，我们大多数人都像易卜生的戏剧《群鬼》（*Ghosts*）中的人物：

> 我们被已经无用但依然存在的思想和准则所控制；这些思想和准则已经是鬼魂，但对我们行为的影响却还和从前一样大。像亨利·福特、弗雷德里克·泰勒以及马克思·韦伯等人的思想，都是出没在管理殿堂中的鬼魂。

福特、泰勒和韦伯等人是传统官僚体制的创始人，我们大多数人都是在受他们思想和行动支配的组织中成长起来的。在19世纪，官僚体制曾是辉煌的社会创新。在一篇不朽的但也很枯燥的散文中，德国社会学家马克思·韦伯第一次让世界注意到，官僚的、机械的模式是工业革命时期利用人力和资源的理想模式。直到今天，大多数组织仍旧保留着男性的、控制的和命令的心态，而这恰恰是日益过时的官僚体制所固有的。其实，由那种过时的范式所造成的思维定式，完全可以概括为三个简单的词：控制、命令和预测。

不断重现的主题

在过去的 12 年里，与各种领导者的互动和交流让我想到了托尔斯泰的一句名言：幸福的家庭都是相似的。有 5 个关于领导者的主题曾一再出现。

第一，不管这些领导者在经历和个人风格上有多大差别，他们都相当于一个棱镜，折射出现代世界的命运。这些领导者是时代的象征；他们不仅要应对本组织的迫切需要，而且还要应对新的社会现实。他们的决定是基于这样的一些因素：变化速度的加快及复杂性的增加、新技术的出现、戏剧化的人口转移、全球化。

第二，这些领导者都已经发现其组织的文化必须改变。因为根据其构成，这种文化更多地致力于感知自身，而不是应对新的挑战。

第三，这些人都是领导者，而不是管理者。通用电气公司的董事长兼首席执行官杰克·韦尔奇已经预言："世界将不属于管理者——那些我们常说的善于摆弄数字的人，或者说那些听起来很精通时髦的业务和行话的人。新的世界将属于充满热情、有使命感的领导者——他们不仅自己精力充沛，而且能够激发追随者的活力。"我认为他的预言是正确的。

第四，这些人都明白，管理是让人们去做需要完成的事，而领导是让人们愿意去做需要完成的事。管理者督促（push），领导者领导；管理者命令，领导者沟通。

第五，被访的首席执行官无一例外地都成了各自组织的"首席改革官"。正如李维斯公司的董事长兼首席执行官罗伯特·哈斯（Robert Haas）

所说的，改革并不容易，即使是对那些致力于改革的人。

> 想要忘掉过去曾经让我们成功的行为是很困难的。过去，我们表达而不是倾听；重视与自己相似的人多过其他性别或来自不同文化的人；靠自己而不是靠协作来做事；独断专行而不是征求各方的意见。像这样的一系列行为，在过去的等级组织中是非常实用的，但是在我们所追求的更加扁平、响应更加迅速的组织中，这些行为却是绝对不适合的。

苹果电脑公司的首席执行官约翰·斯卡利曾经告诉我："过去的等级模式已经不再适合。新的模式是全球化的，是一个相互依赖的网络。因此，新的领导者面临着新的考验，比如他要怎样领导那些并不直接向他报告的人——那些在其他的公司、在日本或者欧洲，甚至在竞争对手那里的人。在这样一个创意密集型、相互依赖的网络环境中，你要怎样领导呢？这要求具备一套完全不同的能力，它们基于创意、人际能力和价值观。传统的领导者现在很难解释这个世界正在发生什么，因为他们的解释都是基于对过去范式的经验。"斯卡利还预言，第二次世界大战时的战斗机飞行员（一些企业领导者以及老布什总统都有过这样的经历）将不再是我们挑选领导者的首要范式。

领导力箴言
MANAGING THE DREAM
REFLECTIONS ON LEADERSHIP AND CHANGE

新型领导者将是艺术大师，而不是专家；是教练，而不是指挥官。

未来的组织将是网络、集群、跨职能团队、临时系统、专门工作组、网格、模块、矩阵，几乎是除金字塔之外的任何东西。我们甚至还不知道该怎样称呼这些新型的组织结构，但我们的确知道，可以成功的将是那些等级更少、更多地基于共同目标而不是老式统属关系的组织。还有一点非常可能的是，这些成功的组织将体现罗莎贝斯·莫斯·坎特（Rosabeth Moss Kanter）教授所说的“5F”：快速（Fast）、专注（Focused）、灵活（Flexible）、友好（Friendly）、有趣（Fun）。

最近，我与阿尔文·托夫勒（Alvin Toffler）进行了交流。他是目前最杰出的变革专家，曾在 1970 年出版了论述范式转变的《未来的冲击》（*Future Shock*）。我们试图找出一个在今天的环境中存在、不受变化影响、始终保持稳定和成功的组织，但一个也没想出来。

我最了解的那些首席执行官们都明白，由于市场、资本、劳动力以及信息技术的全球化，当代的组织面临着越来越多的、不熟悉的竞争来源。要想取得成功，这些组织必须具备灵活的结构，使他们能够非常迅速地响应客户的需求、适应竞争环境中的变化。这些新型的组织必须更加精简，有更少的层级，必须能够进行非传统的跨国联盟与兼并。而且，他们必须要理解商业实践、习俗以及文化的全球分布。所有这些领导者正在解决的问题是：一些相对成功的组织，如果继续按照哪怕是 5 年前的方式运作，就会在未来自取灭亡，那么你该怎样改造这些组织呢？

新的成功模式

这些领导者在告诉我们，新的成功模式有三个要素：协同（align）、创造（create）和授权（empower），或者简称为 ACE。

第一，协同。今天的领导者需要联合各种资源，尤其是人力资源，好让人们感到共同的目标值得他们给予支持甚至是作出奉献。联合与团队精神以及归属感有很大关系。卓越的组织必定是围绕着一个共同的愿景而建立的。西奥多·韦尔（Theodore Vail）曾经有一个实现全球电话服务的愿景，需要花 50 年的时间来实现。亨利·福特曾经预想让普通人也能拥有自己的汽车。史蒂文·乔布斯、史蒂文·沃兹尼亚克（Steven Wozniak）以及苹果电脑公司的其他创始人，他们看到了计算机让人更强大的前景。一个共同愿景可以激发人们的渴望。工作会变成追求更远大目标的一部分，而这样的追求就体现在产品和服务上。

第二，创造。今天的领导者必须创造一种文化，让创意能够在其中不受阻碍地流动。这样的领导者致力于问题的发现，而不仅仅是问题的解决。他们乐于接受错误甚至是失败，因为他们知道同成功相比，错误或失败会教给他们更多东西。正如李尔曾经对我说过的：“不管我到哪儿旅行，那里都蕴含着宝藏。”

卓越的领导者可以建立有适应能力和创造能力的学习型组织。这样的组织有能力在问题成为危机之前找出它们，不管它们多么棘手。这些组织能够汇聚解决他们所面临的问题所必需的创意和信息。他们不怕检验可能的解决方案，解决方案可能会采取试点计划的方式。最终，学习型组织会提供机会来反思和评价过去的行动和决定。

第三，授权。授权会让人们感到自己处在事物的中心而不是边缘。在一个得到有效领导的组织里，人人都会觉得自己在为组织的成功作贡献。得到授权的个体相信他们的确有价值、有意义。得到授权的人们既有自主权，也有责任。他们生活在一种尊重人的文化中，可以真正自主地做事，无须先得到某个家长的许可。授权型的组织以相互信任以及全系统范围内的沟通为特征。

不管未来最终是什么形态，能够成功的组织将是那些虔诚地相信自身的竞争优势源于组织成员的发展和成长，并始终在行动中体现这种信念的组织。引领这些组织的人将是一种新型的领导者，不同于过去我们所熟悉的领导者，**新型领导者将是艺术大师，而不是专家；是教练，而不是指挥官。**

今天的桂冠将属于新型的领导者：他们鼓励健康的争议，尊重那些勇于说“不”的追随者。他们将具有最乐于倾听的耳朵，而不是最大的嗓门。**他们真正的天赋很可能并不体现在个人成就上，而是体现在释放他人的才能上。**

THE DREAM MANAGING
REFLECTIONS ON LEADERSHIP AND CHANGE

领导力智慧

新型组织成功模式的三个要素

1. 协同。
2. 创造。
3. 授权。

MANAGING THE DREAM

REFLECTIONS ON LEADERSHIP AND CHANGE

04

变革，新时代的哲学

像所有富于创造力的人一样，创新者也以不同的角度看待事物，以新鲜、原创的方式思考。真正的领导者不仅自己是创新者，而且还要尽一切努力找出并任用组织中其他的创新者。他会营造一个良好的环境；在这个环境中，传统的智慧可以受到挑战，错误是受欢迎的而不是要尽量避免的。

变革是我们这个时代的领导哲学。一切都在变化中。一切机械化的东西都进化了，变得更好、更有效率、更精妙复杂。汽车已经从福特的T型车发展到了宝马、梅赛德斯和劳斯莱斯。与此同时，一切有机的事物——从人类自身到西红柿，都退化了。我们送走了很多伟人，迎来了雅皮士们。就像现今的西红柿一样，现今的人类也缺乏滋味和丰沛的汁液。被制造出的产品要远比制造它们的人更令人印象深刻。随着一个又一个十年过去，我们变得更差、效率更低下、头脑更简单。

一位成功的牙科医生曾经告诉我，人们当牙医是为了很快地赚到一些钱，然后进入餐饮业或者房地产业，这样他们才会真正地发大财。年轻的作家和画家不再满足于练习以完善自己的技艺；现在，他们想出头露面，想掌握支配权，就像IBM的高管们一样迷恋财务结果。一本书的出版协议要远比书本身更重要，《人物》的封面要比《纽约时报》上的一篇精彩评论更令人垂涎。曾经宣称对授业解惑感兴趣的教授们，如今对出书、上电视、当顾问、到巴黎开会更感兴趣，而把授课带学生的活儿都推给了助教们。

当每一个人都是自己的老板时，就没有人负责了，混乱接管了一切。我们需要领导者来恢复秩序——我所指的不是服从而是进步。对我们来说，现在是该控制事件而不是被事件控制的时候了。

变革的 5 大途径

变革以如下 5 种方式发生：

第一，反对和冲突。我们已经试过了反对和冲突这种方式，但最终不过是变得好斗罢了。在企业中，变革可能是当权者要求的。但是，这必然会导致越来越深的积怨。如今，我们总在愤怒，个个都以挑衅的态度出现。

第二，信任和真相。积极的变革要求信任、透明和参与。只有那些拥有美德和愿景的人才能够带领我们走出泥沼，恢复我们的竞争优势。为此，他们要做三件事：赢得我们的信任；清楚地表达他们的愿景，以便我们不仅能理解而且能认同；说服我们参与其中。

第三，派系和小集团。派系有权力、资金和资源。小集团通常比较年轻而且总是野心勃勃，有干劲，有活力。除非派系能够拉拢小集团，否则革命不可避免。这种途径也是很麻烦的：可能会导致僵局，或者仅仅是小集团取得最终的胜利，只是因为他们更有持久力。

第四，外部事件。社会因素可能会强加到组织头上。例如，受政府管制和国外竞争所迫，汽车工业不得不改变自身的方法和产品了。

第五，文化或者范式的转变。最重要的变革途径是文化或范式的转变。托马斯·库恩（Thomas Kuhn）在《科学革命的结构》（*The Structure of Scientific Revolutions*）一书中指出，科学中的范式类似于支配选择的时代思潮或者社会舆论。他把范式定义为“科学团体的成员所共有的价值观和信念的集合，它决定着人们的选择、对重大问题的判断以及用来尝试解决这些问题的方法”。那些让科学发生了革命的人，总是那些改变了范式的人。

创新者和领导者

那些不仅改变了某个学科的内容而且改变了其习惯和焦点的人，不仅是创新者，还是领导者。拉尔夫·纳德（Ralph Nader）就是这样一个人，他把法律专业重新聚焦到了处理消费者的问题上。贝蒂·弗里丹（Betty Friedan）解释了女性在过去是如何生活的，并鼓励她们以不同的方式生活。

要创建新的惯例，并非是表达清楚一个专业或一个组织的目标就可以做到的，而要靠促进对新方式的理解的意象以及令人信服的采用新方式的伦理必然性。比喻的清晰性以及新惯例的创造者带来的活力和勇气对人们接受新惯例来说至关重要。例如，当布鲁克林道奇队的经理布兰奇·里基（Branch Rickey）决定将非洲裔运动员引进专业棒球队时，他选择了杰基·罗宾逊——这个运动员乃男人中的模范。

我们要怎样找出和培养这样的创新者呢？我们要怎样发现机构、组织以及职业中的新信息呢？像所有富于创造力的人一样，创新者也以不同的角度看待事物，以新鲜、原创的方式思考。他们对其他的领域也有有用的接触；他们很少被看成是优秀的组织人，而往往被视为爱惹麻烦的家伙。**真正的领导者不仅自己是创新者，还要尽一切努力找出并任用组织中其他的创新者。他会营造一个良好的环境；在这个环境中，传统的智慧可以受到挑战，错误是受欢迎的而不是要尽量避免的。**

在组织中，人们有准则、价值观、共同的信念和范式，这些东西规定了什么是对的和错的、什么是合理的和不合理的、事情要怎样完成等。一个人要通过对这些范式的认同和服从来获得地位和权力。因此，异议和革新都是受压制的。每一个社会系统都包含着这些保守力量，不惜任何代价地维持着现状，但是其中必然还包含着变革的途径，否则这个系统最终就会瘫痪。

根本性变革的发生会很缓慢，因为那些有权力的人往往没有知识，而那些有知识的人往往没有权力。任何一个真正拥有关于历史和当今世界的知识的人都可以重新设计我们的社会，可以用一个下午就提出一个新的范式，但是，把理论变成现实可能需要一生的时间。

尽管如此，我们还是要尝试变革，因为我们有太多的组织和个人受困于已经失效的角色和惯例。真正的领导者会努力赢得追随者的信任，清楚地传达他们的愿景，从而让追随者加入到变革的过程中。然后，他们会尽力创造性地、积极地利用不可避免的异议和冲突；有的时候，一个新的范式会由此产生出来。

最近的一项民意调查显示，有超过 90% 的被调查者表示，如果可能的话，他们愿意显著地改变自己的生活。在他们的心目中，自尊、友爱和认同等无形的东西要高于地位、金钱和权力。他们不喜欢自己现在的生活方式，但他们不知道怎样改变。这项民意调查证明了我们需要真正的领导者；对潜在的领导者和创新者来说，这一调查结果应该成为动力和鼓舞。如果这些人有决心要活得无愧于他们的潜力，而我们余下的人也有勇气追随他们，那么最终，我们就可能找到脱离泥潭的出路。

在变革过程中避免灾难

尽管变革是永恒的，而且现在仍旧至关重要，但变革的实施还是非常艰难的，因为组织机构的社会学在根本上是反变革的。因此，下面给出在变革过程中避免灾难的10种方法，它们是始终适用的，除了在那些垂死或已死的组织里。

1. 诚实招聘。招聘人员往往会把组织明显存在的缺点改头换面，让它们作为令人兴奋的挑战重新出现。毕竟，人才的招聘是一种求爱仪式。追求者会炫耀自己的优点，掩盖自己的缺点。被关注和承诺弄得晕乎乎的被追求者，不会仔细地考察对方的求婚。被追求者期待着有机会成为真正有创造力和想象力的人，并得到来自最高层的支持。不经意间，招聘人员已经捏造了典型的革命秘诀，就像美国著名公共行政学教授阿伦·怀尔德夫斯基（AaronWildavsky）所指出的："要多承诺，少兑现；要让人们相信他们的生活会变得更好，但不要让改善很显著；要尝试各种小规模的计划，它们的影响微乎其微且资金严重短缺；要避免任何在规模上根本无法与想要解决的问题相比的尝试性解决方案。"这将会明显导致人们发起革命。

2. 警惕狂热分子。创新是有诱惑力的，可以吸引感兴趣的人。创新也可以吸引那些会把你的想法歪曲成恐怖怪物的人。那样一来，你就会被视为与那个怪物为伍了，你就不得不拿出宝贵的精力来与怪物战斗了。

变革导向的管理者应该保证他们招募来的人是变革的推动者，而不是煽动者。有时候，我们很难说出创新者与狂热分子之间的差别。变革推动者身上的反常和特异往往是有益的、宝贵的，但疯子则不然。

3. 要在志趣相投的人中间获得支持，不管他们是不是被你招聘过来的。变革导向的管理者特别倾向于忽视组织的过去，就好像组织是在他们到来的当天才刚刚成立的一样。这是一种错觉，一种无所不能的幻想。早已成立的组织没有空白的历史。新来的CEO不能假装自己是诺亚，用自己亲手挑选的人员来建立一个全新的世界。对有些人来说，关于新开端的夸夸其谈是令人恐惧的；他们觉得，这个新的开端就是他们职业生涯的终结。没有历史和连贯性，就不会有变革。因此，彻底清洗往往是对资源的浪费。

4. 以坚实的思想基础为依据制订变革计划。要对怎样变革以及变革什么有一个清楚的认识。制订变革计划总是要比实施变革更容易。如果变革将是永久性的，那么也必须是渐进的。渐进的改革可以利用变化的核心团队来取得成功；这个核心团队可以持续地解读组织和社会所提供的信息，从而获取线索，把握改变的时机。如果没有这样的关键核心团队，组织就不能保证持续的自我更新。这样的群体一定不是赶时髦的人，但他们一定对机会非常敏感。他们还知道什么时候创意与组织的目标和价值观是对立的，什么时候它们会让组织更强大。

5. 不要满足于夸夸其谈的变革。重大的变革无法通过下命令来实现。任何组织都有两个体系：一个是名义上的，另一个是由一套复杂的内部关系构成的。一个优秀的管理者了解这些关系，可以恰到好处地在这些关系与任何计划好的改变之间做好协调。一个被自己的夸夸其谈陷住的人，很可能会忽视留住既有的支持者并赢得更多新的支持者这一艰巨任务。

6. 不要让那些反对变革的人偷换基本议题。成功的变革推动者会保证让有名望的人不会害怕即将到来的东西，让保守派也不会对变革的前景感到恐惧。这些人感到恐惧的时刻，就是他们开始使用卑鄙手段抵抗的时刻。他们不仅有一定的内在影响力，而且传统也站在他们一边。

7. 要了解当地的情况。要了解关于组织及其所在地的一切。

8. 重视环境因素。不管一项变革多么值得称赞，多么有利可图或者多么富于想象力，如果它会增加组织的不适，那么它可能注定要失败。添置一套先进的计算机系统或许是一件好事，但是如果它导致人浮于事，那么它立刻就变成了一件坏事。

9. 避免未来的冲击。当一个高级管理者变得太专注于规划时，他往往就会忘记过去、忽视现在。这样一来，很可能在开始实施计划之前，员工们就已经反对它了。他们毕竟得在当下行使自己的职责；如果上司的眼睛总是盯着明天，那么他就不会给他们应有的关注和支持。

10. 要记住，当那些追随者参与到规划中来时，变革才是最成功的。这是规划理论的老生常谈，却是绝对正确的。如果人们认为变革是别人强加到他们头上的，那么这种信念会让他们死硬地抵制新的创意或方法。

与革新和变革相关的问题对每一个现代的官僚机构来说都很常见。大学、政府和企业都会对挑战和危机作出相似的反应，有着大致相同的明确的或隐含的规则以及约束和奥秘。我们必须要设法以一种开放和民主的方式激励对真理——也就是组织问题的本质的追求。这要求传统的方法：反省的人生，探究和实验的精神，以发现新事物、冒险、承受偶尔的挫败、不怕未来的意外为基础的生活。在一个持续变化的时代，对真正有创新精神的组织来说，适合的模式是科学模式。**就像科学家是探索和发现真理的一样，组织也必须探索和发现他们自己的真理，谨慎地、诚实地、勇敢地、一丝不苟地、富于想象力地去探索、去发现。**

MANAGING THE DREAM
REFLECTIONS ON LEADERSHIP AND CHANGE

领导力智慧

组织变革期间避免灾难的 10 种方法

1. 诚实招聘。
2. 警惕狂热分子。
3. 要在志趣相投的人中间获得支持，不管他们是不是被你招聘过来的。
4. 以坚实的思想基础为依据制订变革计划。
5. 不要满足于夸夸其谈的变革。
6. 不要让那些反对变革的人偷换基本议题。
7. 要了解当地的情况。
8. 重视环境因素。
9. 避免未来的冲击。
10. 要记住，当那些追随者参与到规划中来时，变革才是最成功的。

MANAGING THE DREAM

REFLECTIONS ON LEADERSHIP AND CHANGE

05
克服信息超载焦虑症

事实上，坚持留在“罪过书架”上的大部分材料都不是那么重要的。在信息超载的当下，我们该怎样接收信息呢？答案就在于要把首要的事情摆在第一位。

我写了下面这篇言语挖苦的文章，来帮助朋友和同事拆掉他们的“罪过书架”——通常在床的附近，上面堆积着备忘录、重要的邮件、泛黄的《纽约时报》以及其他没有看的文件。

我们坚持要留在“罪过书架”上的大部分材料都是次要的，甚至是不重要的。就这一点而言，其中的大部分内容都是看过就忘了。因此，说到我们该怎样接收信息，挑战就在于把首要的事情摆在第一位。

> 兰斯·肖使用了一个定时器。这种方法对于迫使他快速地浏览很多必读的杂志来说非常重要。他把自己阅读每一本杂志的时间设定为不超过15分钟。当定时器的铃声响起时，他会立刻扔掉手里的杂志，然后拿起另外一本。
>
> ——《EXECU-TIME》杂志

众所周知，我们的社会是一个过度饱和的、被纸张污染的社会；在这个社会里，权力掌握在那些占有重要信息的人手中。财富的创造或流失、职业的保障或终结、健康的增强或损害，这些都是源于一个因素——信息。在我们的社会中，信息等同于权力。

与“信息＝权力”这个等式相伴随，信息超载焦虑症这种全球性的神经错乱显著地加重了。这种焦虑症的特征是有一种强迫性倾向，见什么就想读什么，不管是写海葵的还是写澳洲白尾鼠的。这个健康杀手因为我们集体的蓄意忽视而变得更加致命。信息超载焦虑症很容易理解：**当所摄取的阅读量超过了能够消化吸收的限度时，多余的部分就会堆积起来，并在紧张和过度刺激的作用下转变成不健康的状态。**

对于这种疾病，所谓的治疗方法就像信息推销者本身一样普遍。兰斯·肖的定时器方法只是你能在家门口的报摊上找到的很多疗法之一。另一种方法来自诺贝尔奖得主赫伯特·西蒙（Herbert Simon），他在《人物》上说：“每天看报纸是效益最低的一件事……你应该每年读一次《世界年鉴》。不管怎样，在吃午餐的时候，你会听说正在发生的事情。”普里策奖获得者拉塞尔·贝克（Russell Baker）对付信息超载焦虑症的做法是只读讣告栏，确定了自己还没有死掉之后，就到外面去庆祝。西蒙的饥饿食谱，或者是把用脑思考换成庆祝，这些只是各种神奇疗法中的一小部分。很多信息超载焦虑症的受害者还尝试了其他的方法：订阅大量的摘要和文摘类读物；耐着性子听完速读课程；让一个助手预先消化行业新闻，然后窃取他的脑力劳动成果。有些人试图戒掉报纸，有些受害者则已经毅然地不再摄取任何信息了。

这些都是不必要的。你也一定不会被“判死刑”。作为一个改过自新的信息超载焦虑症患者，我可以推荐一个对付这种毛病的药方。它是保证你获得最低基本信息的最可靠、最安全的方法。如果你真的想要作出改变，如果你觉得阅读讣告不利于健康而定时器方法有些呆板，那么我在这里向你介绍“日常阅读食谱”，我保证它可以充分满足每一个人，从对阅读深恶痛绝的人，到对垃圾新闻上瘾的人。这份食谱是基于我的自身体验，并且在一些患者身上得到了检验——他们曾经深陷堕落的阅读习惯无法自拔，但现在他们都过着正常、健康的阅读生活。

基本的阅读计划

“日常阅读食谱”是一份将要伴你度过余生的阅读计划。一旦你已经适应了这份计划，并且对自己的控制力有了信心，你可能就想修改它，把《波士顿环球报》纳入自己的日常食谱。但是，它只能作为一本新闻类杂志的替代品。而且你要记住，一份日报你只能隔一页读一页，还得先扔掉“都市版”和“娱乐版”。

第一类：报纸。一份日报。但是别仓促行事，要先与你的医生商量一下。请从下列报纸中选择：《华尔街日报》《纽约时报》《华盛顿邮报》或者《洛杉矶时报》。《华尔街日报》的量不大，这显然让它成了首选；其他的三份报纸都不能在出版的当天就投送到外地。《华尔街日报》也不会感染任何偶发的“地方性病毒”，比如《纽约时报》的“大苹果综合征”——尽登些鸡毛蒜皮的消息。《华尔街日报》的社论活泼，滋养人，饱含着非常重要的、可以提神的内容。作为一种日常的健康食谱，你会发现它对文化事件的评论热忱而又简练。

第二类：新闻类杂志。你要从下面这些杂志中挑选一本：《新闻周刊》《时代周刊》《美国新闻与世界报道》（*U. S. News and World Report*）。食谱必须限定为一本。摄取两本表明你已严重上瘾。因为《新闻周刊》与《时代周刊》的基本内容并没有显著的不同，所以两本都读的话会让你新陈代谢不平衡。《美国新闻与世界报道》已经“苗条”了很多，而且每期至少包含一样“没有脂肪”的东西。我之所以偏爱《新闻周刊》和《华尔街日报》，还因为我有这样一种信念：有效的保健工具可以探出隐痛，可以为一个无精打采的社会查明软组织中的潜在问题；它可以发现征兆并指出它们。

第三类：一般性的文化和思想。这里的诱惑不多。你需要的是一些不加糖的、精简的评论：对书籍、电影、舞蹈、戏剧、音乐、电视、造型和表演艺术、建筑、城市美学、平面设计以及商业美术等的评论。美国没有这样的东西。在等候时可以看看《时尚》(*Vogue*)，在英格兰可以读读《听众》(*The Listener*)，在星期天可以翻翻《泰晤士报》。

第四类：参考书。不要迷恋读书俱乐部或者眼馋朋友书架上的《大英百科全书》。典型的信息超载焦虑症患者可能就是从一本袖珍词典开始的，然后小心翼翼地发展到了相当令人失望的《伦敦时报地图集》。到了这时，患者就欲罢不能了。两卷的《名人录》、让人上瘾的《牛津英语某某词典》、一本引用语词典、一本短语起源词典、一本俚语词典、一本高尔夫词典。再接下来是各种年鉴：农民的、园丁的、慢跑者的、球类俱乐部所有者的——就这样，你再一次破戒上瘾了。

这份食谱中只包含一本参考书—— 一本充满智慧、条理清晰的词典；一本虽不时髦但也包含“DNA”等词条的词典；一本画着有帮助的插图而不是钉头或母牛图案的词典；一本有着一流词源学的词典。它的字体让你不用放大镜也能翻阅——不管你多么健康，使用放大镜会让你觉得自己老了。这本理想的词典还要包含一章最常用的德语、法语和西班牙语单词，一个基本的手写体，以及历史上的主要日期。最能满足我们的最低日常需求的词典就是《兰登书屋英语词典》(*The Random House Dictionary of English Language*)——未删节版。这本书也是信息超载的，所有不要把它带在身边，把它留在一个光线良好、便于取放的地方。

基本阅读计划的补充

不同人的阅读新陈代谢有很大的不同。有些人具有很高的信息超载焦虑症忍受极限，比如肯尼迪总统。据传，他会贪婪地阅读所看到的一切，但是仍能不受那些恼人症状的困扰。英国作家哈罗德·拉斯基（Harold Laski）在这一点上也很有名。他能只花最少的精力，在几分钟内就消化一本普通的书籍。对少数不需要严格食谱的幸运者来说，下面的读物可以作为“基本保养计划”的补充。

第五类：管理和商业。如果你能找到报纸的商业版，你会发现它在体育版与分类广告之间的某个地方。然而，商业和管理杂志正在迅速发展；经过了昂贵的改头换面，《财富》等老宠儿已不再像厚厚的赛马消息报了。节食者们的首选包括《财富》《巴伦周刊》《福布斯》《商业周刊》。如果把食量限制在这些读物上，谨慎的患者应该不会有太严重的问题。我偏爱《商业周刊》，它比较及时而且容易消化。《商业周刊》中的内容，往往是你可以从头到尾读完的东西。其中较长的特色栏目都是一流的美食：“华盛顿视野”“社会问题”“书评”。

第六类：科学和技术。这一类里没有快餐，也不包含乱七八糟的添加剂。例如，《科学》的“评论”版面就是一份丰盛的套餐——量大而且容易理解。如果你对“化石里的筛域”或者“食物网与生态位空间”感兴趣，那么《科学》可能正是你的主要食粮。《科学美国人》（*Scientific American*）很有名，但它的内容对专家来说往往太少、太浅，对非专家来说又往往太多、太深。选择它的话，你要么会觉得吃不饱，要么会感到撑得慌。然而，它的版面设计令人垂涎，它的固定栏目会勾起你的食欲。《新科学家》(*The New Scientist*) 杂志来自英格兰，其撰稿人或许都是当前最有才华的科学作家。它往往是充满智慧而且及时的，所以不要对“白喉红臀鹎的求偶模式”这样的内容感到厌恶。《新科学家》可以让减肥成功的外行概括地认识一切，从微处理器的经济规律，到变成化石的足迹。

如果有一本通用的复合读物基本上包含了所有科学杂志最合理的要素，那么我会愉快地把它推荐给你。

上面就是我给你的“日常阅读食谱”。如果你坚持按照这个食谱进行你的阅读，你就会欣喜地看到一个有健康阅读习惯的你——在你的内心，憔悴的知性正等着脱颖而出。

THE DREAM MANAGING 领导力智慧
REFLECTIONS ON LEADERSHIP AND CHANGE

伴你度过余生的“日常阅读食谱”

第一类：报纸。一份日报。
第二类：新闻类杂志。
第三类：一般性的文化和思想。
第四类：参考书。
第五类：管理和商业。
第六类：科学和技术。

信息超载焦虑症自我评价测试

请尽量回答下面的所有问题。如果你不确定，就请继续下一个问题，过后再来回答那些没有完成的问题。在开始测试之前，请每隔 10 秒钟测量一次你的脉搏。如果在回答问题时，有 10 个以上的问题让你脉搏加快，那么请立刻给你的医生打电话吧。如果让你脉搏加快的问题是 6 个，你就不用立刻给医生打电话了。不过我们还是建议你，在这种情况下，你应该约个时间去看医生。

1. 当你不知道一个微波炉的辐射量是否比照 4 次牙科 X 光或者星期天在哈里斯堡（Harrisburg）① 240 千米范围内开一次车更强时，你的脉搏加快了吗？

2. 当你不确定特地驱车 800 千米去看一场休斯敦歌剧院的演出是否值得时，你的脉搏加快了吗？

3. 当你穿上致癌但防火的睡衣或者不致癌但也不防火的“睡衣”时，你的脉搏加快了吗？

4. 当你与人争论预防太空站上掉下的铁棍或突然出现的尼斯湖怪的保护措施时，你的脉搏加快了吗？

5. 当你根据家族史、锻炼习惯、压力、胆固醇（摄入食物纤维可以降低其含量）、脂类（喝酸奶可以降低其含量）、吸烟、体重等因素计算自己发生心肌梗塞的可能性时，你的脉搏加快了吗？

6. 关于慢跑的总体价值，当你读到的不同报告相互矛盾时，你的脉搏加快了吗？

7. 当你与他人争论我们是否还会再忍受一年两位数的通货膨胀时，你的脉搏加快了吗？

---

① 1979 年，宾夕法尼亚州哈里斯堡附近的三里岛电厂发生了美国有史以来最严重的核事故。——译者注

8. 当你不知道“黑洞”与“坑洞”有没有共同之处时，你的脉搏加快了吗？

9. 当你意识到，只要你再坚持30分钟不睡的话，你就能最先在《纽约时报》的网站上看到他们第二天的报纸，这时，你的脉搏加快了吗？

10. 当你宁愿放弃陪家人去看电影也不肯关掉你的手机时，你的脉搏加快了吗？

11. 当你要决定是该现在就购买最新的无线网络技术还是再坚持3个月等替代技术时，你的脉搏加快了吗？

12. 曾经有一天，你发现自己很可能比小布什还知道更多世界领导者的名字。当你回想起这一天时，你的脉搏加快了吗？

13. 你收到了很多措词巧妙且富有煽动性的电子邮件，它们的内容涉及内曼-马库斯曲奇的制作方法、被割下的人类肾脏、圣诞树防火技术以及其他严肃的问题；当你静下心来思考这些电子邮件的真实性时，你的脉搏加快了吗？

14. 你要么准备清早的重要会议，要么回复昨夜收到的15封电子邮件，要么挤出时间去做几笔在线交易——当你必须要在这三者之间作出取舍时，你的脉搏加快了吗？

15. 当你发现你的浏览器没有足够的空间让你收藏所有你喜欢的站点时，你的脉搏加快了吗？

请测量你的脉搏并计算你的信息超载焦虑症得分。

为必要信息腾出时间的基本原则让我们可以摆脱无关信息的泥潭。

但是，同电子社会相比，要在一个充斥着报纸和期刊的社会里做到这一点，所要求的自控力水平更高。祝你的电子邮件收件箱一直紧凑，浏览器的收藏夹始终“苗条”。

MANAGING THE DREAM

REFLECTIONS ON LEADERSHIP AND CHANGE

06 应对快速变化与复杂性

领导者要善于给静止的组织及其支持者带来变革。我们的环境从来不是静止的，我们顺着急流迅速地前行，我们需要快速地、不断地应对前头的岩石和支流。因此，我们的变革计划必须要把未来令人眼花缭乱的不确定性考虑在内。

我认为，不论组织规模大小，高管们所面对的挑战都是相似的，即问题袭来的速度加快，复杂程度增加。我用“迅杂”（raplexity）这个词来表示迅速和复杂。

信息和通信技术不仅会改变我们需要的领导力水平，而且还会改变其类型。因为，随着我们的工作场所变得民主化，随着各种技术的发展，我们的沟通将变得更加便捷。我们将能够同时与更多的人谈话，这超出了以前的想象。而且，我们将掌握更多的信息。这会让工作场所进一步民主化。

这意味着领导者将必须适应先进的技术及其引发的变革。而很多领导者现在还做不到这一点。信息技术将对我们在未来如何组织以及领导者所需求的能力产生深远的影响。年轻一代是在一个高科技的世界里成长起来的。这对明天的领导者来说将意味着什么呢？让我打个比方吧。这有点像精神病学和精神药理学。我的妻子是一位精神病药理学家。她接受的是精神病医师的训练，但她意识到谈话治疗是不够的，很多心理健康问题可以通过药物治疗来有效地处理。她认识到，这两者都是必需的。

她仍旧实施谈话治疗，但也运用药物治疗。相似地，**领导者必须既能适应先进的技术，又要比以往更多地亲自实践，还需要具备更出色的人际能力。**

高级管理者能做什么

为了跟上“迅杂”的脚步并赢得你渴望的奖励，你能做些什么呢？我建议你做三件事。

1. 寻求反馈。在你的团队、小组或家庭中安排某种形式的“反馈”。我是在与一个首席执行官交谈时学到这个道理的。他说：“我与妻子交流以获得反馈，我把她作为一面镜子。她是我心理上的一张安全网。”我们都需要与某个自己信任的人一起反思自己的经历。尤其是消极的经历。

2. 写日记。在日记中记下你对人生经历的反思。你会发现，在你追寻智慧的探索过程中，这个简单的习惯是无价的。

3. 阅读你的良师益友所写的一些传记和其他书籍。你不需要心理治疗师。你只需寻找一些令人鼓舞的实例—— 一些能够与你建立联系的成功者的故事。让这些人成为你的榜样和良师益友。要尽可能地从他们令人振奋的事例和作品中学习。

THE DREAM MANAGING
REFLECTIONS ON LEADERSHIP AND CHANGE
领导力智慧

跟上“迅杂”，高级管理者可以做的三件事

1. 寻求反馈。
2. 写日记。
3. 阅读你的良师益友所写的一些传记和其他书籍。

组织能做什么

为了帮助成员应对“迅杂”，组织可以做 10 件很简单的事。

1. **不断学习**。要把成员送到最好的大学和培训组织那里去学习最好的课程。要确保这种学习是有的放矢的，是可以应用到工作中的。

2. **在组织中促成变革，让组织有利于成员的发展**。不要把一个已经改变了的人再送回到一个没有改变的组织中。

3. **开始教练辅导**。找出那些公认的教练和指导者，让他们在显眼的位置上发挥作用。如果你四处问问“这里有谁曾经教练或指导过优秀的领导者”，我想你会得到答案。

4. **鼓励说真话**。要鼓励你的辅导者以及其他为你提供反馈的人大声说话，“对当权者说真话”。

5. **奖励坦诚者**。人们之所以不对当权者说真话，一个主要原因就是过去报信者常常冤死。

6. **在组织内提供多种多样的经历**。我所认识的一些最优秀的领导者都像《华盛顿邮报》的本·布拉德利（Ben Bradlee）一样，有着广泛、丰富的职业经历。例如，本就曾经从事过制作、报道、编辑、管理和领导等多种工作。在最优秀的组织里，每一个高级管理者都会花相当多的时间来完成研究、销售、制造、市场营销、管理以及领导任务，以便他们能有一个广阔的视野。

7. **让成员接受更多的国际任职**。组织必须要说服甚至是强迫很多高级管理者接受国际任职，接触不同的语言和文化。但是，仅仅在电话上与客户交流，这还不能让你对世界正在发生怎样的变化有一个清晰的认识。

8. 不断地给成员们带来惊喜。高级管理者尤其需要偶尔的意外甚至是震惊。当有人问起他最喜爱的学生时，伯特兰·罗素说："他是我最喜爱的学生，因为他看起来总是很困惑。"你能告诉成员们的就是睁大眼睛，拥抱不确定性，不要被意外吓倒。我最喜欢向高级管理者提的一个问题是："在你们的企业里，意外之间的平时是什么样的？"你们怎样让成员即兴发挥？如今，你们必须要喜欢爵士乐，喜欢意外的演奏。

9. 确保你们的名字留在电话簿上。关于你们公司的未来，你能知道的最重要的一件事就是：你们的名字是否还在电话簿上。如果不在了，那么你们很可能已经被淘汰出局了。

领导力箴言
MANAGING THE DREAM
REFLECTIONS ON LEADERSHIP AND CHANGE

领导者必须既能适应先进的技术，又要比以往更多地亲自实践，还将需要具备更出色的人际能力。

10. 对阳刚和阴柔的领导力特质同等重视。我认为在未来，阴柔的领导力特征将是迫切需要的。但是我不敢说女性领导者将是我们更加需要的，因为我不希望任何人偷去我阴柔的一面。我所钦佩的很多男性领导者都充分地展现了自己阴柔的那一面。事实上，有些男性领导者在他们保持开放和反思的能力上几乎是两性的。老实说，我不认为性别是领导力的决定因素。重要的是一种能力：根据情况的不同，有时强硬，有时温柔。

M THE DREAM
领导力智慧

MANAGING
REFLECTIONS ON LEADERSHIP AND CHANGE

应对“迅杂”，组织可以做的 10 件事

1. 不断学习。
2. 在组织中促成变革，让组织有利于成员的发展。
3. 开始教练辅导。
4. 鼓励说真话。
5. 奖励坦诚者。
6. 在组织内提供多种多样的经历。
7. 让成员接受更多的国际任职。
8. 不断地给成员们带来惊喜。
9. 确保你们的名字留在电话簿上。
10. 对阳刚和阴柔的领导力特质同等重视。

MANAGING THE DREAM

REFLECTIONS ON LEADERSHIP AND CHANGE

07 领导的优势

让我们着迷的是把领导力简化为一个简单的公式，它可能需要一点能力、一点性格、一点手腕。最优秀的领导者都是各自经历的主人，不管是消极的还是积极的经历。我职业生涯的核心假设之一是：卓越的领导力能够并且也应该习得。

领导力的主题从来没有像现在这样让管理者或管理类作家感兴趣。专栏作家理查德·唐金（Richard Donkin）在《金融时报》上描述了“一种对企业领导力所需要的品质近于着魔的痴迷”。他还补充说，这是一种“传染性的”痴迷，已经扩散到了整个社会；这暗示着美国人已经迷路了。如果这是一种痴迷，那么对任何关心未来的组织来说，这种痴迷是有益的；但是我也理解唐金以及其他一些人为什么会表现出那样的沮丧。尽管各种学术、商业和流行刊物为这一主题不惜笔墨，但领导力仍旧是一个令人难以捉摸的概念。

然而，不管领导力是否得到了充分的理解，它对盈亏数字的影响都是显著的。根据一项研究，被认为领导得力的企业，其股票价格在 10 年内增长了 900%；而被认为缺乏有效领导的企业，其股票价格仅增长了 74%。《财富》找出了那些典范组织的共同点：

> 事实上没有哪一个因素会让一家企业受到赞赏，但是假如你必须要从中挑出一个最有影响的因素，那么你会选领导力。用沃伦·巴菲特的话说就是：“人们投票支持的是画家而不是画作。”

创造智力资本

对组织和领导力的观察，让我就组织要在动荡的未来生存必须具备什么得出了两点结论：

第一，未来竞争优势的关键，将是组织建立适合的社会结构以创造智力资本的能力，而领导力则是让智力资本的潜力得以充分发挥的关键。

作为电力巨头ABB集团的前董事长以及欧洲最著名的商业领导者之一，珀西·巴内维克（Percy Barnevik）认为："组织让其员工在工作中运用他们5%~10%的能力。在工作之外，他们会运用另外90%~95%的能力。"他补充说，对领导者而言，挑战就在于"学会怎样利用那些未被利用的能力"。

第二，学会利用员工的集体智力、实际知识、创造性和创新性，这会给组织带来巨大的利益。正如巴内维克极力主张的那样。最近对3 200家美国企业进行的调查表明，员工培训和发展方面的支出增长10%，会使劳动生产率提高8.5%；而资本支出的同样增长，只能使劳动生产率提高3.8%。这样的结论解释了为什么通用电气的杰克·韦尔奇说他当首席执行官只有三项职责：挑选合适的人才；配置资本资源；迅速地推行好想法。在与通用电气的数百名管理者交谈时，韦尔奇往往不仅问他们有什么想法，而且还要问有谁分享并采纳了他们的想法。

作为世界上最有成就的两位商业领导者，韦尔奇和巴内维克对他们的角色有相似的观点，这一点绝非偶然。在知识经济中，领导者不能命令员工更努力、更聪明、更迅速地工作。在合理薪酬机制激励下的知识工作者要比首席执行官更了解他们的工作，更热爱其工作。如果没有真正的领导者来吸引和保留人才、管理知识、释放员工变革和创新的能力，一个组织的未来就危险了。

领导者的品质

尽管唐金暗示我们对领导者品质的探索是徒劳的，但研究指出了7种不可或缺的领导者品质。这些品质加在一起就可以为如何领导知识工作者提供一个框架。

MANAGING THE DREAM
REFLECTIONS ON LEADERSHIP AND CHANGE
领导力智慧

领导者不可或缺的7种品质

1. 专业能力（technical competence）：商业素养以及对所在领域的掌握。
2. 概念能力（conceptual skill）：抽象思维或战略思考的能力。
3. 业绩记录（track record）：实现成果的历史。
4. 人际能力（people skills）：沟通、激励和授权的能力。
5. 鉴赏力（taste）：发现和培养人才的能力。
6. 决断力（judgment）：根据不完全的信息迅速作出艰难决定的能力。
7. 品格（character）：定义我们是什么人的品质。

高级管理者很少缺乏前三种品质；他们很少因为技术或概念能力不足而失败，而如果没有令人信服的业绩记录，他们也不会被委以高层次的职责。所有这些能力都是重要的，但在未来的世界中，**典范领导者的超群之处将在于他们优秀的“软能力”：人际能力、鉴赏力、决断力以及最重要的品格。**

品格是领导力的关键，这个结论被大多数人的个人经历所证实，比如在我 15 年来与 150 多位领导者的合作中，以及在我所遇到的其他研究中。哈佛大学的研究表明，一位领导者的表现有 85% 是取决于个人的品格。荣获美国心理学会终生成就奖的丹尼尔·戈尔曼（Daniel Goleman）的工作也清楚地表明，领导者的成败往往要归因于“**情绪智商**”。尽管品格要比领导力的其他方面更难以量化，但我们还是有很多的方法来衡量一个人（见本文最后一节“品格剖析”）。

追随者的要求

在知识经济中，权力更多的是在知识工作者手中，而不是在企业的所有者或管理者手中。满足这些工作者的需要是一项新的领导职责。研究不仅表明了有效领导者的特征，而且也揭示了追随者对领导者的期望。不管是在一家企业、一支童子军、一个公共机构，还是在整个国家中，支持者都追寻四样东西：意义和方向；相互的信任；希望和乐观；成果。

领导力箴言
MANAGING THE DREAM
REFLECTIONS ON LEADERSHIP AND CHANGE

在未来的世界中，典范领导者的超群之处将在于他们优秀的“软能力”：人际能力、鉴赏力、决断力以及最重要的品格。

为了满足这些支持者的需要，并最终释放一个组织的智力资本，领导者可以营造 4 种有利的条件，而它们反过来又能分别产生 4 种结果。为了满足追随者的需要并实现积极的结果，领导者必须提供 4 样东西（参见表 7-1）。

表 7-1 卓越的领导力

为了满足支持者的下列需求	领导者提供	从而有助于建立和创造
意义和方向	使命感	目标
信任	真诚的人际关系	可靠性和一致性
希望和乐观	“坚韧”（相信事情会有好结果的信心）	精力和承诺
成果	对行动、冒险、好奇心以及勇气的偏爱	信心和创造力

提供使命

卓越的领导者会把热情、展望以及意义带到定义组织使命的过程中。

我所知道的每一位卓越的领导者都对自己的事业充满热情。对工作投入时间和精力，这要求一种类似于爱的承诺和信念。迪士尼公司的董事长迈克尔·艾斯纳把这种品质定义为坚定的观点，或者用好莱坞的话说就是“POV”①。他说在他的公司中，成功者永远是有坚定信念的人。艾斯纳补充说：“在这里，请记住，我们是在谈论好莱坞，POV 至少相当于 80 分的智商。”

领导力箴言
MANAGING THE DREAM
REFLECTIONS ON LEADERSHIP AND CHANGE

卓越的领导者会把热情、展望以及意义带到定义组织使命的过程中。

一个人首先要有热情；展望未来更难得，但它在一个快速变化的世界中是不可或缺的。对组织中的大多数人来说，问题不仅仅是接下来

① POV，“point of view”（观点）在电影脚本中的缩写。——译者注

会发生什么，而是再接下去会发生什么。正如冰球大师韦恩·格雷茨基（Wayne Gretzky）所解释的：“重要的不是冰球现在在哪里，而是它将会出现在哪里。”一家《财富》500强企业的首席执行官换了一种说法：“如果你不感到困惑，你就不知道正在发生什么。”因为现实的迷雾到处弥漫，所以支持者不仅想知道他们的目的地，而且还想知道他们曾经走过的道路以及现在的位置。人们希望领导者提供背景。

知识工作者需要一种意义感——他们中最优秀的那些人对于自己的工作场所和雇主有很大的选择权。领导者通过抽出时间来做以下这样的反思，可以建立起对组织目标的支持：

- 我们工作的意义是什么？
- 我们的工作对他人有什么影响或重大的贡献？
- 我们怎样衡量成功？
- 这种成功有哪些积极的结果？

营造并保持信任

自1985年以来，有20%的美国工作者至少被临时解雇过一次。在新的社会契约让组织与其知识工作者之间的联系变得脆弱的时代，信任成了能把人们团结到组织中的情感凝聚力。可以在工作、伙伴关系、婚姻或者友谊中营造信任的因素包括胜任能力、坚定不移、关心他人、坦率、一致。

我所说的一致或者真诚是品格在更深层次上的反映。它是所有诚实的相互关系的核心。但一致不仅仅是了解自己；它是始终如一，在工作中就像在家一样。

坦率或许是信任最重要的要素。当我们不掩饰自己的缺点或者知识缺陷时，我们就会赢得他人的理解和尊重。

值得效仿的领导者可以在整个组织内营造坦率的气氛。他们可以清除组织内的障碍和恐惧。这些东西会迫使人们向上司隐瞒坏消息。优秀的领导者明白那些离客户最近的人往往有解决方案，但是除非让问题在坦率的气氛下得到讨论，否则那些人就帮不上什么忙。尤其是在变革期间，优秀的领导者会在整个组织、整个行业乃至整个世界中分享有关当前情况的信息。他们把坦率看成是个人和组织绩效的一个衡量标准，可以通过员工对一些陈述的回应来测量；这样的陈述可以是“我的组织鼓励人们拿出时间来坦率地沟通，甚至是探讨一些棘手的难题”，或者是“我们几乎可以丝毫不用担心地、坦率地谈论一些重要问题”，等等。

没有坦率就不可能有信任。而通过建立信任，领导者就可以帮助组织建立客户所要求的可靠性和一致性。

满怀希望

卓越的领导者看起来是期待成功的；他们总是期望积极的结果。对他们来说，杯子不仅仅是满的，而是溢出来了。希望把实现目标的决心与创造实现方法的能力结合在了一起。满怀希望的人会这样描述自己：

> 我能想出摆脱困境的方法。我会充满活力地追求自己的目标。我的经历已经让我为未来做好了准备。任何问题都有解决办法。

英特尔公司的董事长安迪·格鲁夫（Andy Grove）就是一个满怀希望的领导者。在15年前他对我说，他是怀着“诺贝尔奖情结”长大的。他是从匈牙利移民到美国的；当时，他讲不了几句英语，也没有钱，但他的父母却给他灌输了一种意识：无论他想干什么，都一定会成功。他告诉我说，假如他从事了科学研究，他觉得自己能够赢得诺贝尔奖。这种心理上的坚韧，这种坚信事情会有好结果的意识，可以产生对自己以及对他人的极大信心。它可以激发活力，强化承诺，而这反过来又会影响结果。简而言之，我所认识的每一个卓越的领导者都有看似毫无理由的乐观，而这有助于激发实现成果所必需的活力和承诺。

实现成果

领导者可以提供意义、建立信任、满怀希望，但是除非一个组织可以实现结果，否则那一切就没什么意义了。

担任新职位或者面临关键时刻的领导者，大多有一定的时间和资源去实现成果。正是这一点让集体的使命感、信任和希望变得那么重要；它们可以帮助人们度过艰难时期。但是如果领导者不能实现成果，这些资源就浪费了。当然，我们只有采取行动才能实现成果。这并不意味着每一次行动都会是成功的。但就像格雷茨基所说的那样：“不射门的话你就百分之百不会射中。”**卓越的领导者绝不会忘记他们最终必须要作出最有把握的“射门”，并要营造一个容忍“射偏”，但也要求每一个人都继续尝试的环境。**从空谈到行动是必需的，但这要求承诺、进取心、好奇心和勇气，尤其是在我们所生活的时代。这要求领导力。

成果导向的领导者把自身看成是催化剂。他们期待实现巨大的成就，但他们知道，如果没有他人的努力，他们就不可能有多大作为。他们会把创业者的热情、足智多谋、风险承受力以及自控带到组织的每一次努力中。缺了其中任何一样，都无法突破如今市场中的喧闹、混乱和竞争压力。

的确，我们现在对领导力的主题给予了空前的关注。我们也渐渐理解了智力资本对战略、组织设计、领导力培养、员工保留以及几乎各种重要商业实践的意义。不认真对待这些问题的组织，或者是未能在领导力与智力资本的质量之间建立联系的组织，将很有可能消失在21世纪。有一位首席执行官说：“我们正在让领导力的主题成为一个热烈讨论的话题。我们鼓励人们谈论领导力；我们奖励教练；我们希望人们找到获取反馈的方法。”他们这样做不是作为一种练习，而是作为一种竞争之道。**卓越的领导者相信，他们有责任促进人们的成长，营造一个让大家不断学习的环境。这些是创造智力资本并利用智力资本来创造新价值的最可靠的方法。这将是每一位领导者的最终任务。**

MANAGING THE DREAM
REFLECTIONS ON LEADERSHIP AND CHANGE

领导力智慧

领导者必须为组织提供的4样东西

1. 提供意义。
2. 建立信任。
3. 满怀希望。
4. 实现成果。

品格超越了道德行为

品格的定义很多，但对卓越的领导者来说，品格超越了道德行为（尽管道德行为是基本的）。“character”（品格）这个单词本身来自于表示“铭刻”或者“雕刻”的希腊语。对我所研究的领导者来说，品格与我们是什么人、我们怎样组织自己的经历有关。著名的心理学家威廉·詹姆斯把“品格”描述为：

> 当一个人觉得自己最积极、最活跃时所处的独特的心态或道德态度。在这样的时刻,会有一个发自内心的声音大声说:“这才是真实的我。”

卓越的领导者以及有效的员工非常了解那个声音。他们明白，成为一个卓越的领导者与成为一个完整健全的人没有分别。

品格的很多方面（比如我们的精力或者认知能力）很可能是出生时就决定了的；还有一些方面是受家庭生活、出生排行、与父母老师以及朋友的关系影响。然而，品格在一生中都是发展的，包括在工作、生活中。领导者可以帮助他人更加清楚地认识到他们天生的能力。例如，通过分析他们作出和没有作出的决定，高级管理者以及那些受他们管理的人可以发展各自的品格，在整个组织内培养新的领导者。

对领导者来说，品格是由内驱力、胜任能力和诚信构成的。大多数高级管理者都具有领导他人所必需的驱动力和胜任能力。但是，组织往往会提拔那些缺乏道德的人。我把他们称为“破坏性的成功者”。他们很少是邪恶的人，但因为只把资源用来实现个人目标，他们往往会损害整个事业。这样的领导者很少能持久，而这仅仅是因为驱动力、胜任能力和道德这三个要素缺一不可；缺了其中的任何一个，领导者都很难吸引他人，并持续实现有意义的成果。

MANAGING THE DREAM

第二部分

编织梦想

互联时代的新社会结构

REFLECTIONS ON LEADERSHIP AND CHANGE

Vision is a waking dream. For leaders, the responsibility is to transform the vision into reality.

愿景是清醒时的梦想，领导者的责任就是要把愿景变为现实。

MANAGING THE DREAM

REFLECTIONS ON LEADERSHIP AND CHANGE

08 民主是必然的吗

随着最高管理层曾经拥有的绝对权力渐渐衰退，一种更倾向于分权的组织正在兴起；在这样的组织里，好的创意会受到重视，即使它们并不是上司的创意。不论是过去还是现在，民主都要比任何其他非民主的组织形态更有效。

成功的现代企业不再是一大块巨石，也不怎么像令人望而生畏的金字塔，而更像是一套乐高拼装玩具，它的各个部分都可以随着环境的变化而重新装配。信奉控制、命令和可预测性的旧范式，正在让位给一种不分等级的体制；在这种体制中，所有员工的贡献都会受到重视和承认，创造力要比盲目的忠诚更重要。鼓励广泛参与甚至提出不同意见的组织会作出更正确的决策。普渡大学（Purdue University）的心理学教授丽贝卡·亨利（Rebecca A. Henry）发现，群体比个体更能预测未来。而且，群体最初的分歧越大，他们最后作出的预测就有可能越准确。

适应能力将成为组织生存的首要决定因素，信息将驱动未来的组织。这在今天看来甚至更正确了。掌握信息的人可以掌握比以往更大的权力。

冷嘲热讽的观察家总是喜欢一针见血地指出，那些在正式场合歌颂民主优点的商业领导者，将是最后才想到把这些优点应用于自家组织的人。然而，就算这是真的，它所反映出的这种心态也绝不是商人所特有的。这种心态认为，尽管民主有各种各样的不便，但它是一种高雅的生活方式，一种昂贵的、低效率的奢华，就像拥有一座庞大的中世纪城堡。大多数人对民主的感情是喜爱甚至恭敬的，还带有一点儿不耐烦。

然而，草率地实践这种“高雅但低效率”的陈词滥调会掩盖深层的理想化，因为它暗示着组织仅凭管理者纯粹的好心就能在竞争环境中生存。我们质疑这种观念。即使所有那些温和的观点如今都被根除了，但第二天早上醒来，我们还是会发现民主仍旧被一系列实际但同样也无法控制的经济、社会和政治因素巩固和支撑着。

在特定条件下，民主是一种“更有效率的”社会组织形式。我们所说的效率包括生存和取得成功的能力。民主是唯一能够成功地应对当代文明的变革所需求的体制。

民主在接管

一些迹象表明，我们的企业界渐渐地认识到了民主的效率。在美国，一些发展最迅速的新兴企业自夸是非常民主的组织；甚至更令人惊讶的是，有些规模最大的老牌企业也在稳步地走向民主化。因为感觉到组织的体制缺乏管理的生命力和创造力，所以它们开始谋求社会科学家以及外来计划的支持。最终的结果就是让它们的组织民主化。由此，高级管理者甚至是整个管理团队被派去参加人际关系和组织培训，去学习新的技能和态度。

很多社会科学家在这一进展中扮演了重要的角色。麦格雷戈、阿吉里斯（Argyris）[①] 等人的现代理论为新的社会结构开辟了道路。众多的研

① 组织行为学之父，其作品《个性与组织》《克服组织防卫》为组织行为学的奠基之作。其中文简体字版均由湛庐文化策划、中国人民大学出版社出版。——编者注

究和培训中心探索了怎样应用社会科学的知识来提高组织的有效性。

当我们使用“民主”这个词时，我们想到的不是“纵容”或“放任”，而是一个价值观体系，是支配行为的一系列信念，人们会发自内心地以自己的言行去支持和维护它们。

M THE DREAM
领导力智慧
ANAGING
REFLECTIONS ON LEADERSHIP AND CHANGE

“民主”包含的5个价值观体系

1. 充分、自由的沟通，不管等级高低、权力大小。
2. 依靠多数意见而不是胁迫或妥协来解决冲突。
3. 相信影响力是基于专业能力和知识，而不是基于个人一时的异想天开或特权。
4. 允许甚至鼓励任务导向的行为以及情感表达的氛围。
5. 承认组织与个体之间必然会有冲突，但也愿意理性地处理和调停这种冲突。

这些价值观方面的变革正在美国的企业界内广泛地推行。只要一种社会制度是在不断变化的情况下谋求生存，民主就会变成一种功能必需品。

对变革的适应能力

对现代社会来说，技术创新是最熟悉的一种变革。但是，如果变革已经是生活中一个永恒的、加速的因素，那么对变革的适应能力就成为生存的最重要的决定因素。相对于保持灵活性以迅速地适应变化的环境，利润、节约、效率以及关键时刻的士气等就变成了次要的。

对于哪种类型的组织最适合哪种环境，麻省理工学院的组织和沟通研究揭示了相当戏剧性的结果。具体如下：

- 对静止环境下的简单任务来说，独裁的、集中化的组织结构（过去大多数企业组织的特征）更迅速、更简洁、更高效。
- 但是要适应变化的环境，要“快速地接受新的创意”，要“灵活地应对新的问题”，“通常是有更高的士气和忠诚度的……主张平等的或分散化的组织结构更有效”。之所以会这样，原因之一就是集权的决策者“倾向于以自己太忙或者创意太不切实际为借口抛弃一个创意”。

我们支持民主的论据基于另一个因素，一个相当复杂但也极为重要的因素。现代的企业组织大体上是以过时的军队体制为基础的。在“指挥人员和参谋人员”“标准操作程序”“组织编制表”等笨拙的术语中，我们仍然能够找到这种传承的遗迹。在今天的一些管理者和企业顾问所坚持的关于工作和激励的情感和心理假定中，我们能看到其他一些军队体制的残余。总的说来，这些概念正在发生改变，就连军队也在逐渐放弃那些过分简单化的、值得怀疑的假定，尽管这些假定当初是他们的组织基础。正如我们已经提到的，企业领域中的进展甚至更加引人注目，其意义之深远不亚于从独裁的和专断的异想天开到民主决策的根本转变。之所以会发生这种转变，有两方面原因：

- 一方面是因为军队的官僚模式存在着明显的不足（尤其是不能迅速地响应快速的变化）。
- 另一方面是因为科学的制度作为一种更适合的模式正在兴起。

为什么科学作为一种模式会渐渐地得到公认呢？不是因为我们在研

究导向的大学里授课和进行研究。非常奇怪的是，大学一直抵制民主化，而且要远比大多数的其他组织强烈。科学会渐渐胜出是因为现代企业所面临的挑战都是汇集知识、要求真理的两难选择。管理者不是科学家，我们也不指望他们会成为科学家。但是，问题解决、冲突解决以及对两难选择的认识，这些过程与学术界对真理的追求非常相似。**科学的制度是唯一基于变化、适应变化的制度。**其建立不仅要适应变化，而且还要推翻和创造变化。现代的企业也是这样，并且仍将是这样。

现在我们谈到了要点。作为科学的基础，探索精神要想发展和活跃，必须要有一个民主的环境。科学鼓励主张平等、兼容并包、自由主义的政治观。科学强调观点和异议的自由。科学反对各种形式的极权主义、教条、机械以及盲目服从。正如一位著名的社会心理学家所指出的："正是因为科学的普及，人们才开始要求自由、公正和尊重。"简而言之，**组织要想保证科学的态度，唯一的办法就是提供民主的社会环境。**

领导力箴言 MANAGING THE DREAM REFLECTIONS ON LEADERSHIP AND CHANGE

> 民主是唯一能与永久变化相适应的组织体制。

换句话说，企业界的民主不是一个理想主义的概念，而是一种必然性，尤其是在那些变革不断、需要创造性的科学进取心的领域里。因为民主是唯一能与永久变化相适应的组织体制。

阻碍因素

如果我们说近百年来科技一直在发生着飞速的变革，而一般企业中却没有任何显著的变革，那么我们可能会听到一片反对之声。的确，同19世纪末相比，今天高级管理者控制下属的权力受到了更多的限制。但这根本不算是企业民主；决策职能仍旧是最高管理层警惕地看守着的专有特权。如果民主是永恒变革的必然结果，那为什么我们在企业组织的体系中没有看到更多的显著变革呢？原因是双重的。

因素一，被淘汰的个体

技术变革正在迅速地加快。我们已经开始了一个新的时代；在这个时代，当人们还没来得及开始自己的职业生涯时，他们针对职业接受的知识和方法可能就已经过时了。我们生活在一个知识和技能的通货膨胀失控的时代，我们所学到的东西时刻在贬值。或许，这可以解释徒劳、疏远、缺乏个人价值等感觉；这些据说都是我们这个时代的特征。

在这样的情况下，个体是相对不那么重要的。不管个体多么有想象力、有活力、有才华，时代都会很快就赶上他们，使他们被同样有想象力、有活力、有才华但却掌握了更新的观点和概念的他人所取代。正如《科学美国人》著名的专栏作家马丁·加德纳（Mantin Gardner）在谈到有些物理学者难以理解爱因斯坦的相对论时所说的："如果你年轻，那么相对于这些学者你就拥有一个巨大的优势。你的头脑还没有形成那些深深的车辙，因此你的思想车轮就还是不受束缚的。"

因素二，抵制的力量

一种功能异常倾向的存在。比如独裁体系相对迟钝的适应能力，并不必然导致其消失。这种障碍要么会得到清楚的认识，要么会变得非常严重，以至于毁掉容纳它的体系。这两种情况都是刚刚开始变得明显，主要是通过现代科技竞争的特有本质。

决定性的变革在于，科技失败的威胁已经不再必然来自于行业内的竞争对手了，而是往往来自于外部，来自于以新方法利用新材料的新行业。因此，对于接下来行业中可能会有哪些发展，没有人能作出深思熟虑的预测。袭击可能来自任何地方。相应地，一家有生存能力的企业不能仅靠通常的方式发展和前进。为了生存和发展，企业必须准备好到任何地方去开发新的产品或技术，即使它们与组织当前的活动毫不相关。或许这就是为什么民主的开端最常发生在那些严重依赖发明创造的行业里，比如电子行业。这无疑也是越来越多盲目发展的大企业开始计划着对组织的结构和气氛作出重大变革以释放民主潜力的原因。

告别“伟人”

岁月的流逝还致命地打击了另一股阻碍民主的力量——“伟人”。他们有着卓越的才华和非凡的远见，在一个成长型组织的前头掌握着独断专行的权力，让组织占据着美国商业领域的领导地位。在过去，这样的人往往是有一个或者一系列非凡创意的人。如今这已经不够了。

在今天，就在某个伟人开始收获其想象力的成果时，他会发现自己突然之间过时了，因为有另一个人（甚至可能是一个原来比较平庸的竞争对手令人绝望地崛起了）已经让创新更进了一步，或者是找到了全新的、更好的方法。伟人怎么可能轻易放弃自己的创意呢？要知道，其中包含了他所有的希望和抱负，还有他的那颗心。现在，他的斗志开始让自己的组织变得封闭、孤立了；其地位的绝对论开始成了一种障碍，一种抑制企业的灵活性和发展的顽固势力。但是，组织不能赶走这个伟人。从短期来看，这个伟人的离去甚至会给组织造成伤害，因为组织的威信在很大程度上是来自他的声望。而等到他离开的时候，组织在行业中的地位很可能已经严重地滑落了。当他的个人影响消失时，组织很可能会进一步衰退。

当然，“个人崇拜”仍旧存在，但它在迅速地消退。越来越多的大企业（比如通用电气）不再依赖“英雄”，而是依赖可靠的管理团队。

组织人

有人告诉我们，取代“伟人”的是“组织人”。自由主义者和保守主义者都为这种转变流下了不少泪水。自由主义者想到的是作为“个体”的某种有创造力的异类——知识分子、艺术家或者是激进的政治家。保守主义者想到的是行业原来的统帅，或许还有一些杰出的将军。

不管是自由主义者还是保守主义者，任何一方都根本不会为失去另一方所哀悼的“个体”而感到悲伤。说到当前的问题，尤其具有迷惑性的是把服从等同于独裁的倾向，在持这种观点的人看来，在新的企业组织中，除了最高层的少数罪恶的、个人主义的操纵者之外，所有其他的个体都是麻木的。

领导力箴言
MANAGING THE DREAM
REFLECTIONS ON LEADERSHIP AND CHANGE

> 组织要想保证科学的态度，唯一的办法就是提供民主的社会环境。

但是从长远来看，这当然是荒谬的。成为“组织人”的趋势也是组织变得更加宽松、更加灵活的趋势。在这样的组织中，各种角色在某种程度上都是可以互换的，而且没有哪一个角色是不可缺少的。对很多人来说，这种趋势是一个可怕的梦魇，但是你不应该把它与过去的那些梦魇混淆起来。它可能意味着个人的匿名性和同质性，但它并不意味着也不可能意味着独裁主义，尽管在转变期间可能会出现古怪的异类。

它不可能意味着独裁主义，因为它源自对灵活性和适应能力的需求。民主和成为“组织人”的可疑趋势，都源于在多变的环境中最大限度地利用恰当的知识、技能和见解的需求。

专业人士的兴起

尽管“组织人”的概念娱乐了公众的想象力，但它也掩盖了目前正在发生的一个更加根本的变革：“专业人士”的兴起。这些专业人士可能拥有低温科学或计算机逻辑等深奥学科的高等学位，也可能拥有更加普通的商业学科的高等学位。如今，他们进入各类组织的速度已经超过了劳动力市场的任何其他部门。

这些人表面上是从内在的杰出标准、从他们的专业协会、从任务固有的乐趣中获得回报。事实上，**他们忠于任务而不是工作，忠于标准而不是上司。他们只喜欢富有挑战性的环境；在这样的环境中，他们可以“玩解决问题的游戏”**。

这些新出现的专业人士与我们所说的民主制度的概念非常一致。因为就像他们一样，民主不追求新的稳定性和终点；民主没有其他目的，它只是要确保永久的转变、持续的变化、无休止的不稳定性。民主不想颠覆任何东西，它只是要推动任何事物内部潜在的颠覆。民主和专业人士首先认同的是适应的过程，而不是建成某种体制。

然而，所有的民主制度都不完全如此——可以容忍的流动性总是有限度的。因此，发现某个民主社会或组织可能比一个独裁的更“保守”，这与民主的理论并不矛盾。实际上，最引人注目、最激烈、最极端的变革一向是发生在独裁的体制下，因为这样的变革通常要求长期的自我克制，而民主很少产生这种自愿的禁欲主义。但是，这些变革被看成是有限的、暂时的，旨在实现一系列具体的改良并达到新的稳定状态。只有当社会达到新的技术发展水平，使得生存要依赖于永恒变革的制度化时，民主才会变成不可避免的。

强化因素

实际上，在现代技术出现很早以前，民主就曾经在很多地方、很多时代存在过。我们该怎样解释这些事实呢？

持续的扩张

首先，我们必须要记住，现代技术不是引发必要的永恒变革的唯一因素。任何情况，只要包含了持续时间足够长的快速而又缺乏计划的扩张，它就倾向于引发要求实行民主化的巨大压力。其次，当我们谈到民主时，我们指的不仅仅甚至不主要是特定的政治形态。实际上，在美国，平等主义最重要的体现或许不是在宪法中，而是在家庭中。

历史学者们喜欢指出，美国人一直生活在扩张的状态下。首先是拓荒，然后是连续的移民浪潮，现在是失控的技术。这些扩张的社会影响在很多方面当然是大不相同的，但它们都有这样一个相同的影响：它们都使得独裁的家庭制度不可能大规模地发展。自 17 世纪以来，每一个观察美国习俗的外国观察家都评论说，美国的孩子“不尊敬自己的父母”；自 1650 年以来，每一代美国人当中都产生了健忘的本土道德家，他们总在抱怨子女对父母的服从和尊重出现了滑坡。

对殖民地时期家庭生活的描写清楚地表明，当时的美国家长就像现在一样随和、宽容，而孩子也像现在一样独立、无礼。这种尊重的缺乏不是针对作为个体的家长，而是针对家长权威的概念本身。

历史学家奥斯卡·汉德林（Oscar Handlin）非常生动地概括了这种尊重丧失的基础。他指出，在每一代早期的定居者当中，孩子都要比他们的父母更熟悉新的环境，而且他们不像父母那样害怕混乱，也很少抑制欧洲的偏见和习惯。此外，他们的父母在身体上和经济上都严重地依赖他们。当东部有人定居之后，这种情况在较老的家庭里已经有了改变。但是越靠近边远地区，适合于家庭民主的条件就越显著，使得文化规范不会出现严重的衰退。

进一步的强化来自于新移民。他们发现，他们的孩子因为更精通本地的语言、更了解本地的文化、有更好的工作机会等，而更适应这个新世界。孩子们背负着提高家庭社会地位的期望，同时利用自己与同辈和学校系统的接触，他们还是父母与新世界之间的桥梁。与其说这是震动了以往家庭模式的“美国方式”，不如说是新形势的要求。当老一辈的知识已经落后于潮流时，当年轻一代实际上比父辈更理解美国生活的现实时，年轻一代怎么可能会把老一辈看成是智慧的源头呢?

年轻一代

这些强化因素如今都已经消失了。但是，第三个因素才刚刚出现。

快速的技术变革同样意味着老一辈的智慧大多已经过时了，年轻一代要比他们的父母更适应他们的文化。

这个事实揭示了民主与变革之间联系的基础。老一辈、博学者、有影响的人、有钱人，还有那些掌权者，这些都是受到束缚的人。他们学会了某种模式并靠这个取得了成功。但是当变革到来时，能够最充分地理解并利用变革的往往是那些不受束缚的人。正因如此，长子继承制一般很容易适应社会变革，却不适应工业化。在旧体制中被挡在成功门外的年轻一代，时刻准备着利用新的机会。在日本，父母对较小的儿子更宽容，会给他们更多的择业自由，因为“在日本的民间智慧中，较小的儿子才是创新者。”

要想让那些不受束缚的人更有效，民主是一个很好的手段。它引发的代价是逃避、疏远和怀疑，它带来的好处是灵活性以及迎接新挑战的乐趣。

怀疑和恐惧

实际上，我们甚至可以这样解释民主对自身的过低评价。我们会低估民主的力量，因为它会引起普遍的怀疑和谦逊的态度。只有在独裁者身上，我们才会发现武断的自信、自以为是、偏执狭隘以及残忍，这些东西让一个人决不会怀疑自己以及自己的信念。民主体系的宽松、随意以及凌乱，会给人这样一种感觉：今天获得成功的东西很可能只是一个不完全的解决方案，到了明天很可能必须要改变。

换句话说，你不能既相信变革本身是好事，同时又坚信现状的正确性。根据历史记录来判断，民主一向低估自身；凡是能发现民主的地方，必然也同时存在着对民主没完没了的轻蔑、恼怒的指责，还有蛮横的沙文主义[①]的痕迹。或许，这是唯一恰当的，因为当民主不能再发现自身的缺点时，它很可能就已经不再是民主了。

① 沙文主义（chauvinism）原指极端的、不合理的、过分的爱国主义。如今的含义也囊括其他领域，主要指盲目热爱自己所处的团体，并经常对其他团体怀有恶意与仇恨，是一种有偏见的情绪。——编者注

MANAGING THE DREAM

REFLECTIONS ON LEADERSHIP AND CHANGE

09 垂死的官僚制度

每一个时代都会形成适合其特色的组织形式，而被社会学家称为官僚制度的主流形式，已经与当代的现实脱节了。我所说的官僚制度是一种以金字塔形式建构起来的行政管理系统，这一典型的结构协调着我们所知道的几乎每一种人类组织：企业、政府、大学以及研发实验室、军队、宗教组织、志愿组织。

在离波士顿市政中心不远的地方，一个外国游客走到一个水手跟前，问他为什么美国的轮船造得很不耐用。据这个游客说：“那个水手毫不犹豫地回答我，航海技术的发展非常迅速，即使是最精致的轮船也会在几年后就过时了。听着这些从一个没有受过多少教育的人口中说出的话，我开始认识到了你们伟大的人民用于指导他们所关注的一切日常的、系统性的思想。”

这位外国游客就是对美国的道德和习俗感兴趣的亚历克西斯·德·托克维尔（Alexis de Toequeville），一个机敏的观察家，而那一年是 1835 年。他抓住了美国这个国家的主题：对变革的专注和痴迷。然而，自托克维尔的时代以来有一点是全新的：新鲜事物的加速出现，变革本身规模和范围的变化。正如罗伯特·奥本海默（Robert Oppenheimer）博士所说的：“……这个世界在我们走进来的时候就一直在改变，所以人生岁月衡量的不是儿时所学知识的有限增减或整理，而是巨大的突变。”

在我们的社会中，这些加速的变革会怎样影响人类组织呢？我预测了未来官僚制度的终结，以及更适合于 21 世纪工业化需求的新社会制度的兴起。这一预测是基于这样的进化原则：每一个时代都会形成适合其特色的组织形式，而被社会学家称为官僚制度、被大多数商业人士称为“该死的官僚制度”的主流形式，已经与当代的现实脱节了。现在我认识到，我的预言已经成为一个明显的事实，已经得到了实践的印证。

我很乐于明确地指出，我所说的官僚制度是一种以金字塔的形式构造起来的行政管理系统，这一典型的结构协调着我们所知道的几乎每一种人类组织：企业、政府、大学以及研发实验室、军队、宗教组织、志愿组织。有些想象常常被用来描述复杂的组织。这些想象可以概括为两种怪异的固定类型：

- 第一类我称之为“墨迹式组织”（organization as inkblot）。一个行动者在一片未知的荒原上悄无声息地四处游荡，变得越来越不安、越来越多疑，而他一直等待着的命令却始终没有到来。
- 第二类是“老大式组织”（organization as Big Daddy）。行动者都是古板守旧的人，他们被某个无所不知、无所不能的天才控制着，而这个天才能够通过屏幕来保护整个人类的命运。

不管怎样，第一种想象要归功于卡夫卡，而第二种想象则要归功于英国小说家乔治·奥威尔的《1984》①。正如我在这里所指的，官僚制度是一种实用的社会发明，在工业革命期间得到完善后被用来组织和管理企业的活动。大多数的组织研究者会说，官僚制度的解剖结构包括如下 5

① 与俄国扎米亚金的《我们》、英国赫胥黎的《美丽新世界》并称“反乌托邦三部曲”。——编者注

个要素：

- 一个规定得很清楚的行政管理系统。
- 一系列用来处理与工作活动相关的各种意外事件的流程和规则。
- 基于专业化的劳动分工。
- 基于技术能力的晋升和选拔。
- 在人际关系上没有人情味。

这就是我们在大多数的组织结构图上看到的金字塔结构。这种官僚制度的“机械模式”的形成是为了应对个人的主观、裙带和残忍行为；这些被看作是工业革命早期阶段的管理实践。官僚制度的产生是为了满足组织对秩序和精确的需求，以及工作者对公平待遇的要求。这种组织形式可以完美地适应维多利亚时代的价值观和需求。就像官僚制度的出现是为了创造性地应对全新的时代一样，今天很多新的组织形式也是因此才出现在我们眼前的。

首先我将试着说明为什么现代工业社会的环境将会导致官僚制度的终结。然后，我将给未来的组织提出一个粗略的模式。

官僚制度面临 4 种威胁

官僚制度至少面临着 4 种威胁。第一，迅速而又意想不到的变革。第二，规模的增长：一个组织的传统活动的量不足以维持发展。这里涉及很多的因素，包括官僚制度的一般管理费用、盲目扩大所导致的更严密的控制和冷漠、过时的规则和组织结构。第三，现代技术的复杂性：

需要多样化、高度专业化的人才与活动的整合。第四，管理行为的改变所引发的心理威胁。接下来就来看看这些威胁存在的程度，这对我们建设高效的组织可能会很有帮助。

威胁一，迅速而又意想不到的变革

官僚制度的优势在于，它能有效地管理人类活动中常规的、可预测的事物。仅仅是引用知识和人口爆炸为例证，几乎就足以让人们怀疑官僚制度当前的可行性。但是，下面的这些统计数据更有启发性：

> 现在，我们每工时的产出几乎每20年就翻一番，而不是第二次世界大战前的每40年。
>
> 在1965年，仅仅是联邦政府就在研发活动上投入了160亿美元；到1980年，联邦政府将在这方面支出350亿美元。
>
> 从技术发现到商业应用之间的时间滞后在第一次世界大战前是30年，在两次世界大战之间是16年，在第二次世界大战之后仅为9年。
>
> 在1964年，世界上仅有42座城市的人口数量超过了100万。如今，人口数量超过100万的城市有90个。在1930年，地球的陆地表面上每平方英里有40个人，而如今是63个人，2000年，这个数字剧增到142人。

因为有自己界定清晰的行政管理系统以及严格的规则，官僚制度很难适应当前的环境所要求的迅速变革。

威胁二，规模的增长

尽管在理论上，一个官僚体系金字塔的高度可能没有自然的限制，但是在实践中，巨大的规模几乎必然伴随着复杂性。例如，作为一个重要的新因素，国际运营对我们的大多数顶级企业来说是惯例而不是例外。通用汽车公司的销售额不仅是大众汽车的9倍，而且还多于荷兰以及100多个其他国家的国民生产总值。我们已经见证了大英帝国的衰落，但我们可能永远也看不到这会发生在通用汽车、国际电话电报公司、壳牌石油以及联合利华等企业集团身上。

劳动力激增

威胁三，不断增加的多样性

今天的社会活动需要具有多样性并拥有高度专业化的能力的个人。对劳动力市场以及就业流动性的研究可以提供许多生动的例子。美国成了人类历史上第一个服务业的就业人数超过其他行业的国家。这种趋势的实例有：

> 在教育领域，1950—1960年新增加的就业人数，就已经超过了钢铁以及铜铝行业的总就业人数。
>
> 在卫生保健领域，1950—1960年新增加的就业人数，就已经超过了汽车制造业在1960年的总就业人数。
>
> 在金融领域，1950—1960年新增加的就业人数，就已经超过了采矿业在1960年的总就业人数。

这些转变，再加上更多在统计数据上难以体现的其他变化，将瓦解旧的工业化趋势，即那种导致越来越多的人从事单调或繁重工作的趋势。急迫的发展、快速的变革以及专业化的增强，有了这三点与前面提到的金字塔结构的5要素的直接对立，我们应该预期官僚制度的金字塔就要开始崩塌了。

威胁四，管理行为的改变

我相信，支撑管理行为的哲学发生了某种微妙但却可以感觉到的变化。然而，因为这种变化很难反映在数字上，所以它的重要性、本质以及前提都是模糊的。不管统计数据还可以为我们做什么，但它们大多数肯定可以给我们提供一个关于确定性的受欢迎的假象。尽管如此，真实的改变看起来已经发生了，因为：

- **一种关于“人”的新观念。**基于我们对个体复杂、多变的需求更深的认识，取代了过于简单化的、无知的、按钮式的人的观念。
- **一种关于“权力”的新观念。**基于协作和理性，取代了基于强迫和威胁的权力模式。
- **一种关于“组织价值观”的新观念。**基于人道－民主的理想，取代了官僚制度抹杀个性、机械论的价值体系。

管理哲学上的这种转变，首要的起因不是源于书本，而是源于管理者自身。道格拉斯·麦格雷戈和伦西斯·利克特（Rensis Likert）等很多行为科学家，已经清楚地阐明了管理者只展现出了一半的东西，甚至证明了这些东西的合法性。比如说，我确信麦格雷戈的《企业的人性面》一书的流行，是因为他对大量管理人员有着罕见的理解和同情；这些管理者渴望看到机械论的权力观念之外的选择。也就是说，他勾画出了一个栩栩如生的乌托邦，其中的人际关系要比如今大多数组织实践所容许的关系更真诚。此外，我怀疑这种对良好关系的渴望与谋利动机没多大关系，尽管我们常常以此为借口。这些转变的真正动力源于需要：**不仅需要使组织人性化，而且还需要让组织成为个人成长以及自我实现的熔炉。**

组织面对 5 类核心问题

我认为，所有组织面对的核心问题可以分成 5 个主要的类别。让我们先看看这些问题，然后再看看 20 世纪持续变化的环境怎样让官僚制度的处理方法过时了。

整合

整合就是怎样把个体需求与管理目标统一起来。换句话说，这个问题就是个体需求（比如“与家人在一起”）与组织需求（比如“在最终期限之前完成任务”）之间不可避免的冲突。

在 20 世纪持续变化的环境下，人文科学产生了，我们也对人类的复杂性有了更深的认识。如今，整合包括与个体的奖励和激励相关的所有问题以及组织怎样应对这些难题。在我们的社会中，人际情感起着重要的作用；社会重视个体，真诚地关心个体的幸福；不仅是生理健康意义上的幸福，而且是作为一个道德的、完整的人的幸福。

矛盾的两面

像大多数与人有关的问题一样，整合的问题有着庄严神圣的过去。

这个问题的现代版至少可以追溯到160年前，而它的提前到来是因为一个历史矛盾：现代个人主义与现代工业主义的同时诞生。前者引发了对个体及其人权的深切关注和强烈兴趣，后者则导致了组织活动进一步的机械化。因为每过10年就会有更大的自由和希望以及更令人炫目的技术成就，所以这两者之间的竞争已经变得更加激烈了。我认为，我们的社会已经选择了更加人性、更加民主的价值观，不管它们在实践中是不是行得通。即使损失效率，我们的社会也要“接受”这些价值观，因为我们觉得能够承受这种损失。

权力的分配

社会影响实质上是一个权力以及权力怎样分配的问题。同时，它也是一个错综复杂、充满争议的问题。之所以会这样，部分是因为对领导力以及权力分配的研究可以从很多角度加以解释，而具体选择什么角度则几乎总是取决于个人的偏爱（包括对民主的偏爱）。

我们必须严肃地重新思考权力的问题，因为戏剧性的情境变化使得“独裁的规则”未必是“邪恶的”，而只是不切实际的。我所指的变化是最高管理层角色的变化。

彼得·德鲁克列出了首席执行官的41项主要职责，并断言“首席执行官的职位有90%的弊端起因于我们对独裁领袖的迷信”。会让独裁控制变得过时的因素很多，其中包括：企业产品基础的拓宽、新技术的冲击、国际运营的范围、管理与所有权的分离、工会以及通识教育的兴起。在大多数的组织里，“领袖”的实际权力一直在削弱，即使他和组织都坚守比较过时的观念。

协作

协作是一个应对和解决冲突的问题。在官僚制度下，这个问题的起因与造成国家和社会分裂的冲突和模式是完全相同的过程。随着组织变得越来越复杂，会发生分裂，形成排斥他人的宗族模式和符号规范（比如秘密和行话），使得组织没有机会利用差异来实现内在的（也总是脆弱的）和谐。

最近的研究让我们对冲突的问题有了新的认识。心理学家罗伯特·布莱克（Robert R. Blake）向我们证明了，引起冲突是多么容易、阻止冲突是多么困难。选取两组实验对象，这些人以前从来没有相互接触过。交给他们一项任务，任务的完成情况将由一个公平的评判委员会来裁判。不到一个小时，每一个小组都变成了一个紧密抱团的小团伙，它具有“小集团”的所有症状。他们把自己的产品看成是“大师的杰作”，而认为另一个小组的产品最多也就是“平庸的”。“另一个小组”变成了“仇人”。“我们好，他们坏；我们对，他们错。”

拉比的红方和绿方

雅普·拉比（Jaap Rabbie）在乌特勒支大学（University of Utrecht）就群体之间的冲突进行了一些实验，结果他吃惊地发现，冲突和固定模式太容易形成了。他把两组实验对象带进了一个房间，并向其中的一组分发了红色的笔和姓名标签，而向另一组分发了绿色的笔和姓名标签。刚开始时，两个小组没有竞争；他们甚至没有互动。他们只是能看到彼此都在静静地完成一份问卷。但仅仅过了十来分钟，两个小组的防御和不安就被激活了：他们怀有敌意、不讲道理地把彼此看成是“红方”和“绿方”。

适应

适应是由动荡的环境引起的。在官僚制度的金字塔结构中，权力集中在最高层；这种结构看起来是“经营一家铁路公司”的完美方式。对19世纪以及20世纪早期的常规任务来说，官僚制度曾经是（在有些方面仍旧是）一种适合的社会安排。然而，今天占主导地位的不是一个平静的、可以预测的环境，而是一个动态的、不可预测的环境；在这个环境里，经济、科学、教育、社会以及政治等各方面因素的相互依赖正在加深。

复兴

复兴是一个发展与衰落的问题。正如阿尔弗雷德·诺斯·怀特海（Alfred North Whitehead）曾经说过的：“自由社会的艺术首先在于对符号规范的维护，其次在于大胆的修订……那些不能把对符号的敬畏与修订的自由结合起来的社会，最终必定会衰落……”

发展与衰落是作为现代社会的次末情形出现的。社会以及组织都必然涉及那些引起弹性、复原力、“大胆的修订”的社会结构。

我用“复兴”这个名词来包含所有会停滞不前也会重获新生的社会机制以及这种循环的过程。复兴的要素包括：

- 从经验中学习并整理、记忆、检索相关知识的能力。
- “学会如何学习”的能力，也就是找到改善学习过程的方法的能力。
- 掌握并利用反馈机制的能力，简而言之，就是自我分析的能力。
- 把握自己命运的能力。

这些特征与约翰·加德纳（John Gardner）所谓的“自新”有很多共同之处。对组织来说，这意味着对自身发展的有意识的关注。如果没有一套系统的方法和一个明确的方向，组织的事业就不会实现其潜力。

MANAGING THE DREAM REFLECTIONS ON LEADERSHIP AND CHANGE

领导力智慧

所有组织面对的 5 类核心问题

1. 整合就是怎样把个体需求与管理目标统一起来。
2. 社会影响实质上是一个权力以及权力怎样分配的问题。
3. 协作是一个应对和解决冲突的问题。
4. 适应是由动荡的环境引起的。
5. 复兴是一个发展与衰落的问题。

整合、权力的分配、协作、适应以及复兴，这些都是今后人类的主要问题。组织怎样应对和解决这些问题，这无疑将决定其事业的生存能力。参照这一背景，我想提出一些将在今后支配组织生活的条件。

环境

快速的技术变革和多样化将会使政府与企业之间的合作越来越多。这将是一种真正的混合经济。由于这些项目的规模以及花费巨大，在相同的市场上竞争的相似单位将越来越少，组织将变得越来越相互依赖。这种环境有如下 4 个主要特征：

- 相互依赖而不是相互竞争。
- 动荡和不确定性而不是准备就绪和确定性。
- 大规模的企业而不是小规模的企业。
- 复杂的跨国企业而不是简单的国内企业。

“美好的”而且是必需的

人口特征

我们这个社会最突出的特色就是教育。这个特色甚至会变得更加突出。成人教育的发展甚至更加迅速，而这可能是因为专业知识很快就过时了。有研究报告表明，一位普通工程师在拿到学位的10年之后就需要再去进修。对经验丰富的医师、工程师和管理者来说，每隔2~3年就回校进修将变得很平常。所有这些教育不仅仅是“美好的”，而且也是必需的。

还有一个人口特征也将有助于我们理解未来的组织，那就是日益增强的就业流动性。交通的便利再加上多变环境的要求，戏剧性地改变了“拥有”一份工作或者“扎根”的观念。我们已经有20%的人口至少一年换一次通信地址。

工作价值观

教育水平的提高和流动性将改变我们对工作的价值观。人们将更加理性地对待自己的工作，并且很可能会要求更多的参与和自主权。此外，人们将更多的是“他人导向”的，将从当前的环境而不是传统中获得规范和价值观的线索。

任务和目标

第一，组织的任务将更具技术性、复杂性和突发性。这些任务将依赖于智力而不是体力。而且，这些任务将非常复杂，一个人根本无法理解，更不要说控制了。实质上，这些任务将要求项目或团队形式的专家协作。

第二，组织的目标也将趋于复杂。企业将越来越关心自身的适应能力和创新能力。另外，超目标，也就是为目标结构提供基础的那些目标，必须要得到清楚的表达。例如，一个超目标可能是一个用来发现新目标和改变目标的系统，而另一个则可能是一个用来决定不同目标优先级的系统。

第三，为了组织的有效性而确定的多种标准之间将出现更多的矛盾和冲突。这是因为同直接雇主的目标相比，专业人士倾向于更认同他们所属专业的目标。在这一点上大学教授可以作为恰当的例子。他们在大学里的工作可能导致教学与研究的冲突，然而他们的收入更多地是来自于外部，比如基金会和顾问工作。他们往往不是优秀的“企业人”，因为他们把自己的忠心分给了专业的价值观以及组织目标。

关键词：临时的

组织

未来组织的社会结构将具有某些独有的特征。这个关键词将是：临时的。我们将看到有适应能力的、迅速变化的临时的系统。这些系统将是围绕问题组织起来的专门小组，其成员是具备各种专业技能但彼此相对陌生的人。这些小组将按照有机的而不是机械的模式来安排；他们将根据问题而不是既定的角色期望来发展。因此，高级主管变成了各种不同专门小组之间的协调者或者“连接栓”。高级主管必须要通晓多种研究术语，具备在不同小组间传递信息和协调的能力。组织对人员的评价将不再纵向地根据等级和地位，而是灵活地根据技能和专业训练。组织的结构图将由项目小组而不是层次化的职能小组构成。这种趋势在航空业、建筑业以及很多的专业事务所和咨询公司中已经很明显了。

由各种专家组成的有适应能力的、解决问题的、临时的多个系统，被协调和评估任务的管理专家联系为一个不断变化的有机体，这就是将逐渐取代官僚制度的组织形式。因为暂时还没想到生动好记的称呼，所以我只好把它叫作“有机适应性结构”。这种组织结构不仅可能减少前面提到的集团间的冲突，而且还可能激发单纯的创造性协作。

激励

这种“有机适应性结构”应该可以增强激励，从而提高有效性，因为它可以强化任务内在的乐趣。受过良好教育的个体需要有意义、能带来满足感、富有创造性的任务；而这种需求与灵活的组织结构之间存在着某种和谐。

我认为我所描述的未来不一定就是一个“愉快的”未来。应对快速的变革，生活在一个临时的工作系统中，发展有意义的关系，然后再打破它们；所有这些都预示着社会紧张和心理压力。让人们学会怎样忍受不确定性、怎样认同适应的过程、怎样利用偶然性的优点、怎样做到自我导向，这些都将是教育的任务、成熟的目标以及成功个体的成就。

“没有满意的婚姻”

这些新的未来组织将要求参与者比以往任何时期都要更多地利用他们的头脑。今天看起来有些怪异的幻想、想象和创造，明天将是合乎逻辑的。社会结构将不再是压抑心理的工具，而将会是越来越鼓励代表好奇心和思索的游戏。

尽管我预测了未来组织的结构和价值坐标，并且认为它们是必然的，但这不应该阻碍我们任何人给这种必然性一点推动。法国道德家的话或许是正确的：没有满意的婚姻，只有合适的婚姻。如果管理者和科学家能够继续齐心协力地为组织的复兴想办法，那么他们就有可能建立满意的组织。我也以一段引文来结束本章：

> 我禁不住认为，我们所谓的必要的制度，往往就是那些我们渐渐习惯了的制度。就社会建制而言，可能性的范围要大大超过生活在各种社会中的人们所能想象到的。

MANAGING THE DREAM

REFLECTIONS ON LEADERSHIP AND CHANGE

10 企业的董事会

在近些年里，组织生活发生了根本性的变化，所以企业的董事会已经变得比以往更重要了。过去的老头俱乐部所做的几乎就只是不假思索地批准管理层的决定，如今，他们已经让位给一个多样化的群体。这个群体同时负有法律和道德的义务，必须要仔细审查管理层，甚至要承担领导角色，就像通用汽车公司的董事会在几年前所做的那样。

企业董事会的危机

从“道德的不敏感性”到触犯刑律的举动，这一系列严重的企业行为引出了著名的麦克洛伊报告（McCloy）。这份报告认定：一个很难回避的结论是，一种“闭眼岗哨”的态度同时盛行于企业高管和业务人员当中。

在指导企业的事务方面，董事会的正确职责是什么呢？除非董事们掌握了正确的信息，知道怎样提出正确的问题，否则他们往往就只能看到别人让他们看的；只有当有什么事情“出了问题”时，他们才会被怒冲冲地敲打岗亭的律师们从无精打采中唤醒。

在近些年里，一桩桩让董事会感到尴尬的麻烦和丑闻像焰火一样接二连三地在企业的天空中爆发。然而不幸的是，这些缤纷的焰火掩盖了更深层、更棘手的难题。与此同时，它们很可能起到镇静剂的作用，使岗哨错误地以为犯罪者已经肃清、进一步的不利因素得到了控制。这些不幸的事件已经导致了一连串的讨论，其中有些是尖锐刺耳、毫无理智的。最重要的是，企业界一直在重新检查董事会的构成、运转和程序。尽管有迹象表明，程序和运转已经变得更严密了，但公众对企业绩效抱有的更高期望离实现还有很长一段令人担忧的距离。

现在的情况仍然是大多数的董事会成员甘愿受管理层的愚弄。他们仍然是费钱、无能且往往失意的橡皮图章。他们容易惹上重大的诉讼，他们只由他们的下属推选。因为缺乏恰当的定位或教育，他们很少理解自己的职责；也正因如此，他们往往胡乱插手管理层的事务。弄清楚了董事会职责的老前辈会发现，由于董事会的历史、传统或构成等原因，他们根本没有办法承担和履行那些职责。

关于董事会的混乱以及由此导致的对变革的抵制，阿瑟·戈德堡（Arthur Goldberg）可以给我们一个生动的例子。他曾经是美国最高法院的成员，还担任过驻联合国大使。因为一场关于董事职责的争论，他辞去了环球航空公司（T. W. A.）的董事职务。戈德堡试图建立一个由外部董事组成的独立委员会来审查管理层的行动和建议。他认为，公司应该允许这个委员会独立地开会，并受益于一群独立的技术专家，不受“内部”董事或高级管理者的干涉。他的建议被董事会拒绝了，他也就此辞职了。

7 种具体困境

董事会的效力至少受到了 7 种具体困境的削弱，而这些困境同时也是董事会的法律责任与其实际运转之间的差距的根源和表现。

1. 董事会的构成。尽管现在大多数的董事会中都既有“内部董事”也有“外部董事”，但指责董事会“排外”的声音仍旧不绝于耳。人们进入董事会，往往是因为这可以带给他们威信和不菲的薪酬，或者这可以给退休的高级管理者提供一种理想的活动，这些人希望保持忙碌，但他们也很清楚，自己将不再能够行使控制权。由总裁或一些内部高管推选的外部董事会变成最高管理层的“应声虫”。另一方面，董事会的多样性可能会造成“故意唱反调”的态度，而且往往会导致“诺亚方舟”综合征——董事会的成员必须要有各种类型的代表（比如要有一名女性、一个非裔人、一个犹太人、一个消费者等），对各种代表的任命就是为了补偿他们所在群体多年来受到的忽视。

很明显，有经验的女性和少数族裔当然有资格加入董事会，但是如果选择他们只是因为他们所在的群体先前受到的忽视，这简直是一种侮辱。而且这可能导致董事会由一些基本不了解这个企业的成员构成，这些成员还发表言论或撰写文章，表示冲突无法解决、进步受到了阻碍。因此，困境之一就是，如何创建一个对利益相关者负责的董事会，而不是创建一个持不同意见者的政治诺亚方舟。

2. 法律的作用越来越大。除非存在相互的信任，否则董事会与企业的管理层就无法合作。但是如今法律日益增强的影响力倾向于侵蚀这种信任。例如，今天董事会的成员太容易受到昂贵诉讼的袭击和惊吓了，以至于他们不能再信赖首席执行官作出决策时的口头承诺。他们要求一切都必须写成白纸黑字，而且得及时并公正；这往往意味着一家企业的法律顾问和首席财务官扮演着比首席执行官更重要的角色。此外，法律（很难区分蓄意的恶行与诚实的过失）只惩罚犯罪行为，而不惩罚失职行为。在这些情况下，几乎所有的董事会都不鼓励管理层引入有风险的创新。而创新，也就是在市场中冒险的积极性，一直都是企业的灵魂。

3. 责任制。责任到底该由谁来承担？为什么除非是整个董事会都支持他，否则一个首席执行官就应该因不道德的行为而被解雇呢？董事会是不是同样也该受到谴责呢？作为最终的裁判者，企业权力的顶峰，董事会成员怎么能不承担责任呢？权力、职责以及承担责任之间的分界线是模糊的，而且很容易有很多不同的解释。

4. 削弱的高管职责。就企业而言，由违反法律或犯罪行为引发的每一次改革都削弱了首席执行官的职责。例如：一家企业的首席财务官要向一个财务审核委员会报告；提名委员会将由直接向董事会报告的外部董事组成；负责企业社会责任的常务委员会将直接向董事会报告，而不是通过首席执行官。这样的一些要求都会妨碍领导者的领导。

5. 双重束缚。一方面，首席执行官的职责是给股东的投资带来最大的回报。但是，由于法律是不断变动的，所以首席执行官借以实现这种职责的竞争实践（通常都在企业公认的范围内）可能突然就变成违法行为了。因此，除了冒险与企业安全之间的传统冲突之外，现在首席执行官还要承受另一种微妙的压力：确保自己免遭诉讼。

6. 利益冲突。例如，一个人是一家银行的董事会成员，同时又在该银行的一家客户企业里担任财务顾问，那么他的立场该是什么呢？或者，一个人既给一所大学的董事会担任律师，同时又代表着一家与该大学有业务往来的企业，那么他的立场又该是什么呢？这样的关系理应受到谨慎的审查。但是，我们很难找到既有丰富的知识和经验，同时又与其他的组织没有任何联系的董事会候选人。实际上，如果所有肩负多重职责的董事会成员都被迫辞职的话，我们最终只能让那些没有知识、经验或顾问能力的人来掌握权力了。

7. 董事会成员的教育。如果缺乏有针对性的介绍和教育，想让董事会成员提出有洞察力的问题、理解他们在法律上和管理上的所有特权和责任、履行他们的职责，那是不可能的。但是，大多数人开始自己的董事任期时，都对自己的职责很无知。对企业情况的介绍几乎没有。新的董事会成员通常最多也就是拿到一本装帧精美的小册子，旨在提供对组织的描述，但实际上，这种东西能提供的信息不会比典型的年报更多。董事会成员的时间和精力承受着很多的竞争压力，他们怎么可能对企业及其所处的运营环境有全面而深入的了解呢？

MANAGING THE DREAM
REFLECTIONS ON LEADERSHIP AND CHANGE
领导力智慧

董事会面临的7种困境

1. 董事会的构成。
2. 法律的作用越来越大。
3. 责任制。
4. 削弱的高管职责。
5. 双重束缚。
6. 利益冲突。
7. 董事会成员的教育。

蔓延的混乱

过去，除了模糊的信托责任①或者偶然的总裁遴选，董事们几乎没有必要因为别的事情而弄脏自己的双手或思想。但是如今，他们发现自己被发出尖叫的股东、诉讼以及非法的实践包围了；他们感到很困惑。主要的问题在于，在法律赋予他们的治理职责与如今复杂、快速变化的社

① 指委托人基于对受托人的信任，将其财产权委托给受托人，由受托人按委托人的意愿以自己的名义，为受益人的利益或者特定目的，进行管理或者处分的行为。一般情况下，委托人和受益人是同一方。——编者注

会现实之间，差距已经越来越明显了。

开给企业董事会的处方

董事会将来必须要面对的根本问题可以归纳为三个方面：

- 恢复公众对企业的信任。要做到这一点，董事会必须消除利益冲突，董事会成员必须确保所在的企业遵守法律，必须学会怎样提出正确的问题，必须敢于就公众关心的问题畅所欲言。
- 就董事会以及管理层的责任制定明确的指导方针。
- 真诚而谨慎地吸收新成员，确保董事会具备必需的人才组合，然后为新成员提供第一流的引导项目，并为当前成员的连续教育制订计划。

在这些基本的标准得到满足之前，所有指导方针都根本无法改善董事会的运转。除非董事们学会提出有洞察力的问题，并要求管理层作出迅速、有实质意义的回答，否则即使他们具备了出众的条件，目前的状况也不会发生实质性的改变。要处理好重要的政策问题，仅有“沟通”或“对话”是不够的。这要求董事们提出问题、明确观点、坚持自己基于可靠信息的主张。

更多的管制，更短暂的现状

让我们来看看普费弗（J. Pfeffer）最近对组织中的三个基本层次的分析。

- 技术层可以确保组织提供某种产品或服务的能力。
- 管理层可以协调和监管技术层。
- 机构层可以确保组织的合法性、可信性以及成功地应对环境。

如今，大多数的企业都具备足够的技术和管理能力。今后，企业的成功将越来越多地依赖其在机构层次上的能力和经验。这是因为今天的组织都是开放的系统，是在一个不确定、不可预测的环境中运营的。我们只知道会有更多的管制、更多的控制、更多的人员流动、更多的合资经营、更多的合并、更多的独立分拆。企业的成功将越来越多地依赖于理解政治前景的能力、与官僚打交道的能力、宣扬适当法规的能力、动员公众舆论的能力以及熟悉所有这些策略的能力。零售价格的维持、关税保护、某个领域的准入许可，这些都是如今机构层面面临的问题的生动例子。

管理层涉及技术层和管理层，而大多数的董事会也在无意中卷入了这一领域。但这是错误的。**只有当董事会在组织管理中扮演枢纽角色，帮助管理层理解和应对新的环境时，组织才能取得成功。**

董事会不应该卷入有关成本效益的争论，而应该关心变化的市场，以便他们可以在一个新的角度上看待成本效益。他们应该对新的市场、新的技术、新的希望提出自己的想法。他们应该理解出版物以及公共事务，应该认识到组织还能建立在很多新的客户群和赞助机构的基础之上。

重视创意市场

对于那些合法地为美国企业界肩负责任的董事和企业高管们，我们要怎样恢复公众对他们的信心呢?

那些最有远见的首席执行官和董事们已经在开辟新的道路了。我们的很多企业领导者，比如美国电话电报公司的约翰·德巴茨（John deButts）、通用电气的雷金纳德·琼斯（Reginald Jones）和杜邦公司的欧文·夏皮罗（Irving Shapiro），早就已经认识到了政治和社会因素对企业的重大影响。如今，他们和同事们正在花越来越多的时间处理公共事务。而且，他们并非漫不经心地承担这些职责，因为他们认识到，创意市场可能像商品市场一样重要，而企业过去在创意市场上做得不是特别成功。

然而不幸的是，还有那么多最高层管理者仍旧忽视甚至怨恨新的局面。他们的犹豫不决会导致政策和行动成为一个走过场的过程，并且总是来得太迟或太少。某些“补救措施”勉强可以触及当前企业所面对的现实的表面；它们不过是缓解忧虑的行动，缺乏对问题全面而深入的理解。或许，没有谁比杜邦公司的欧文·夏皮罗更明白这一点。他在《华尔街日报》上写道：

> 一种新型的管理者正在登上舞台；他们的基本商业素养一点也不差，但他们更像公众人物。这反映出了一个事实：大企业实质上已经变成了准公共的。在加强的企业管制、媒体对企业内务的探查、劳资关系以及很多其他方面，你都可以看到这一事实。
>
> 如今，你不会听到高管们请行业协会来帮助处理与政府的所有关系。你会越来越多地看到，企业的领导者会亲自来处理这些事。……这个过程对政治程序以及企业来说都是健康的。企业的领导者会认识到，在政府里，你不能像工程师为产品生产选择最高效的流程那样做决定。

在这个国家里，不管所在的行业是什么，绝大多数肩负重大责任的人都相信，我们有一个实际上运转相当良好而且原则上甚至更出色的系统。如今我在企业界中看到的是日益增强的敏感性，越来越强烈的可能性意识，还有一支不断壮大的、可以让这个系统运转得更流畅的人才队伍。

MANAGING THE DREAM

REFLECTIONS ON LEADERSHIP AND CHANGE

11 “联邦制”企业的未来

在成功的联邦制组织中，对于领导者的领导者来说，一项重要且核心的任务就是要成为其他领导者的培养者。实际上，企业联邦制可以为“授权”提供一个结构框架。企业联邦制不会消除对领导力的迫切需要，而是要突出并重新定义领导者的任务。最终，联邦制组织可能还会为更加民主的组织铺平道路。

如今，“联邦制”已经成了企业的主要趋势。这毫不奇怪，因为联邦制允许成员单位在团结起来追求共同目标的同时保持自身的完整性。集中化是企业创新的致命打击。正因如此，如今很多全球最有影响力的企业领导者都在把许多半自治的单位（往往是在遥远的国家里）结成新型的企业联盟，使得所有这些单位更容易在竞争日趋激烈的全球经济中取得成功。这样的实例包括贝纳通公司、可口可乐以及ABB集团。这些企业已经变成了国际协作的典范，影响了很多像杰克·韦尔奇这样的企业领导者。韦尔奇给通用电气建立了新型的企业联邦制，他将其描述为“**无边界组织**”。

值得注意的是，成功的联邦制企业几乎具有以下完全相同的特征：

1. 非集中化。在联邦制企业中，权力存在于很多半自治的成员单位，而这种故意的分散是为了维护那些单位的自由和活力。我们不应该把这种非集中化与通常的分权化混为一谈（后者的典型特征是有一个中央权威单方面地向下属单位下放具体、有限的权力）。与之形成鲜明对比的是，真正的联邦制是契约性质的，总部不能单方面或专横地废除成员单位的权力。

2. 谈判主义。在联邦制企业中，决策要在下属单位与中央权力机构之间或者各下属单位之间持续的谈判中作出。因此，联邦制企业中存在着共同决策；在规定他们对中央机构负有的财务、行政以及其他义务时，下属单位有着不可侵犯的发言权。这并不意味着可口可乐的经销商和灌装商可以给首席执行官罗伯托·戈伊苏埃塔（Roberto Goizueta）规定条款；而正如我们将会看到的，戈伊苏埃塔也不能给他们规定条款。相反，这意味着条款和条件是通过谈判确定的，是契约性的。

3. 立宪主义。在联邦制企业中，存在一份成文的（偶尔也有不成文的）契约，用以约束各成员单位对基本的目标、使命、哲学以及组织原则的忠诚。这份宪法通常清楚地规定了各方共同的权利和责任。反过来，参与立宪的各方可以自由地拥有各自的宪法，只要这些宪法不违背联邦条款的基本原则。

4. 领土。在联邦制企业中，各成员单位之间存在着清晰的边界。这些边界可以是基于业务或产品线的。对于像可口可乐和贝纳通公司这样的特许经营授权企业，边界往往是地理上的。

5. 权力的平衡。联邦制企业不仅寻求中央权力机构与成员单位之间的平衡，而且还寻求各成员单位之间的平衡。

6. 自治权。在联邦制企业中，只要不违背维持联邦制企业所必需的基本原则，各单位就可以自由地实验和自治。在联邦制企业的所有特征中，这个特征是最难实现、最难维持的。贝纳通公司最近被一家特许经销商告上了法庭。这家愤怒的特许经销商认为，贝纳通公司太专横了，他们规定的政策与联邦制企业的精神背道而驰。

THE DREAM
MANAGING
REFLECTIONS ON LEADERSHIP AND CHANGE

领导力智慧

成功的联邦制企业的6项特征

1. 非集中化。
2. 谈判主义。
3. 立宪主义。
4. 领土。
5. 权力的平衡。
6. 自治权。

联邦制企业的必然性和脆弱性

在20世纪20年代后期，当通用汽车公司短暂地接近了艾尔弗雷德·斯隆的事业部设想时，他们达到了巅峰。而20世纪80年代后期，当他们几乎彻底抛弃了真正的事业部制，甚至在雪佛兰的装配线上生产别克时，他们跌入了最深的低谷。

通用汽车的实例证明了联邦制企业固有的脆弱性，一种内在的不稳定性，它源于前述的中央权力机构的需求与成员单位的自治权之间的冲突。**在联邦制企业中，领导的艺术就是要保持这些不断变化的因素之间的平衡。**历史让我们看到了这种艺术在实践中是多么困难。就像通用汽车公司一样，大多数的联邦制企业都有集中化和均质化的趋势（这从长远来讲是致命的）。

所有联邦制企业始终要面对的一个基本问题是：哪些权力应该归属中央权力机构，哪些权力应该留给各成员单位？在1921年进行的经典的

“组织观念”研究中，艾尔弗雷德·斯隆想要为通用汽车定义“保持分散化之优势的协调原则”，但却未能成功。后来在1963年斯隆承认，在试图同时实现协调和专业化这一点上，他的话是“自相矛盾的”，对此他感到“很可笑”。事实上，斯隆、他的同事以及他们后来的很多代继任者都始终不适应联邦制企业所要求的领导风格。这个体系要求中央权力机构中的领导者具备如下品质：

- 坚信成员单位有能力解决自身的问题。
- 乐意放弃发号施令带来的满足感。
- 明白在复杂的系统中和动荡的时期里，没有哪个个体或群体有足够的知识可以胜任组织中其他人的工作。

斯隆，还有全世界成千上万打算成为其信徒的管理者，从来都不适应这样一些有关组织和领导力的假定。因此，尽管有分散化的掩饰，但不管是通用汽车公司还是国际电话电报公司，或者是许许多多模仿他们的企业巨头，都从来不是真正的联邦制企业。至少直到20世纪80年代后期的空前动荡开始迫使企业高管们改造他们的神奇观念之后，真正的联邦制企业才渐渐有了模样。

解决“大企业”与“小企业”的两难困境

美国的企业界在走过了一条迂回曲折的道路后最终实现联邦制。在历史上，美国曾是创业者之乡。在其他任何一个国家里，传奇的创业者所受到的尊敬都不如美国。但是到了第二次世界大战结束时，创业者在美国成了濒危物种。在战后的若干年里，作为大萧条的产物和众多企业的统治者，这些所谓的组织人都不愿意冒险。在调查了战后20年的产业结构之后，哈佛大学著名的经济学家约翰·肯尼思·加尔布雷思（John Kenneth Galbraith）断言，创业精神是不合时宜的，呼吁人们崇拜专业的管理主义和巨头主义。他说，这个“计划系统”（他这样称呼 20 世纪 60 年代出现的产业形式）将被与各政府部门紧密合作的少数单一企业所统治。在特定的行业或市场中将不再有很多相互竞争的小企业。在加尔布雷思大胆设想的新世界中，相互竞争的将是美国有限公司、日本有限公司与德国有限公司，或者更具体一点说，是通用汽车公司、丰田公司与大众公司。

事实上，加尔布雷思的断言几乎被证实了：在 20 世纪 60 年代和 70 年代，大企业的确变得更大了，而竞争者的数量也的确减少了。例如，在喷气发动机行业里只有三大巨头：通用电气公司、普惠集团和劳斯莱斯公司——为了追寻规模经济的圣杯，其中的头两家公司在西方建立了最大的工厂。同样，到了 1970 年，美国大多数主要的行业都被一两家企业巨头所统治了：汽车行业的通用汽车公司，金属行业的美国钢铁公司，计算机行业的 IBM 公司，石油行业的埃克森公司，金融行业的美国银行，零售行业的西尔斯百货。在欧洲，这种特点甚至更加明显：意大利政府吞并了很多小企业，把它们合并成了若干国有的企业集团；在英国，几乎整个汽车行业都合并成了一家巨头企业。照加尔布雷思的看法，这种“新工业国”是正确的道路，而大多数的欧洲人都相信他：让 - 雅克·塞尔旺·施赖贝尔（Jean-Jacques Servan Schreiber）的《美国的挑战》（*Le Défi Américain*）就是证明。

大家都知道接下来发生了什么：在 10 年之内，通用汽车公司被规模较小的福特公司和克莱斯勒公司，甚至还有一批更小的日本和德国企业逼入了困境；美国钢铁公司受到了很多小钢铁厂的冲击；IBM 公司遭遇了数百家规模较小的竞争对手；埃克森公司的狂妄自大促使他们收购了很多成功的高科技小企业，然后却因过度插手它们的运营，最终把这些原本很有活力的企业“管”到了失败；美国银行和西尔斯百货的市场都受到了极大的压缩，前者是由于专门金融机构的冲击，后者是由于零售行业中出现了许多小规模的竞争对手。因此到了 20 世纪 90 年代中期，创业者这个物种不仅远离了灭绝的边缘，而且重新占据了优势地位。在里根时期，巨头企业似乎注定要遭遇雷龙那样的命运，而加尔布雷思则不得不灰头土脸地承认自己说错了。

尽管未来很可能是属于创业者的，但时常被人们引用的马克·吐温的一句话或许正在大企业的生命周期中得到印证，那就是“我的死讯被严重地夸大了”。如今看起来，把大企业丢进历史的余烬还实在太早。这不是在为很多骄傲自满的企业巨头以往的行为辩护——在 20 世纪 60 年代和 70 年代，这些巨头浪费了美国的宝贵资源，他们弄巧成拙的人力资源政策、自取灭亡的客户关系、误入歧途的发展规划以及错误的财务假定，这些都远远超出了理性的自我保护。然而，目前还没有证据表明现在的《财富》500 强企业会全体出局。大企业将继续存在是有理由的，那些热衷于小企业的人应该牢记如下这些理由：

大企业的一些内在优势

- 大企业拥有资本、采购、分销、广告、服务、研发以及制造（这方面尚有争议）等方面的规模效应。
- 大企业能够进行全球化的市场营销。
- 大企业有足够的资源对抗交叉补贴（倾销）。
- 大企业能够保有大量的、多元化的人才储备（这让他们可以对长期的培训进行投资，为将来的任务指派以及个别人员的流失做好准备）。

- 大企业具有同时实施多个项目（从创意到全面展开）所需的财务手段和管理方法。
- 大企业可以为关键员工提供相对高水平的保障和财务利益。
- 大企业能够进行长期规划并承受资本密集型产品（比如喷气发动机）所需的资源投入。
- 大企业对政府和工会有社会影响力。
- 大企业有能力进行基础研究并投入大量的资源逐步地改善工艺技术。
- 大企业稳定，因为他们可以承受向后（与供应商）和向前（与经销商）的整合。
- 大企业倾向于多元化投资，因此不那么容易受到经济周期的影响，也不会因为一两种关键产品的失败而伤筋动骨。

尽管这样的稳定性、安全性、可预测性、协同优势以及纪律最多也就是理论上的优势，但我们可以找到足够多的实例来支持其中的大多数主张。毕竟，有哪一家小企业会不愿意拥有 IBM 那样的资本、服务、市场营销、分销、采购和研发实力呢？如果在收获规模带来的这些利益的同时还能避开官僚制度的不利之处，那就更不用说了；这也正是关键所在。这自然会让我们想到中小型企业的优势。因为不能作为杰出典范的小型企业太多了，我们在这里考虑的是一些成长很快的中小型企业。

小企业的一些内在优势

- 小企业往往是精简的、敏捷的、动态的、灵活的（不官僚的）。
- 小企业与客户更亲近，因此对市场需求的变化更敏感，反应更迅速。
- 小企业往往是由所有者自己来管理的，而所有者自然非常关心自己的资产状况。
- 在小企业中，几乎从上到下的每一个人都对企业的大多数方面有着直接的、不断加深的认识。
- 小企业的员工会受到组织的人本观、同侪的压力以及他们的角色怎样对企业的总体绩效作出贡献的认识等因素的激励。
- 小企业有着非常好的上行、下行以及横向沟通。
- 小企业可以吸引最有创造力、最有活力、最乐于冒险的人才（的确存在着从大企业向小企业的“人才流失”）。
- 小企业专注于单一的产品或相关的产品线。
- 小企业的生产流程简短，因此可以按客户的要求定制产品，并持续监控产品的质量。

模仿小企业的大企业

小企业这些令人印象深刻的优势，其实正是如今几乎所有的大企业都试图通过改变“企业文化”来获取的小企业的特征。为了“与客户更亲近”，为了“变得以人为本”，为了“专注于质量”，全世界的大企业都在尝试内部创业、利益分享、团队合作、分拆、以产品线为中心、专门化、企业瘦身、解体、转包、分散，实际上就是在竭力模仿小企业天生就有的特征。

因此，在这个看似荒谬的世界里，我们面临着又一个微妙的讽刺：创业者在努力追求大企业的优势，而与此同时，大企业的管理者则在努力模仿创业者！所以，就像20年前谈论创业者的式微一样，现在就断言大企业的衰落看起来也是不准确的。尽管小规模通常看起来更漂亮，但是在越来越紧密地被共同的技术和市场联系起来的世界里，大规模实在是一个无法更改的事实。

尽管我们无法准确地想象出这些新结构的样子，但我们似乎可以合理地预期，**未来能够生存和成功的组织，几乎都会同时具备今天成功的大型组织和小型组织的优势特征**。正因如此，才会有这么多领导得力的大型组织在努力地创建很多小规模、易管理的独立单位，以克服大规模的不经济性。

模仿大企业的小企业

在大企业，通过模仿行动迅速的小企业来避免被淘汰的同时，创业者也面临着相似的挑战，那就是要通过获得大型企业具有的优势来建立全球市场。幸运的是，基于计算机的新兴生产和分销技术将有助于他们应对这一挑战。新型的制造设备可以让小型企业在保持定制能力的同时拥有大规模生产的优势。新的电信技术让小型企业也可以进入遥远的、专门的市场。此前，只有具备全球分销网络的巨头企业才能涉足这样的市场。复杂的数据库甚至可以给规模最小的企业提供营销信息，而就在昨天，这还是只有那些规模最大的企业才能负担得起的。所有这些技术都是现成的。如今，计算机网络已经把美国的纺织品和服装制造商与成百上千的零售商连接了起来，因此可以向小企业提供更强大的购买力，向制造商提供更迅捷的库存信息；所有这些因素都允许美国企业利用技术来战胜亚洲的低工资优势。

通过微调联邦制企业的战略，全世界的小型企业都在建立网络、伙伴关系和联盟，这一切都是为了获得大规模具有的优势。追寻联邦制企业战略的最著名的企业是贝纳通：他们的财务、研发、设计、采购以及规划是集中的，而制造和零售的活动则是分散的。贝纳通包括了成百上千家经营者所有的小制造商以及特许零售商，它们通过计算机网络联系在一起，构成了独一无二的贝纳通联邦制企业。像贝纳通一样，耐克等企业也已经认识到，通过联盟而不是收购来实现向前和向后的整合会更有利。

领导力箴言
MANAGING THE DREAM
REFLECTIONS ON LEADERSHIP AND CHANGE

未来能够生存和成功的组织，几乎都会同时具备今天成功的大型组织和小型组织的优势特征。

重要的是，不存在单一的联邦制企业模式。正如坎特最先注意到的，全球的企业“正在变成伙伴式企业（PAL）：跨越企业和国家的边界来共同投资（pooling）、结盟（allying）、联合（linking）”。小企业更是在创造各种各样的合资经营、转包、特许经营、研发联盟以及战略伙伴关系。这些关系正在表现为客户与供应商、国内实体与国外实体、大型组织与小型组织，甚至是竞争对手之间的协作——毕竟，为了把大规模与小规模的优势结合起来，创业者什么都愿意做。请看一些实例：小型的唱片和书籍发行商（以及制片商）可以利用大型经销商的服务来实现市场营销的规模经济；小型的航空公司可以结成联盟来购买喷气客机，以实现采购的规模经济；小型的“空心公司”可以设计家具，然后与第三世界国家的制造商签约制造家具，最后再把这些家具批发给欧洲和美国的大型百货公司（或者在自有的商店里销售）。正如我们的同行杰伊·加尔布雷思（Jay Galbraith）所解释的，这些实例的共同线索在于小企业“换取了大规模的力量”；也就是说，他们让别的企业来提供市场营销、采购、融资或者制造方面的规模。对小企业来说，靠自身的力量去实现这些方面的规模是不经济的。

联邦制企业的形式不仅适用于制造和零售行业，而且也适用于服务行业。美国航空公司（American Airline）的 SABRE 系统使用高科技把全球航空业内许许多多大小竞争对手的命运联系在了一起。在美国，从房地产到管道疏通，几乎每一项服务都成功地实现了特许经营。而具备了全球灌装商和经销商网络的可口可乐，则是联邦制企业优势最经久不衰和最成功的实例。

作为复兴战略的企业联邦制

成立不久并且结构也不太传统的 ABB 联邦制企业，在全世界雇佣的员工超过了冰岛全国的人口。尽管该集团的有些成员单位有着 100 年以上的历史，但集团的首席执行官珀西·巴内维克已经向人们证明了企业联邦制作为一项复兴战略的有效性——它可以给历史悠久的制造企业注入新的活力，使之能够参与当今世界市场的竞争。巴内维克解释说：“ABB 是一家没有地理中心也没有国家企图的企业。我们是不同国家的企业组成的一个联邦，有一个共同的全球沟通中心。”巴内维克并不担心迫使斯隆放弃企业联邦制的那些矛盾：“作为一个组织，ABB 有三种内在矛盾。我们既要全球化也要本地化，既要大规模也要小规模，既要彻底的分散化也要集中化的报告和控制。”

是什么管理秘诀让 ABB 集团把这些矛盾变成了巴内维克所谓的“真正的组织优势”呢？是彻底的企业联邦制。ABB 集团的运营“划分成了将近 1 200 家企业，平均各有 200 多名员工。这些企业又划分成了 4 500 个利润中心，平均各有 50 多名员工”。因其在苏黎世的总部只有 100 多名专业人士，所以 ABB 集团不像通用汽车是靠一个全能的中央管理团队来统一控制的。相反，这个由半自治的单位组成的非集中化的联邦制企业，是靠全球观念、卓越以及阐述清晰的绩效责任所构成的共同愿景来维系的。中央总部的职责是什么呢？“在人力所能及的范围内，尽量精简地运行。”巴内维克说。领导层的职责又是什么呢？“给管理者提供明确的职责、清楚的责任以及执行上最大的自由度。”

领导力的迫切性

关于新型的联邦制企业领导者，浮现在我脑海中最鲜明的形象就是最近与灌装商和经销商开会的可口可乐的首席执行官罗伯托·戈伊苏埃塔。在这次会议上，戈伊苏埃塔至少有三次恳求那些非常独立的合作伙伴：“请把你们的卡车漆成红色。”怎么会这样？在这一年里为公司赚回了 8 000 万美元的首席执行官，有必要恳求“他的部队”服从企业一致性的标准吗？很显然，这里正在发生某种新的变化。这种“新变化”就是联邦制企业的领导者不再把他们的合作者看成是部队，合作者也不再把他们的领导者看成是将军。

像ABB集团的企业联邦制一样，可口可乐的企业联邦制的有效性也是斯隆根本想象不到的。这是因为一个在斯隆去世了大约30年后才出现的因素：新的领导观念。斯隆的确是一位杰出的领导者，但是在那时，他想要建立企业联邦制的努力存在着致命的缺陷：他也是通用汽车公司唯一的领导者。与此形成鲜明对比的是，新兴联邦制企业的新型领导者都是领导者的领导者——就像珀西·巴内维克和罗伯托·戈伊苏埃塔一样，他们带领着一群认同他们的“愿景”并乐意追随他们的其他领导者。

在20世纪80年代，把新型的领导者看成是“有能力创造一个令人信服、令人振奋、具有凝聚力的愿景的人”，这已经变得很平常了。**这意味着领导者要能够营造一个适合的环境和体系，让组织的所有成员都对他们在做什么以及为什么要做有一个清楚的认识。**关于“愿景”这东西，一直没有得到充分认识的一点是，清楚地传达愿景可以给组织提供意义和焦点，从而增强所有成员作出决策和促成转变的能力。**新型的领导者不会自己作出所有的决策；相反，他会替追随者清除障碍，以便他们作出有效的决策。**

领导力箴言
MANAGING THE DREAM
REFLECTIONS ON LEADERSHIP AND CHANGE

新型的领导者不会自己作出所有的决策；相反，他会替追随者清除障碍，以便他们作出有效的决策。

因此，对于新型的领导与追随关系，不仅将军与部队的比喻是错误的，牧羊人与绵羊的经典比喻也是不恰当的。新型的领导者不是牧羊人，他们的追随者也不是绵羊。一个更恰当的比喻是舒马赫的"气球人"——他的手中攥着一把线，每根线的另一端都绑着一个"气球"单位；因为其中充满了像氦气一样的创业精神，所以这些单位都有腾空而起的趋势。

的确，在描述当今的联邦制组织中新兴的领导关系时，最贴切的说法就是领导者的领导者。在这些组织中，高级领导者是靠自己的愿景、诚实以及勇气来吸引其他领导者并让他们甘愿追随的，而不仅仅是靠哄骗或者像牧羊犬那样哄赶。重要的是，因为各个层次上的人员本身都是领导者，所以在这些组织中几乎不存在对变革的抵制。而在大多数注重等级的组织里，对变革的抵制正是中层管理者的特征。在新兴的领导关系中，旁观者很难看出谁是领导者。正如赫尔曼·米勒公司的董事长马克思·德普雷所解释的："领导者是否优秀，首先显露在追随者身上。追随者都在充分地发挥他们的潜力吗？他们都在学习吗？都在恪尽职守吗？他们可以实现预期的成果吗？他们乐意作出改变、应对冲突吗？"如果是这样，那么这个组织就幸运地拥有了一位杰出领导者的领导者。

因此，在成功的联邦制组织中，对于领导者的领导者来说，一项重要的，或许应该说核心的任务就是：要成为其他领导者的培养者。在代顿 - 哈德森集团，肯尼思·马克（Kenneth Macke）把大约一半的时间都花在企业高层 100 多位管理者的职业发展上。由于有大约 4 500 名员工处在潜在的领导职位上，珀西·巴内维克的任务就变成了给所有能在自己的岗位上取得成功的员工创造条件。实际上，企业联邦制可以为"授权"这一好听的目标提供一个结构框架。因此，企业联邦制不会消除对领导力的迫切需要，而是要突出并重新定义领导者的任务。

最终，联邦制组织可能还会为更加民主的组织铺平道路。当我们提出“民主是必然的吗”这个问题时，联邦制的系统会更响亮、更迅速地回答“是”。

MANAGING THE DREAM

REFLECTIONS ON LEADERSHIP AND CHANGE

12 伟大团队的秘诀

我所说的“伟大团队”，是靠共同的愿景把来自不同背景和学科的人们团结起来，用他们互补的头脑组成一个棱镜，把问题的光线折射分解并合作实现非凡成果。伟大团队还有另一个重要作用：它可以提供精神支持和个人友谊。它帮助个体鼓起勇气。当我们遇到障碍时，如果没有一群提供非凡创意的成员，没有个人的激励和展望，我们都会迷失方向。

在美国人的生活中，个体领导力是人们研究最多的主题之一。的确，为了更深刻地理解它的运行方式，我已经投入了自己的大部分工作精力。然而，对于可能更为重要的团队领导力的研究和投入远远不足。考虑到美国文化强烈的个人主义倾向，对这两个领导力领域的兴趣悬殊是合乎逻辑的。但是，对商业、政府、艺术以及科学的历史了解得越多，我就越清晰地认识到：**没有多少伟大的成就是某个领导者个体的成就。**

我们的领导力神话拒绝与现实呼应。因此，我们抓住“独行侠”的神话不放，浪漫地相信伟大的事物往往是由某个有传奇色彩的个人单独完成的。尽管包括米开朗基罗是与一个 16 人的团队合作才完成了西斯廷大教堂天花板上的壁画这一事实在内，很多证据都与个人决定成功的想法相反，但我们仍旧倾向于是伟人而不是伟大团队成就卓越。

俗话说：“**三个臭皮匠，顶上一个诸葛亮。**”这话很对，因为我们所面对的问题太复杂了，不是任何单一的个体或学科能够解决的。我们唯一的机会就是靠共同的目标把来自不同背景和学科的人们团结起来，用他们互补的头脑组成一个棱镜，把问题的光线折射分解。我把这种人才的集合叫作“伟大团队”。**伟大团队的灵魂在于，它可以让杰出的个体聚在一起合作实现成果。**但是，这些团队还有另一个同样重要的作用：它们可以提供精神支持和个人友谊。它们帮助个体鼓起勇气。当我们遇到障碍时，如果没有一群提供非凡创意的成员，没有个人的激励和展望，我们都会迷失方向。

领导力的神话

伟大团队让我们对卓越的领导力、有意义的使命以及相应的人员招募有新的认识。它不仅挑战了伟人的神话，而且也挑战了20世纪50年代组织人的神话——穿着灰色法兰绒制服的组织人一脸菜色，他把自己的生命献给了工作，盲目地遵从组织的命令。

这两个神话对于行为而言，都不是有成效的模式，也不符合当前的现实。事实上，**我认为每一个伟人的背后都有一个伟大的团队，一种有效的伙伴关系，而每一个伟大团队都是由一群优秀且往往有个性的个体组成的。**因此，对组织来说，问题在于：怎样才能让那些才智过人、自我中心而且往往傲慢自负的个体一起合作呢？

领导力箴言
MANAGING THE DREAM
REFLECTIONS ON LEADERSHIP AND CHANGE

伟大团队的灵魂在于，它可以让杰出的个体聚在一起合作实现成果。

我最近对团队这么感兴趣，动力来自于40多年前我与人类学家玛格丽特·米德（Margaret Mead）的一次会面。我在哈佛大学听了她的演讲，之后我问她是否有谁研究过那些以其想法改变了整个世界的团队。她看着我说:“年轻人，你应该就这一主题写本书，并给它起名为《智慧的圈子》（*Sapiential Circles*）。”我有些愕然；她接着解释说，“智慧的圈子”就是指可以创造知识的团队。就像很多优秀的创意一样，这本书也需要些时间去构思，但是这么多年过去之后，团队的力量已经变成了一个反复在我头脑中出现的主题。最近，迈克尔·施雷兹（Michael Shrage）等著名思想家对技术和协作本质的研究，哈尔·莱维特（Hal Leavitt）和吉恩·李普曼-布卢门对“卓越团队”的研究，还有理查德·哈克曼（Richard Hackman）对著名的俄耳甫斯室内交响乐队的研究，都强调了这种探究的意义和价值。

为了弄清楚是什么让伟大团队有效地运行，我研究了我们这个时代最引人注目的一些团队：研制出了原子弹的曼哈顿项目组，他们是典型的伟大团队；在施乐公司帕洛阿尔托研究中心（Palo Alto Research Center）以及苹果电脑公司的计算机创新者，他们的工作给我们带来了麦金托什（亦称麦金塔）计算机以及其他的技术突破；洛克希德臭鼬工作组（Lockheed Skunk Works），他们引领了绝密飞机快速、高效的研发；迪士尼工作室（Walt Disney Studio）的动画制作人。每一个伟大团队都是非凡而又独特的，但我的研究揭示了他们共有的10条原则——这些原则也适用于他们所在的组织。

1. 每个伟大团队都拥有一个共同的梦想。所有伟大团队都相信，他们是在完成上帝赋予的使命，他们能够改变世界，让人类取得进步。他们痴迷于自己的工作。对他们来说，那不仅仅是一项工作，更是一次狂热的探索。正是这种信念给他们的工作带来了必不可少的凝聚力和旺盛精力。

2. 他们通过放弃“小我”，专注追求梦想来管理冲突。在曼哈顿计划进入关键阶段时，后来担任了德怀特·艾森豪威尔的首席科学顾问的杰出化学家乔治·基斯佳科夫斯基（George Kistiakowsky）威胁要退出项目组，因为他无法与一个同事融洽相处。项目组的负责人罗伯特·奥本海默（Robert Oppenheimer）只是简单地跟他说："乔治，你怎么能离开这个项目呢？世界已经危在旦夕。"因此，让他们记起自己的使命，他们之间的冲突就得以化解，尽管这些人都有很强的个性。

3. 他们都有保护伞，可以不去"取悦于人"。所有伟大团队似乎都蔑视管理者，而且都受到一位领导者的保护——不一定是那个定义了团队梦想的领导者。例如在曼哈顿计划中，莱斯利·格罗夫（Leslie Grove）将军负责安抚五角大楼的要人们，让他们不要插手项目组的工作，而奥本海默则负责让项目组专注于自身的使命。在施乐公司的帕洛阿尔托研究中心，鲍勃·泰勒（Bob Taylor）是既要负责抵挡身在康涅狄格的头头们，又要负责让研究小组专注于自己的任务。为了保护自己的臭鼬工作组，凯利·约翰逊（Kelly Johnson）设法进入了洛克希德公司的董事会。在所有实例中，这些团队与总部在空间上的距离都很有帮助。

4. 他们有一个真实的或假想的敌人。即使是最崇高的使命，也会因强大的敌人而变得更加突出。这对曼哈顿计划来说是绝对正确的，因为他们有真实的敌人——日军和纳粹。然而，大多数组织都有一个打败对手的隐含使命，这个使命往往比他们的明确使命更能激励其成员。例如，在苹果电脑公司最辉煌的那些年里，他们的隐含使命就是"埋葬 IBM"。在 1984 年，苹果电脑公司为其麦金托什计算机发布的商业广告中就有这样一行字："不要买一台你举不起来的电脑。"在他们对这一使命的坚持有所松懈之后，就开始走下坡路了。

5. 他们把自身看成是终将成功的落难者。对世界产生重大影响的团队，往往由那些处在各自学科外围的独来独往者组成。这些团队不会把主流看成是神圣的恒河。处在边缘的感觉会让他们有一种“别想把我挤出去”的斗志，会让他们变得更加执着。

6. 团队成员作出大量的个人牺牲。成为伟大团队的一员，这不是一项白天的工作，而是一项夜以继日的工作。离婚、绯闻以及其他严重的情感纠葛司空见惯，尤其是在一个项目结束时。例如在臭鼬工作组中，其成员甚至不能告诉家人他们到底在干什么。他们的工作场所是伯班克市的一栋沉闷破败的大楼，远离洛克希德公司的总部以及各主要工厂。因此，为了投入他们想要的工作强度和精力，他们牺牲了自己其他的一些重要东西。

7. 伟大团队造就强有力的领导者。一方面，这些团队都是非等级的、开放的、主张人人平等的。然而，他们又都不乏强有力的领导者。这正是团队领导看似矛盾的地方。没有一个伟大团队就不可能有一个伟大的领导者，反之亦然。在很大程度上是团队造就了伟大的领导者。我所研究的领导者很少有人是团队中最聪明或最优秀的，但他们也不是被动的参与者。他们是慧眼识珠的伯乐，更像监护者而不是创造者。

8. 伟大团队是谨慎选人的产物。只有奥本海默才能让基斯佳科夫斯基和尼尔斯·玻尔（Niels Bohr）来到沙漠中荒凉的研究基地。为团队挑选合适的人才，这意味着要了解团队需要什么，要能够在别人身上发现团队所需要的。这还意味着要理解团队的默契。候选人往往要接受其他成员以及领导者的严格审查。在伟大的教练身上你可以看到同样的东西。他们可以把合适的人选安排到合适的位置上，让团队内形成恰当的格局和人员配置。

9. 伟大团队往往很年轻。在洛斯阿拉莫斯参与研究的物理学家，他们的平均年龄大约是 25 岁。“老头”奥本海默也不过才 30 多岁。年轻可以提供这些团队所需的精力和体力。但是，伟大团队在精神、气质以及文化上也是年轻的。最重要的是，因为他们年轻、天真，所以他们不知道什么叫“不可能”，而这就让他们有能力完成不可能的事。正如法国作曲家柏辽兹（Berlioz）在谈到圣桑（Saintsaens）时所说的:“他什么都知道；他唯一缺乏的是经验不足。”伟大团队能创造任何可能。

10. 真正的艺术家能创造成功的作品。史蒂夫·乔布斯不断地提醒苹果电脑公司的那帮叛逆者，除非他们能把伟大的产品推向市场，否则他们的工作就毫无意义。说到底，伟大团队必须要拿出外在的实际成果。大多数团队在产品交付之后就解散了，但是如果拿不出什么东西来证明其努力的话，那么他们就变得与社交俱乐部或医疗小组没什么区别了。

MANAGING THE DREAM
REFLECTIONS ON LEADERSHIP AND CHANGE

领导力智慧

伟大团队的 10 条原则

1. 每个伟大团队都拥有一个共同的梦想。
2. 他们通过放弃“小我”，专注追求梦想来管理冲突。
3. 他们都有保护伞，可以不去“取悦于人”。
4. 他们有一个真实的或假想的敌人。
5. 他们把自身看成是终将成功的落难者。
6. 团队成员作出大量的个人牺牲。
7. 伟大团队造就强有力的领导者。
8. 伟大团队是谨慎选人的产物。
9. 伟大团队往往很年轻。
10. 真正的艺术家能创造成功的作品。

领导者的新原则

这些原则不仅定义了伟大团队的本质，而且还重新定义了领导者的角色和职责。团队领导者在风格和个性上千差万别。有些是推动者，有些是实干者，有些是反对者。然而，领导权不可避免地分散了，有时候是多个领导者进行正式的轮换，但更常见的是不同的领导者在不同的时候担任临时的领导职责。

此外，即使获得明确的授权，正式的领导者也是起催化作用的完成者；他们会承担别人不能扮演的角色——骗子、工头、保护者或实干者，还有那些团队实现目标所需要的角色。他们本能地理解团队的默契以及工作流程的动态。他们鼓励追求共同愿景过程中的不同意见和多样性，清楚健康的、有创造力的不同意见与自私的蓄意阻挠之间的区别。他们能够辨明不同的人在不同的时候需要什么。

简而言之，尽管他们在风格上各不相同，但伟大团队的领导者们都具有 4 种行为特征。

MANAGING THE DREAM 领导力智慧

REFLECTIONS ON LEADERSHIP AND CHANGE

伟大团队的领导者的 4 种行为特征

1. 提供方向和意义。他们会提醒人们记住什么是重要的、为什么他们的工作有意义。
2. 营造并维持信任。团队对自身及其领导者的信任，使得成员可以接受不同意见并安然度过动荡时期。
3. 崇尚行动、冒险和好奇心。实现结果的紧迫感和不怕失败的意志是每一个伟大团队的灵魂。
4. 传播希望。卓越的团队领导者会找到真实的以及象征的方式，来证明团队能够克服不利条件。

培养这些能力没有简单的秘诀；团队领导力更多的是一门艺术，而不是一门科学。但是，我们可以首先反思我们对团队协作是什么以及怎样实现协作的认识。我们的管理培训和教育机构需要个体培养和团队培养并重。例如，大学很少允许团队完成博士论文或者对共同作者的奖励。企业对个体成就的奖励往往重于团队成就，尽管领导者也在呼唤更充分的团队合作及伙伴关系。

使命的力量

使命的力量与伟大团队的原则以及团队领导者的特征同样重要，这绝非偶然。**所有伟大团队以及伟大组织都是围绕一个共同的梦想或宗旨来建立的。**然而，组织的使命陈述往往缺乏真实的意义和共鸣。实际上，你们的团队并不认为你们像曼哈顿项目组一样是在拯救世界；只要你们觉得是在帮助有困难的人或者是在对抗一个强悍的竞争对手，这就足够了。仅仅打考勤卡是做不到这一点的。

清楚地表达有意义的使命，这是各个层次上的领导者的任务，而且不是一项简单的任务。在莎士比亚的《亨利四世》中，威尔士的预言家格伦道尔跟豪斯伯吹嘘说，他能够“召唤地底下的魂灵”，豪斯伯回击说:“召唤魂灵谁不会，关键是它肯来吗？”这也正是激励性领导力的试金石。

使命感对一个雇主来说有多么重要，对此我有着切身的体会。几年前，我有一个帮我安排演讲和行程的助手。在晚上，她会到一个非营利组织去当志愿者。她在我这里的工作还过得去,但是没什么热情。很显然，她对那份没有薪水的工作更上心。坦率地说，我有些忌妒。不能让她在我这里付出最大的努力，这个事实让我感到愤愤不平；毕竟，我在付给她薪水，而那个组织不给她钱。我们俩谈了这个问题，而她也非常坦白地承认，对她来说，真正有意义的是那份志愿工作；她觉得，自己在那里的工作才有价值。因此，你不能指望每一个员工都热诚地致力于你的事业。但是，你可以承认这样的事实：对于工作的单调乏味来说，领导者有一定的责任。

领导力箴言
MANAGING THE DREAM
REFLECTIONS ON LEADERSHIP AND CHANGE

你不能管理这些伟大团队，而只能领导他们飞翔。

伟大团队提醒我们，在致力于共同目标时，我们能够取得多么大的成就。的确，伟大团队依赖于很多优秀管理的实践，比如有效的沟通、特殊的招募、真正的授权以及个人的承诺。但是，他们也会让我们想到作家卢西亚诺·德·克莱斯坎佐（Luciano de Crescanzo）的评论：“我们都是单翼的天使，唯有相互拥抱才能飞翔。”说到底，**你不能管理这些伟大团队，而只能领导他们飞翔。**

MANAGING THE DREAM

REFLECTIONS ON LEADERSHIP AND CHANGE

13 传统领导力的终结

不论旧的领导力形式在什么地方燃尽自身，都会有一种更适合的新形式从留下的灰烬中重生。仍在使用“自上而下”的管理方法的组织将不会生存太久。作为“自上而下”的领导力的后继者，“新的领导力”会是什么样的呢？

我们仍然记得，很久以前《纽约客》上刊登了一幅漫画：在出版社的办公室里，编辑严厉地对查尔斯·狄更斯说："嗯，狄更斯先生，要么是最美好的时代，要么是最糟糕的时代，不可能两者都是。"结果我发现，被迫接受一种伪二分论，这种左右为难比我预想的更有趣。更重要的是，我得出了一个令人意想不到的结论，几乎是恍然大悟。我清清楚楚地认识到，自上而下的领导不仅是错误的、不切实际的、不利于适应的，而且还是危险的。考虑到组织领域中正在发生的一些变革，这种过时的领导力形式将削弱组织的竞争优势，摧毁任何组织想要基业长青的雄心壮志。

我认为，现在已是时候谈论领导力的终结而不用担心有夸张之嫌。这种变化有一部分是必然的，但它的大部分是我们这个时代的激情二重奏——全球化以及颠覆性的技术所引发的。

包罗万象的领导倾向

传统的自上而下的领导力观念是基于成功个体的神话。这个神话在美国精神中根深蒂固，而且更不幸的是，还有报纸、商业期刊以及大量的学术和通俗读物在推波助澜。我自己的研究工作有时也受到了这种偶像神化的影响。在美国的商业界中，这样的偶像很多。我们迷恋英雄，崇拜那些迎接挑战、不怕逆境的开拓者。我们当代的领导观与英雄主义观念紧紧地纠缠在一起，以至于“领导者”与“英雄”（或者“名人”）之间的差别往往变得模糊了。

在我们的社会中，领导者往往被看成是与生俱来的个体现象。当然，我们的确理解系统的重要性。毕竟，鼓励协作的是系统，让变革有效且成为可能的是系统。在这个日益缩小的世界中，技术和政治的复杂性在加速增长，个体行为以及自上而下的领导力能够胜任的舞台越来越少。而且，我们还要面对令人头疼的脱节。**尽管大家嘴上都在讲协作，但我们仍旧生活在一种“署名”文化中——将认可和地位都归于个体，而不是让变革成为可能的团队。**

孤胆英雄继续在我们的想象中驰骋，用银色的子弹摧毁障碍，或者纵身一跃跳到高高的大楼顶上，但是与此同时，我们知道那是让人麻痹的幻觉，真实、持久的变革不是那样发生的。我们知道事实是另一回事。

令人吃惊的是，这本该让我们惊讶。在我们这样一个如此复杂、技术如此尖端的社会里，大多数紧迫的任务都需要很多人才一起作出协同的努力和贡献。不管这任务是建立全球业务还是发现人脑的秘密，它都不是在最高层发生的；自上而下的领导力根本没有可能完成这样的任务，不管身处最高层的人多么有天赋。面对这样的任务，需要找出和解决的问题以及需要建立的联系都太多了。但我们依然抓住“独行侠”的神话不放，坚信伟大的事情都是由传奇的个体领导者完成的，他们大声地发出命令，指出方向，鼓舞部队，敲响警钟，传达令人信服的愿景，怀着热情，闪着光辉，引领我们改变范式。

在如今这个混乱、摇摆、极度动荡的世界里，这种包罗万象的领导倾向会让我们陷入无法形容的困境，除非我们明白有效变革的发动机是全体员工以及他们与最高领导层的创造性合作。

我和同事戴维·希南（David Heenan）曾经写过一本书，探讨了“二把手”在组织中的角色。我们认为这是一个新颖的视角，很重要，但在文献中却被令人惊讶地忽视了。我们给这本书冠名为《二把手》（*Second Banana*），并在各章节中记述了企业界里最著名、最成功的一些领导者和二把手之间的伙伴关系，比如沃伦·巴菲特与其副手查尔斯·芒格（Charles Munger）之间的奇妙关系——芒格以抑制巴菲特的投资热情而著名，被巴菲特称为“可恶的作梗者”。书中还有一章题为《二把手闹分裂》，论述了一些声名狼藉、非常失败的合作关系，比如在媒体上闹得沸沸扬扬的迈克尔·艾斯纳与迈克尔·奥维茨（Michael Ovitz）之间的决裂。所有审阅了书稿的12家出版社都拒绝出版它。有一家出版商说得很委婉：“沃伦，在美国没有谁愿意当二把手。”他还引用了伦纳德·伯恩斯坦（Leonard Benstein）说过的一句话：“在一个交响乐队中，最难演奏的乐器就是第二小提琴。”无奈之下，我和戴维把书名改成了《共同领导者》（*Co-Leaders*），并给它增加了一个副题：“伟大伙伴关系的力量”。由于有了这个新书名，并且我们不再强调当二把手，这本书终于出版了。

我举这个例子不是意在宣传那本书，而是要说明这种伟人式的包罗万象的领导力倾向有着非常大的影响，它支配着我们的思想，扭曲着我们对组织生活以及重大变革的认识。

我的观点

我将以一种非正统的方式提出我的观点，也就是利用一些有点偏离管理常规的资料来源——来自诗歌、历史和戏剧的实例和类比。当然，我也会用到一些实证研究和企业逸事等更加传统的来源。我首先要摘录剧作家贝尔托·布莱希特（Berthold Brecht）的一首诗。

一个工作者的疑问

是谁建造了有七座城门的底比斯？
书中写着帝王们的名字。
难道是这些帝王们拖来了沉重的石板？
还有曾被多次摧毁的巴比伦，
是谁一次又一次地让她从废墟中站起？
年轻的亚历山大征服了印度，
难道是凭他一人之力？
恺撒打败了高卢人，
难道连一个帮他做饭的厨师都没有？
当无敌舰队沉没时，
西班牙的菲利普放声大哭，
难道没有别人和他一起落泪？
伟大的弗雷德里克打赢了七年战争，
难道没有别的胜利者参与？
历史的每一页上都写着胜利，
但烤出胜利蛋糕的是谁？
每一个时代都有伟人，
但付出代价的是谁？

有多少的传闻，
就有多少的疑问。

“每一个时代都有伟人。”这又有笼而统之的倾向。这种倾向贯穿着整个历史。古希腊文学家普鲁塔克（Plutarch）在他为罗马政治家老加图（Cato the Elder）撰写的伟大传记中写道：“罗马已经证明了自身确实是伟大的，因此理应有伟大的领导者。”往往会被我们抛在脑后的是，伟大也同样存在于整个国家和组织的普通成员身上。而且至少不亚于领导者身上的伟大。假如没有体现了伟大精神的人民，甘地能实现自身的伟大吗？这么多疑问……

这里举一个当代商业的例子——我曾经写过一篇论文，在其中引述了我最欣赏的管理思想家、伟大的韦恩·格雷茨基的一句话：“重要的不是冰球现在在哪里，而是它将会出现在哪里。”没过多久，一家《财富》100强企业的董事长兼首席执行官给我寄来了一封相当尖刻的信。他写道：

我对你所描述的格雷茨基因素特别感兴趣。我认为我知道冰球将会出现在哪里；可问题是，我们下面还有成千上万的人，他们不希望冰球去那里，他们宁愿冰球不去那里，而且即使冰球正滑向那里，他们也不会让我们滑过去截住它，除非那里是我们曾经滑过的地方。简而言之，有一大帮人希望世界保持原来的样子，他们非常不愿意接受任何改变现状的未来预测。

这个“领导者”有两点让人感兴趣：第一，他在自己的行业领域内被看成是最有改革和创新精神的首席执行官之一；第二，他不容置疑的

“天赋”毫无用处，因为他缺少一大批心甘情愿的追随者。他没有追随者，因为他不能赢得并保持全体员工最起码的信任。员工们都抵制他，毫不夸张地说，他们都对他的自负和武断风格“消化不良”。如果说，我们可以对领导力和变革做个概括的话，那就是：**没有心甘情愿、全心投入的追随者，任何变革都不会发生。**

请不要误解我的意思。我不是要重复关于领导力的陈词滥调：“领导者谨慎地注视着追随者，并且跟着他们。”我想说的完全是另一回事：如果没有追随者的参与、主动和协作，就不会有卓越的领导者，组织变革就不可能发生。

领导力箴言 MANAGING THE DREAM REFLECTIONS ON LEADERSHIP AND CHANGE

没有心甘情愿、全心投入的追随者，任何变革都不会发生。

我前面曾经提到，自上而下的领导力倾向是不适应现实的。我觉得，我们现在该回到这个话题上来了。现在再来谈论当前商业环境突出的复杂性、模糊性和不确定性，已经变成了某种陈词滥调。正如我的一位首席执行官朋友所说的：“如果你不感到困惑，你就不知道正在发生什么。”冒着把自己的领导力研究工作过分简单化的风险，领导力大师罗纳德·海费茨（Ronald Heifetz）坚称：对于相对简单的“技术性问题”，领导力可以是相对“简单的”；也就是说，自上而下的领导力可以解决那些问题。但是对于“适应性”问题，也就是复杂、棘手的问题，比如治疗严重的癌症病人或者化解生态危害，必须要有很多利益相关者的积极参与。事实上，适应性的问题要求复杂、多样的合作。指示、命令等是行不通的。

作为他那个时代最富有想象力但得不到承认的社会心理学家，亚历克斯·贝弗列斯（Alex Bavelas）构想的一项别致的实验可以体现甚至证明这一点。设想有一张朴素的圆形木质餐桌，直径大约是 3 米，桌上有胶合板做成的隔板把 5 位实验对象分开，使他们谁也看不到准。他们只能在 6 厘米 ×10 厘米的卡片上写下信息，然后从隔板上的狭窄开口中塞过去，来进行彼此的交流。这些卡片都是有颜色编码的，你们可以据此计算某个实验对象收到或发出了多少条信息。另外，这张桌子还可以模拟不同的组织形式。例如，通过给信息流限定一个中心人物，你们可以粗略地建立一个典型的官僚的、命令的和控制的组织模式。我们利用了三种组织模式：车轮模式，多少有些像典型的组织金字塔；圆环模式，人人都可以同相邻的两位参与者沟通，虽然不是完全联通，却是一个平等的网络；链条模式，是对车轮模式和圆环模式的轻微修正。

有待解决的问题是相对简单的。每一个实验对象都拿到一个小盒子，里面装着 6 个不同颜色的弹球。这些弹球都是我们所说的“纯色”，纯白、纯蓝、纯绿、纯红等，很容易区别。在进行每一次试验时，各个实验对象只有一种共有的颜色。例如，在一次试验中共有的颜色是红色，而在另一次试验中是绿色，每次随机变换。总共有 15 次试验。只要有实验对象认为自己确定了正确的共有颜色，他就可以把那个颜色的弹球扔进桌子上的一个橡胶管中，这样主持实验的人就不仅可以衡量团队的准确性，而且还可以测量 5 个实验对象都投出弹球需要的时间。我们的预测并不令人惊讶，都得到了证实。最像自上而下领导力的车轮模式是最准确、最高效的；在这种模式下，他们完成得非常快。我们还注意到，在实验后的问卷调查中，车轮模式中的中心人物斗志昂扬，对自己的角色非常有热情，而其他的团队成员则有些恼火。

这是一个意料之中的结果，并不特别令人兴奋。因此，我们决定把任务换成一个更具“适应性的”的问题，把原来弹球的“纯色”换成模糊的颜色：猫眼色、姜汁色、蓝绿色以及各种有斑点的彩色弹球……我们的预测再次得到了证实。在模糊、变化的条件下，圆环模式是最高效、最准确的，而且所有成员都说自己的斗志相对很高。我们把这一实验重复了50次，只有一次是车轮模式表现更好。在这一次，中心人物是一个格外有才华的艺术家和作家，她还在辅修艺术史，这是一个难得一见的天才。

这项实验与混乱、变化的商业环境之间的联系几乎不必言说。但是，它生动地例证了我的观点：**我们当中没有人会比我们这一群人更聪明；在当前的商业环境中，自上而下的模式是机能不良的、不利于适应的、危险的。**

新型领导力

那么，就当前的组织环境而言，这一切会把我们带向何处呢？目前应该很清楚的一点是，后官僚组织要求领导者与被领导者结成新型的联盟。如今的组织正在演化成联邦、网络、簇群、交叉职能团队、临时系统、专门任务小组、网格、模块、矩阵——几乎可以是任何结构，但绝不会是过时的“自上而下”的金字塔。新型的领导者将鼓励健康的不同意见，尊重那些敢于说“不”的追随者。新型的领导者将为文化差异而欣喜，并且深知多样性是长期生存和成功的最大希望。这篇论文的标题被我故意弄得有些挑衅性，但我希望它不会让你产生太大的误解。实际上，这并不完全是领导力的终结，而是清楚地为卓越的领导者指明了一条新的领导之路，它通向更加微妙、更加迂回的影响方式。新的现实是，智力资本、脑力、实践知识以及想象力已经取代资本成为了新的关键成功因素，领导者将必须学会一套全新的能力，这些东西是在商学院里学不到、弄不懂，因此也很少应用的。我想指出的是，有 4 种能力将决定新型领导力的成功。

1. 新型的领导者理解并坚信“欣赏的力量”。他们是慧眼识才的伯乐，更像监护者而不是创造者。我们嘴上都在说认可和欣赏，但很可悲的是，大多数的组织都在这方面做得很不够。认可和欣赏是最有效的激励因素之一，尤其是对知识工作者来说。这样的事实多如牛毛，在此我仅举一例。很多年以前，我把自己的第一本书寄给了学院的院长，之后我收到了一封敷衍的短信，说他会在下一次乘飞机出差时读读那本书。然后就没了消息。对于我花了三年多的时间写出来的东西，他就只说了那些。退一步说，这肯定不能让人感到激励或振奋。

我还渐渐地认识到，在新型的组织中，领导者很少是最优秀或最聪明的。**新型的领导者有一双识才的慧眼，并且不怕聘用比自己更出色的人，因此往往更多的是监护者而不是创造者。**在我的《七个天才团队的故事》一书中，我探讨了伟大团队的领导力，而在大多数实例中，领导者都不是最聪颖或最精明的。作为迪士尼公司成功的动画电影制片厂的总裁，彼得·施奈德（Peter Schneider）领导着 1 200 名动画师，但他根本不会制作动画。帕洛阿尔托研究中心是第一台民用个人计算机诞生的地方，但是作为该中心的前主任，鲍勃·泰勒并不是计算机科学家。作为神圣的曼哈顿计划的负责人，罗伯特·奥本海默尽管也是一位杰出的物理学家，但他的学术成就根本不能与手下那些未来的诺贝尔奖得主相提并论。这样的实例说也说不完。或许，英国 19 世纪最著名的两位首相的逸闻可以例证这一点。据说，如果你和威廉·尤尔特·格莱斯顿（William Ewart Gladstone）一起进餐，你会觉得他是世界上最有才华、最能打动人、最聪明、最诙谐的健谈者。但是，如果你在和本杰明·迪斯雷利（Benjamin Disraeli）一起吃饭，你会觉得你是世界上最有才华、最能打动人、最聪明、最诙谐的人。

对此，著名管理学者马克思·德普雷（Max DePree）的描述最准确、最生动："优秀的领导者会为了他人的才能放下自我。"

2. 新型的领导者能让人们始终牢记什么是真正重要的。当他们忘记了什么才是重要的时候，组织就会陷入能量和想象力的官僚化。"要让你的员工牢记什么才是重要的"——这句话说起来简单，却是我向领导者们提出的少数建议之一。甚至是在我担任教职时，偶尔也会听到同事半开玩笑地说，要是没有那么多的学生，大学会是非常好的工作场所。但是，对教师来说，还有什么比帮助学生成长更重要、更崇高呢？

一个足够有影响力的愿景，可以把原本乏味单调的日常工作变成专注的集体努力，甚至是作出牺牲。还是以曼哈顿计划为例。那些科学家之所以愿意中断各自的职业生涯去承担一项工程壮举，是因为他们相信世界需要他们那样做。

> **领导力箴言 MANAGING THE DREAM**
> REFLECTIONS ON LEADERSHIP AND CHANGE
>
> 新型的领导者有一双识才的慧眼，并且不怕聘用比自己更出色的人，因此往往更多的是监护者而不是创造者。

在回忆当年那段往事时，未来的诺贝尔奖得主理查德·费曼（Richard Feynman）讲述了一个故事，说明了让人们记得"什么才是重要的"，这可以赋予人们工作的价值和意义。美国军方从全国各地招募了很多能干的工程师来完成这个计划的特殊任务。他们要在当时原始的计算机上，完成能量计算以及其他一些单调乏味的工作。但是，出于安全的考虑，军方拒绝告诉他们该计划的任何细节。他们不知道是在建造一种可以结束战争的武器，甚至不知道他们的计算意味着什么。上头只是要求他们干活，因此他们的工作效率很低，进展缓慢。负责管理这些技术人员的费曼说服上级让他们知道在做什么以及为什么做。上级最终允许他们揭开保密的面纱，奥本海默专门就这个计划的性质以及他们这些人的贡献做了一次演讲。费曼回忆说：

> 这之后，他们完全变了，他们开始发挥自己的创造力，想方设法把工作干得更好。他们改善了原来的方案，主动加夜班，不需要有人看着，不需要任何东西。他们理解了那一切，想出了一些我们后来用到的计划。

毕竟是科学家——在了解了意义之后，他们的工作进度“差不多是之前的10倍”。意义，正是查尔斯·汉迪在《饥饿的灵魂》(*The Hungry Spirit*)[①]一书中探讨的主题。我们都是饥饿的灵魂，都渴望工作中的意义和目的，渴望作出超越我们自身的贡献。因此，领导者千万不能忘记提醒人们牢记什么才是真正重要的。

3. 新型的领导者能够营造并维持信任。我们都知道新的社会契约已经改变，谁都不能依赖对某一个组织终生的忠诚或承诺。自1985年以来，美国有25%的劳动者至少曾被解雇过一次，也就是说，平均每年有大约50万人遭到解雇。在新的社会契约让组织与其知识工作者之间的关系变

① 查尔斯·汉迪被称为“管理哲学之父”，其经典系列著作《思想者》《空雨衣》《饥饿的灵魂》《非理性的时代》等中文简体字版均由湛庐文化策划、浙江人民出版社出版。——编者注

得短暂而脆弱的时代，信任就变成了团结组织成员的情感凝聚力。信任是个不起眼的词语，却有着影响巨大的内涵，同时也是一个非常复杂的因素。**信任是胜任能力、始终如一、同情心、公平、坦率、真诚的结合。最重要的是真诚。当新型的领导者能够成功地平衡影响我们大多数人的三种因素——志向、能力和正直时，他们就实现了真诚。**真诚是无法伪装的。真诚绝不仅仅是言行如一。就我所知，要证明真诚（而不是定义它），最有效或许也是唯一的方法就是引述罗伯特·博尔特（Robert Bolt）在戏剧《良相佐国》（*A Man for All Seasons*）的前言中所写的一段话：

> 无论如何，就像我所写的那样，托马斯·莫尔（Thomas More）[①]对我来说，已经变成了一个有着坚定自我意识的人。他知道自己的起点和终点在何处，知道自己的哪些领域可以向敌人以及亲人屈服。无论是对敌人还是对亲人，这种区域都是实际存在的，因为他有着适当的敬畏感，而且是一个忙碌的爱人。因为他是一个聪明的律师，所以他能有条不紊地放弃那些领域。但是最终，别人却要让他放弃他定位自我的最终领域。在这个领域里，这个温顺、幽默、谦逊、练达的人就像金属一样坚硬，比岩壁还要难以动摇，绝对不肯退让。

领导力箴言
MANAGING THE DREAM
REFLECTIONS ON LEADERSHIP AND CHANGE

当新型的领导者能够成功地平衡影响我们大多数人的三种因素——志向、能力和正直时，他们就实现了真诚。

4. 新型的领导者和被领导者是亲密的同盟者。马丁·路德·金因为看到有那么多的年轻人响应他的演讲，把个人安危置之度外而入狱时，感

① 英国著名的政治家。——编者注

到很羞愧。

作为电影《辛德勒的名单》中的主角，雅各布·辛德勒值得我们在这里探讨一下。斯皮尔伯格这部电影的说服力在于辛德勒的转变：一开始，他只是一个衣衫褴褛、不入流的骗子，来波兰就是为了利用廉价的犹太劳动力制造军需品，然后再以较低的价格卖给德国人。他的转变是这部电影吸引人的关键情节。这种转变既发生在他与那些犹太工作者尤其是会计莱文互动的过程中，也发生在他经常面对战争、大屠杀、苦难、不公平等罪恶的痛苦时刻。在倒数第二个场景中，战争结束了，纳粹也撤离了工厂，只是美国的军队还没有到达。这时，获救的犹太人送给了他一枚用贵金属做成的戒指。他一边戴戒指一边哭喊说："为什么，你们为什么要做这东西？有这块金子，我们原本可以多救下三四个或许是五个犹太人。"然后他含着泪水乘车离去了。

我发现，想要客观地看待一个让我落泪的场景的确很难，但我想指出的是，尽管这是一个独特、单一的事件，它却刻画了新型的领导力意味着什么：**伟大的领导者是由伟大团队以及组织造就的，这些团队和组织搭建起了以尊重和尊严支撑的社会结构**。通过某种不可思议的魔力，某种难以描述的共生，伟大的领导力引发了那一事件。离开了彼此的领导者和被领导者在文化上都是贫瘠的。

领导力箴言 MANAGING THE DREAM
REFLECTIONS ON LEADERSHIP AND CHANGE

伟大的领导者是由伟大团队以及组织造就的，这些团队和组织搭建起了以尊重和尊严支撑的社会结构。

这些新型的领导者不会有最响亮的嗓门，却会有最留心的耳朵。这些后官僚组织不再是金字塔，而将是一些由活力和创意搭建的结构；领导这些组织的人会在手边的任务中发现乐趣，同时彼此拥抱，而不去管留下什么遗产在身后。

MANAGING THE DREAM
领导力智慧
REFLECTIONS ON LEADERSHIP AND CHANGE

决定新型领导力成功的 4 种能力

1. 新型的领导者理解并坚信“欣赏的力量”。
2. 新型的领导者能让人们始终牢记什么是真正重要的。
3. 新型的领导者能够营造并维持信任。
4. 新型的领导者和被领导者是亲密的同盟者。

MANAGING THE DREAM

REFLECTIONS ON LEADERSHIP AND CHANGE

14 范式转换

日益冷漠、加速变革、动荡不定的工作环境使得领导越来越像是在操纵一块旋转飞快、摇晃不定的轮盘，并尽力保持灵活。事实上，我们正处于历史的转折点上，需要更高的视野、更本质的反思、更新的价值观念。我们要面对的未来是不确定、不安定的，但绝不是没有希望的。一个新的范式即将诞生。

日益冷漠、加速变革、动荡不定的工作环境使得领导者越来越像是在操纵一块飞快旋转、摇晃不定的轮盘，并尽力保持灵活。我们在过去的 20 年里经历了很多艰难困苦，目睹了许多庸庸碌碌、歪曲嘲讽、侵犯毁灭的事件，沮丧之情也随之而起，但我们和很多当代的思想家依然坚信，人民并不是处在浑浑噩噩的状态之中，默默忍受着各种焦虑乃至不尽忠职守的行为。相反，我们已经很接近一个重要的历史转折点了——卡尔·雅斯贝斯（Karl Jaspers）称之为轴点。**在这个转折点上，我们需要更高的视野、更本质的反思、更新的价值观念。**我们追求的是：不单以收入衡量生活，不以耗油量表征现代社会，不以国民生产总值这一最具欺骗性和误导性的指标来代替人类的自由。

新范式即将诞生

尽管如今的时代一方面困难重重，令人困惑生畏，但同时也是饶有趣味、至关紧要的，能够催发出很多东西。就像《小王子》里面那只狐狸说的："世界并不是看上去的那样。"一个新的范式即将诞生。要在这看似疯狂的世界上生存就需要具有极大的灵活性，并且要对领导者和追随者的角色都同样给予关注。和平与繁荣等宏伟目标都必须以增进沟通、信仰共容为支点。我们的目光焦点应该放在成功的新兴企业上面，而不是紧盯着不断萎缩中的公共机构。**在我们塑造未来以及自我的时候应该着眼于大趋势。**

编年史作家约翰·奈斯比特（John Naisbitt）在《大趋势》（*Megatrends*）一书中列举了现在与未来的十大转变。《大趋势》这本畅销书就是对新范式的阐述。这些转变见表 14-1。

表 14-1　　现在与未来的十大转变

从	到
工业社会	信息社会
强加于人的技术	高科技 / 高接触
国家经济	世界经济
注重短期	注重长期
集中化	分散化
社会服务机构提供帮助	自我帮助
代议制民主	参与式民主
层级体制	网络体制
北半球	南半球
非此即彼	多项选择

这些改变都以某种形式经过了一段时间的检验，其中包括较为早期的麦格雷戈的 Y 理论、汤森的《领导箴言》（*Up the Organization*）、斯拉特（Slater）的新文化理论以及索尔克（Salk）的 B 纪元理论（Epoch B），而近期关于这一范式转变的探讨可见于普利高津（Prigogine）的《耗散结构》（*Dissipative Structures*）、彼得斯的《乱中取胜》（*Thriving on Chaos*）、德鲁克的《新现实》（*The New Realities*）以及汉迪的《矛盾的年代》（*The Age of Paradox*）。

被忽视的权力

然而，这还不够完整：有一样东西无一例外地被刻意回避了，那就是**权力——支撑梦想成为现实的原动力。没有权力，领导便无从谈起。**很多经济学家就是因为不曾认识到自由市场的局限性才把自己逼进了死胡同；而那些对权力这一领导力的核心因素视而不见的组织，也犯下了同样的错误。可以说，当前绝大多数关于组织生活的范式，不论是旧有的还是所谓的“新时代”范式，全都忽视了权力。

伯特兰·罗素曾经说过：“社会科学中最基本的概念就是权力，其地位就好像‘力’在自然科学中的地位一样。”我们因为对此的忽视而一叶障目不见泰山，导致了人与人之间的交流出现短路。总而言之，我们的权力观出现了严重的问题。

领导力箴言 MANAGING THE DREAM REFLECTIONS ON LEADERSHIP AND CHANGE

权力是支撑梦想成为现实的原动力。没有权力，领导便无从谈起。

实际上，“力”是整个宇宙间最常见的现象之一，我们在一生当中无时无刻不在承受并施加着力。在人类的互动中，如在家庭中、两性间、职业里、国家内乃至国际上，力也同样或显或隐地无处不在。但这个基本的社会因素却被我们修饰得面目全非。千百年来，它承载了太多的内涵。其中包含的贪婪、无情、腐败等意味令我们都不约而同地夸大了它冷漠、不道德的一面。**换言之，权力这一对人类进程至关重要的要素既是最为必需的，也是最不受信任的。**

被滥用的权力

要想看穿这团迷雾，不妨来看看权力是怎样遭到滥用的。在历史上，领导者的作为是控制而非组织，压制而非表达，他们让追随者无法自我提高。

我们确实是在进步，但在新的未来愿景中却没有给权力留下一席之地。我们害怕遭到对抗:来自爱人、朋友、犯罪分子、不公平的社会力量、媒体或者政府的对抗。这让我们迟疑甚至止步不前，不敢进入一个公正的未来。这就好像一个人害怕一旦房子里的白蚁被扑灭，房子就会因为失去它们的支撑而倒塌，所以不敢叫人来灭虫。但是任何建立在冲突之上的进步都必然是脆弱的。

权力与领导力

我们必须学会看清权力的本来面目。**可以说，权力和领导力是同一个硬币的两面。**要想解释清楚我们对于权力的看法，最好的办法或许还是通过一个例子来加以说明，而我们想到的最好的例子就是时任克莱斯勒汽车公司的李·艾柯卡（Lee Iacocca）。他通过自己的领导将一个濒临倒闭的公司领向了成功。他描绘了一个成功的愿景，并且将大部分关键员工调动起来追求这一愿景。到了 1983 年，克莱斯勒汽车公司实现盈利，员工士气高涨，并且从自己的工作中找到了意义，这几乎全是艾柯卡一人之功。是他，给了员工力量。而且这种效果不是转瞬即逝的：到 1995 年，克莱斯勒汽车公司已经成为世界上成本最低的汽车厂，年收入 20 亿美元，利润率是美国三大汽车制造厂中最高的。

事实上，我们相信艾柯卡的曝光率[①]正说明了今日管理实践（也包括很多管理理论）的缺失。企业要想成功，他这种领导风格是必不可少的。我们对于权力和领导力的看法受到了艾柯卡现象的很大影响。**我们认为，权力是发起并维持行动所必需的基本力量，也可以说，它就是将意愿转变为现实并加以维持的能力。领导力就是对权力的妥善应用。**

在我们看来，有效的领导力能够将组织从现在带向未来，能够生成组织的未来愿景，能够向员工注入一种对于变革的责任感，还能够在组织中灌输新的文化和策略，从而将力量和资源动员并集中起来。这些领导者不是天赋异秉，而是在组织遭遇新问题和新的错综复杂的事物而无序进化的方式已经无法解决的时候脱颖而出的。他们肩负起“改造组织的操作方式以适应环境改变”的重任。他们指引组织变革，给员工以信心，让他们有能力寻求新的做事方法。他们借助未来愿景以激发人们的信心，同时对新型的组织运作方式成竹在胸，以这两大法宝来克服变革中遇到的阻力。

在未来的20年里，我们将发现那些能够适应剧烈动荡的环境的组织都明显具备本书中介绍的领导力。我们要面对的未来确实是不确定的，也是不安定的，但绝不是没有希望的。**愿景就是领导者的商品，而权力则是他们手中的货币。**我们正处于历史的转折点上，不管是个人还是国家，我们不能倒退到10年或5年前的状态，哪怕是一年前也不行。未来就在眼前，让我们勇往直前！

---

① 先前担任过福特汽车公司的总裁，后又担任克莱斯勒汽车公司的总裁，把这家濒临倒闭的公司从危境中拯救过来，奇迹般地东山再起，使之成为全美第三大汽车公司。他那锲而不舍、转败为胜的奋斗精神使人们为之倾倒。在20世纪80年代以及90年代初，成为美国商业偶像第一人。——编者注

MANAGING THE DREAM

REFLECTIONS ON LEADERSHIP AND CHANGE

15 杰出的共同领导者

长期以来，我们崇拜最高领导者，但却忽视了其他数不清的贡献者。共同领导者是真正杰出的副手，非常有才能、非常有奉献精神，往往比得到更多赞誉的上级更能干。事实上，领导者不是组织的上帝，而只是众多贡献者中最重要的一个。在这种新的组织观念中，共同领导者最终会得到应有的评价、尊重和荣誉。

我与戴维·希南合写的《共同领导者》这本书的出版，是研究伟人神话的适应力的重要成果。这本书探讨了杰出的副手对领导者以及组织来说非常重要但没有得到认可的价值。起初我们给这本书冠名为《二把手》，结果有12家出版社因此拒绝了我们。有一家出版商说得很委婉：“在美国没有谁愿意当二把手。”

当我们把书名换成了现在这个，并且避免过多强调“二把手”的概念时，终于有一家出版社同意接受它了。《共同领导者的范例》就节选自这本书。在这部分内容中，我和希南认为，尽管组织在很多方面倾向于忽视和抹杀普通成员的重要贡献，但是对一把手们来说，积极地培养有能力的二把手已经变得越来越必要了。当比尔·盖茨把微软的日常控制权交给史蒂夫·鲍尔默（Steve Ballmer）时，这种做法无疑非常明显。他们俩多年来的密切合作，既推动了微软的发展，也让鲍尔默为接班做好了准备。要找到一个优秀的二把手并把他培养成未来的接班人的确不容易，但为此付出努力绝对是值得的。一位外国游客最近评论说：

> 如果外星人想要根据商业杂志来了解美国的运作方式，他

们肯定会认为每一个美国人要么是首席执行官，要么是打算成为首席执行官。

他的评论可谓一针见血。我们的文化痴迷名人，因此就像我们让自己喜欢的摇滚歌星以及影视演员成了传奇人物一样，我们也让比尔·盖茨以及其他一些有魅力的领导者成了超级明星。然而，即使再让我们多读一篇显示微软就是比尔·盖茨的文章，我们也知道这不是事实。我们知道，**每一个成功的组织都有一个由共同领导者构成的核心；这些共同领导者都是组织的关键成员，尽管他们可能得不到多少荣誉和赞美。**

就拿微软公司的史蒂夫·鲍尔默来说吧，据知情人透露，这家软件巨头的空前成功在很大程度上要归功于这位有些默默无闻的二把手。鲍尔默是微软的总裁兼最高战略家，负责公司的一切日常运转，从让第一个“windows”操作系统上市销售，到保证公司始终不缺第一流的人才。尽管普通人不知道他是谁，但他对微软的贡献并不亚于远比他有名的比尔·盖茨。微软的前雇员阿德里安·金（Adrian King）对《福布斯》说：

> 微软可以失去比尔·盖茨，但不能没有史蒂夫那纯粹的成功意志。那才是让微软独一无二的东西。

《共同领导者》这本书反映了我们的信念：要想知道什么会让组织在新千年中取得成功，我们必须把视线投向比尔·盖茨们的身后。这是我们第一次广泛地研究共同领导者以及他们往往不显眼的影响力。长期以来，人们一直认为“所有伟大的组织都是某个伟人拉长的影子”。在这次研究中，我们对这种观念提出了质疑。尽管这个谬论根深蒂固，但是如果你也像我们一样，相信这个时代的特色就是真诚的协作，那么你就必须放弃“任何重大的成就都只该归功于最高领导者”的观念。长期以来，我们崇拜最高领导者，但忽视了其他数不清的贡献者。其实我们知道，世界要比以往任何时候都更加复杂，要想完成重大的成就，我们需要人才的团队，也就是紧密合作的领导者和共同领导者。过去的组织的一神论最终要让位给更加现实的观念：**领导者不是组织的上帝，而只是众多贡献者中最重要的一个**。在这种新的组织观念中，共同领导者最终会得到应有的评价、尊重和荣誉。

盖茨和鲍尔默示范了领导者与其首要支持者之间的一种相对较新的关系。在这种硅谷里很常见的场景中，一把手与二把手似乎更像是好兄弟，或者至少是伙伴，而不是上司与下属。这种新型的平等主义反映了当今组织生活中的一个显著变化。在亨利·福特时代的美国企业界，最高领导者掌握着所有权力。这个领导者（几乎总是男性）拥有公司及其所有资产，工作者们不过是雇来干活的。

领导力箴言
MANAGING THE DREAM
REFLECTIONS ON LEADERSHIP AND CHANGE

领导者不是组织的上帝，而只是众多贡献者中最重要的一个。

但是到了21世纪，经济规律是基于完全不同的现实。微软以及其他的高科技企业是在**经营创意**。好的创意属于想到它们的人，而不属于企业或老板，至少一开始是这样。优秀的创意可以来自组织中的任何一个人，而且可以给拥有者授权，不管他们的名片上印的是“首席执行官”还是“实习生”。即使微软不是一个真正的精英集团，他们仍然是一家重视和追求人才的企业。人才总是具备“跳槽”的能力（尤其是像鲍尔默这样，已经有价值大约120亿美元的微软股份装在口袋中了）。在这样的环境中，没有哪一个首席执行官会冒失去一位关键员工的风险，强硬地要求绝对地服从或者过去严格的等级体系具有的任何其他过时的特征。这种新的平等主义不仅仅是风格的问题。这是一个生存的问题。在新的环境中，每一位领导者都知道，要是组织中最优秀的头脑离开了，他们将带走重要的资源。

共同领导力和共同领导者

共同领导力不是一个用来安慰和糊弄非首席执行官们的时髦词汇。相反，它是一个现实且坚定的战略，将释放任何企业中的潜在才能。最重要的是，**共同领导力是包容的，不是排他的。**它褒扬所有做实际工作的人，而不仅仅是少数有魅力且往往孤立的领导者。

尽管从花旗集团到戴姆勒 - 克莱斯勒等一些领先企业已经围绕共同首席执行官改变了风格，但共同领导力应该遍及各个组织的各个层次。成功的权力分享有很多生动的例证。比如美国海军陆战队就是共同领导力的典范。尽管有着僵化刻板的命令控制体系，但海军陆战队的持久文化倡导团结精神：永远忠诚和集体精神。

这种包容的领导力观念并不新鲜。220 多年来，海军陆战队一直在奉行他们特有的团结精神。但是，21 世纪变化了的现实却是新东西。在一个相互依赖越来越强、科技变革接连不断的世界里，即使是最伟大的伟人也不能靠一己之力把组织带向成功。因此，我们需要反思最基本的领导力观念。

流行的趋势是遍及整个组织的紧密的伙伴关系。在这种新的组织群体中，权力并不属于单一的个人或角落办公室。相反，权力和责任是分散的，这让组织拥有了一群共同的主角——有着共同的价值观和抱负的共同领导者，他们一起致力于共同的目标。当我们回顾写作这本书的过程时，有一个认识赫然耸现：**任何人都可以成为共同领导者——他所需要的就是才能以及一个重视和鼓励共同领导力的组织。**

为了写作这本书，我们花了5年的时间研究了很多有才能的共同领导者，分析了他们怎样为组织的伟大作出贡献。我们还研究了他们怎样搞好与上下级的关系、怎样看待成为共同主角的代价和回报。

共同领导者是真正杰出的副手，非常有才能、非常有奉献精神，往往比得到更多赞誉的上级更能干。伟大的搭档往往要承担工作而放弃荣誉；有的时候，他们留下了品格，而更受瞩目的领导者们留下了名声。共同领导者们再三证明，最高领导者与组织其他成员之间的距离正在拉近，因为职场乃至整个世界都在发生快速的变化。尽管我们的文化仍旧痴迷于名人，尽管大家都还醉心于成为一把手，但最高领导层的不同角色却在趋于平等，他们之间的界线越来越模糊。

领导力箴言
MANAGING THE DREAM
REFLECTIONS ON LEADERSHIP AND CHANGE

任何人都可以成为共同领导者——他所需要的就是才能以及一个重视和鼓励共同领导力的组织。

因为需要越来越迅速地作出越来越复杂的决策，所以即使是最有才华的首席执行官也要承认，他们不可能事事亲为。有远见的企业以及其他组织对领导者的要求不仅仅是建立有效的系统。以未来为导向的组织必须要能够找出“下一个大趋势”，并先于竞争对手作出响应。这样的组织就像有机体，始终在适应全球环境中的转变。因此，首席执行官在任的时间越长，他的工作不但不会变得越轻松，反而往往会变得更加费劲。

1997 年，英特尔董事长安迪·格鲁夫遇到了很多烦心事：诉讼、前列腺癌、“奔腾”芯片的缺陷、第二季度营业收入的骤减。格鲁夫承认，当时他已经快要崩溃了。“我觉得我从来没有工作得这么辛苦，”他对《财富》说，“在过去的半年时间里，我一直感到非常沮丧。公司内外的事情都处在失控的边缘……我每天都精疲力竭地回到家中。”

在这样的环境里，一流的共同领导者是必需品，而不是奢侈品。在 1998 年 5 月，格鲁夫选择克雷格·巴雷特（Craig Barret）接替了自己。巴雷特原来是英特尔的首席运营官，并负责完善芯片制造商的制造流程，工作表现非常不错。格鲁夫是第一个称赞巴雷特在运营方面的表现远胜自己的人。那么，为什么格鲁夫应该寻找一个像巴雷特这样的接班人呢？当你知道你将时刻面对挑战时，你就会希望有最优秀的人与你并肩战斗。

随着董事会和股东们对首席执行官的要求变得越来越苛刻，曾经清闲的角落办公室变成了频繁换人的地方。在美国，领导一个组织越来越像是在当国王：拥有不同寻常的权力，可以享受到各种特殊的待遇和乐趣。但这仅仅是一时的。一旦失去这种绝对的权力，国王就会被处死。对当代的首席执行官们来说，在任时的薪水和待遇是极为可观的，但他们不能指望在任很长时间。随着首席执行官的任期普遍变得越来越短，对后备领导力量的需要就变得更加至关重要了。

1997 年，可口可乐公司首席执行官罗伯托·戈伊苏埃塔的过早辞世提醒我们，没有哪一个复杂的组织可以过分地依赖于某一位领导者，不管他多么有才干、有魅力。可口可乐在戈伊苏埃塔去世后并没有遭遇挫折，这在很大程度上是因为他生前就已经培养了一名有能力的继任者道格拉斯·艾夫斯特（M. Douglas Ivester）。戈伊苏埃塔早就称呼艾夫斯特为“我的搭档”了；在戈伊苏埃塔生病期间，公司的一些重要部门就已经向艾夫斯特报告了。已故的董事长也为艾夫斯特培养了很多关键下属，他们也都是些人才。在著名的投资人沃伦·巴菲特看来，戈伊苏埃塔“最大的遗产就是他如此认真地为公司挑选并培养未来领导者的做法”。

领导力箴言
MANAGING THE DREAM
REFLECTIONS ON LEADERSHIP AND CHANGE

最高领导者及其共同领导者不是不同的阶层，而是互为必要的补充，要想让事业蒸蒸日上，两者都是必不可少的。

艾夫斯特已经在为可口可乐营造领导文化方面更进了一步。《财富》的贝齐·莫里斯（Betsy Morris）描述了艾夫斯特领导下的企业氛围：

> 等级结构被清除了，它会拖慢一切；他可以顺畅地与各个层次上的人沟通。传统的办公室工作也不见了。艾夫斯特更喜欢员工们把自身看成是知识工作者，他们的办公室就是随身携带的信息，而技术可以给他们支持，让他们能在任何地方工作……一个高高在上的首席执行官注定会出局，而一个作为队长的首席执行官会受到欢迎。

艾夫斯特知道，共同领导力是一种有助于全面释放组织才能的战略。共同领导力远胜于团队合作的空谈；它是一种承诺：在各个层次上建立伙伴关系，满足组织不断变化的需求。然而，即使是一个像艾夫斯特这样致力于共同领导力的人，可能也不愿意分享自己的所有权力。艾夫斯特一直与 14 位副总裁组成的团队紧密合作，但迟迟没有指定继任者。

企业正越来越深刻地认识到：**最高领导者及其共同领导者不是不同的阶层，而是互为必要的补充，要想让事业蒸蒸日上，两者都是必不可少的。**

共同领导者的途径

在研究杰出副手的过程中，我们时刻想到的是，共同领导力是一项职责，而不是一种身份，也绝不是一种命运。没有哪种品格类型会让一个人注定当“配角”而不是“主角”。实际上，大多数的首席执行官以及其他的领导者都当过“配角”。

因为所有的领导都是有具体情境的，所以我们不敢随便给共同领导者分类。社会的世界不像物理的世界那样有规律。与固体、液体和气体不同，人是千差万别、不可预测的。杰出的搭档人人都有或者曾经有过独特的、多彩的个性。但是在研究过程中我们发现，不管他们多么不同，走向成功的共同领导者的职业途径只有三条。他们或者是青云直上者，或者是退居二线者，或者是安居二线者。

- **青云直上者是正在上升的副手。**实际上，担任二把手历来是一条成为一把手的途径。根据最近的一项调查，《财富》500 强企业有 86% 的一把手原先是二把手。向上晋升的副手们明白，通向角落办公室的道路是由成就、忠诚以及运气共同铺就的。精明的副手也很领会一把手对优秀后备力量的需求。晋升者往往擅长心理学家埃里克·埃里克森

（Erik Erikson）所谓的“繁育”，也就是说，建立一支自己的副手骨干队伍。这样的共同领导者往往本能地理解权力分享的重要性。

- **退居二线者往往也有过一把手经历，但最终退居二把手位置。**有些退居二线者不喜欢一把手角色的某些要素：做交易、谋划、与不同的利益群体周旋等。有些人把一把手的压力以及没有隐私看成是最严重的负面因素。有些人希望避免一把手让人心惊肉跳的“旋转门”效应①。总的来说，这些有才能的人认为待在幕后更能让他们内心安宁。
- **安居二线者也是杰出的副手，但他们没有当过并且也不想成为一把手。**这些人可以找到担任配角的成功之路。没能当上克莱斯勒首席执行官的鲍勃·卢茨说，担任二把手的那段时间“绝对是我整个职业生涯中最美好的时光”。安居二线者有成为共同主角的自我力量。如果组织提出让他们担任一把手，他们很可能会接受；但是，如果组织让他们继续作为一个卓越领导团队中的一员，他们也会处之泰然。

不管他们走向共同领导者的途径是什么，成功的共同领导者都是完美的团队参与者，因此也是实践有效协作的典范。他们通常是“**服务型领导者**”，往往是独立自主的，但也致力于组织的目标。杰出的共同领导者“把自身看成是与他们追随的领导者平等的人，除了在直接职责方面”，卡内基梅隆大学的教授罗伯特·凯利（Robert E. Kelley）说，“他们

① “旋转门”效应：现代经济的发展及先进的行政管理环境，使企业与政府部门间的人员流动越来越频繁，美国将这种人员流动比喻为“旋转门现象”（Revolving Door）。——编者注

更倾向于同领导层的意见不一致，而且不太可能被等级制度和组织结构所胁迫。”

是什么在激励杰出的共同领导者？特别重要的是，为什么他们甘愿压抑自我？要知道，在一个崇拜主角的时代，这种牺牲就显得更加突出。我们发现了三个主要原因，并据此把共同领导者分成了三类。当然，这三个类别之间会有一些重叠。

MANAGING THE DREAM
REFLECTIONS ON LEADERSHIP AND CHANGE
领导力智慧

共同领导者的三个分类

1. 十字军。比如马歇尔将军，他们服务于一项高尚的事业。
2. 同盟者。比如鲍勃·卢茨和斯坦福的助理教练埃米·塔克（Amy Tucker），他们服务于某个优秀的组织或企业。
3. 伙伴。比如海伦·凯勒的老师安妮以及美林集团的温·史密斯，他们服务于某个非凡的个人。

关键成功因素

要成为一个成功的共同领导者，你首先需要一个允许你成功的支持者。不是所有的一把手都能做到这一点。由于鲍勃·卢茨与首席执行官罗伯特·伊顿（Robert Eaton）之间建立了真正的伙伴关系，所以他在克莱斯勒取得了成功；但是在李·艾柯卡任克莱斯勒的首席执行官期间，卢茨就干得很郁闷，因为艾柯卡常常暗中拆台。**当领导者决定要做最能让组织从平庸变成卓越的一件事，也就是聘用甚至比自己更出色的人才时，杰出的共同领导者往往就会应运而生。**卢茨喜欢炫耀，伊顿则很低调，但他与常常自己开战斗机、经常成为媒体焦点的卢茨相处得非常融洽。

就卢茨而言，他早就已经接受了克莱斯勒没让他当一把手的事实，并且发现成为伊顿的搭档很愉快。实际上，卢茨也认为伊顿的权力分享意愿是克莱斯勒成功的关键。他说，假如他在1992年的时候当上了首席执行官，“我就得一个人干了。”

压抑自我以实现共同目标的能力是领导者与共同领导者都需要的。史蒂芬·康（Stephen Kahng）把动力计算公司（Power Computing Corp.）发展成了《商业周刊》所描述的“20世纪90年代成长最快的新兴计算机公司”。作为一个业内最著名的技术专家，康太过书呆子气、说话太温和了，以至于雇员们都因此取笑他。他知道，为了销售与苹果电脑公司相似的计算机产品，夺取更大的市场份额，公司需要一个能力和个性与他完全不同的人。因此，他从戴尔计算机公司挖来了乔尔·科克（Joel Kocher）。科克为戴尔公司制定了成功的营销战略，包括直销。担任了动力计算公司总裁兼首席运营官的科克充满了活力，他与康形成了鲜明的对比——除了夺取市场支配地位的共同愿景，他们俩几乎没有共同之处。科克是拉拉队队长和营销战略家，喜欢玩一些花招，比如让员工在每周五的客户日搞宣传促销活动。科克在戴尔公司的一个同事对《商业周刊》说，科克“追求、激发、吸引和培养卓越”。在大多数人看来，这种描述往往是与首席执行官而不是二把手联系在一起的。但是，康具备让科克成为自己搭档的智慧和自信心——换成是一个较弱的领导者，可能就被科克更强的领袖气质压倒了。

真正的领导者还知道，只有优秀得足以取代自身的副手才值得聘用。对杰出的共同领导者来说，他们知道要找到满足感，不必非得处于组织结构图的最顶端；他们觉得，充分发挥自己的才能，致力于一项值得努力的事业，这要远比头衔更能带来满足感。这些人已经具备了区分名望与成功的罕见能力。正如哲学家厄玛·邦贝克（Erma Bombeck）曾经写道："不要把名气与成功混为一谈。麦当娜是明星，海伦·凯勒才是成功者。"

勇气是所有杰出的共同领导者都具备的一种品质，但我们很少把它与配角联系起来。副手必须要敢于对当权者讲真话，哪怕真话很伤人。真正的领导者要求副手的真诚，因为他们知道真实的信息（哪怕是令人不快的）是正确决策的基础。让年轻的乔治·马歇尔引起潘兴将军的注意，并由此开创了非凡职业生涯的，正是他敢于公开纠正潘兴将军的勇气。另外，坦率也是马歇尔一直在下属身上寻找的一种品质。应声虫或许可以让上司的自我感到满足，但他们没什么真正的作用。的确，他们可以保证上司只听到令人高兴的或者他已经知道的消息。优秀的共同领导者会尽可能地保护自己的上司，但是为了得到自己需要知道的信息，优秀的上司也应该愿意忍受偶尔的尴尬。

对于共同领导者来说，创造力这种品质几乎就像勇气一样重要。副手必须要在手册之外为组织找到最适合的方法。

领导力箴言 MANAGING THE DREAM
REFLECTIONS ON LEADERSHIP AND CHANGE

当领导者决定要做最能让组织从平庸变成卓越的一件事，也就是聘用甚至比自己更出色的人才时，杰出的共同领导者往往就会应运而生。

每个一把手都有权要求副手的忠诚。与一位领导者并肩工作，一个值得信任的共同领导者往往私下里知道一些泄漏出去可能严重威胁上司职位的信息。就像他们在私下里非常坦率一样，优秀的搭档在公开场合同样也非常谨慎。他们可以保守上司的秘密，只要这样做才不违背自己的良心。在某种程度上，所有的一把手都要依靠良好的形象来保住自己的职位。优秀的共同领导者可能知道一把手个人的缺点和弱点，但他们不会被迫泄漏或强调这些东西。尤其是在危机期间，领导者必须知道他的副手们将保持优越的表象，这样领导才有可能进行。

共同领导者需要非常健康的自我。这其实是一个矛盾，因为看起来他们需要弱于领导者的自我力量。但是，担任二把手或三把手需要非凡的自信心，尤其是在我们这样一个如此痴迷于成名的社会里。不管一个优秀的共同领导者作出的贡献有多么巨大，大部分的功劳和荣誉都将归于最高领导者。这是组织怪兽的本性，或多或少可以反映领导者在多大程度上是作为事业的符号。但事实上，即使是最优秀的副手也要活在上司的影子里。

组织可以从优秀的伙伴关系中得到些什么呢？好处非常多。说到决策，两个头脑当然胜过一个。心理学文献表明，群体要比个体更能作出正确的选择。一个优秀的副手，可以为组织的其他成员树立另一个典范，让其他的共同领导者更容易产生共鸣。一个优秀的二把手可以作为一种制度保障，因为在必要时他可以迅速地代替一把手。但是，“当然继承人”仅仅是共同领导者扮演的很多角色之一。优秀的副手可能具备上司缺乏的优点和能力。共同领导者可以作为领导者的补充。

共同领导者可以分担领导重任，减轻领导者的工作量。他们日常是作为上司的协助者。他们还几乎总是作为顾问，甚至可以提供坦率的、可靠的建议。他们往往起到“管道”的作用，可以在组织的负责人与各个岗位之间传递关键信息。他们还可以充当传声筒、忏悔牧师以及施压阀。在艰难时期，他们可以充当避雷针，甚至是替罪羊。在最有发展潜力的组织中，他们是真正的伙伴（尽管不一定是完全平等的），根据各自的能力和兴趣与一把手共同分担着各种职责。

MANAGING THE DREAM
REFLECTIONS ON LEADERSHIP AND CHANGE

领导力智慧

共同领导者应具备的7个要素

1. 压抑自我以实现共同目标的能力。
2. 优秀到足以取代领导者。
3. 勇气。
4. 创造力。
5. 忠诚。
6. 健康的自我。
7. 分担领导重任。

应得的回报

尽管服务是共同领导者的典型职责，但每一个人在自己职业生涯的某个时刻都会问："我能从中得到什么好处？"尽管共同领导者往往得不到一把手那样的知名度和丰厚薪水，但担任二把手或三把手也会得到回报。

对起步者来说，在别人的手下工作可以是一种非常好的锻炼。给潘兴将军担任副手，马歇尔相当于是上了一所一流的军事学院，让他能够一天到晚地向一个活生生的优秀军人学习。作为副总统，戈尔在学习总统克林顿方面有着得天独厚的优势。对一个有希望成为总统的人来说，还有什么课程能比亲眼看到总统怎样履行职责、应对压力更有效呢？

共同领导者最主要的一些回报来自于副手与一把手的良好关系。有

些共同领导者与一把手有着热诚、持久的关系，比如温·史密斯与美林集团的创立者之一查理·梅里尔（Charlie Merrill）的关系。梅里尔是一个要求苛刻的任务分派者，但也是一个优秀的指导者；几十年过去了，他与史密斯的关系变得比很多父子还要亲密。当疾病迫使梅里尔进入半退休状态后，他们俩相互交流的一些信件就像情书一样充满了慈爱和温情。共同努力完成某项事业，这可以铸就持久的友谊。尽管梅里韦瑟·刘易斯饱受麻烦的困扰，但他与威廉·克拉克却在他们史诗般壮丽的旅程中成为了亲密的朋友，并且在之后保持了这种友谊：克拉克甚至和妻子一起暂时住进了刘易斯的房子。

在高管的办公室中建立起来的人际关系多种多样。有些首席执行官与首席运营官保持着健康的竞争，可以对双方都产生激励作用；有些首席执行官与首席运营官之间的关系就像错误的婚姻，会分散和耗费双方的精力。以共同的成就为基础的友情在任何愉快的工作场所都是乐趣之一；对那些确定组织的发展方向和战略的人来说，这种友情尤其能令人满足。

领导力箴言
MANAGING THE DREAM
REFLECTIONS ON LEADERSHIP AND CHANGE

尽管一把手有很多值得夸耀的地方，但是只有当他们与其他成员高效地协作时，才能真正地取得成就。

对共同领导者来说，另一个常见的满足感来源是沉湎于有趣工作的机会以及创造的乐趣。首席执行官往往会将权力和责任分担出去，以便自己能够真正投入地工作。这对最高领导者来说，可能是令人兴奋的，尤其是在会议频繁，连吃饭期间都不消停的时候。很多副手能够有效地发挥他们的才能或专长去工作，不被最高领导者令人气馁的日程表以及有时单调乏味的工作职责所扰。成功的共同领导者，尤其是那些决定继续担任二把手的人，往往已经认定他们所做的要比出名更重要。

正如我们看到的，对有些共同领导者来说，致力于所坚信的事业会给他们带来巨大的满足感。有的时候，对权力的重新定义反映了这样一种判断：在人生中，还有比成功的外部标志更重要的东西。

在像皮克斯动画工作室（Pixar Animation Studios）这样有远见的企业里，欢快的忙碌清楚地表明，如今最令人兴奋的工作是协作的，是由致力于共同目标的团队一起完成的。一把手往往仍然存在，至少是在组织结构图上。但是在数量越来越多的全球企业中，真正的权力掌握在拥有最好的创意和最宝贵的才能的人手中，不管他们的头衔是什么。在21世纪的工作场所中，领导者最重要的职责之一就是，留住必不可少的人才并释放他们的才能。共同领导力的兴起反映出这样一个事实：**尽管一把手有很多值得夸耀的地方，但是只有当他们与其他成员高效地协作时，才能真正地取得成就。**

重新定义领导力

如果我们仍旧视一些首席执行官如名人，那么我们已经开始越来越多地视他们为管家而不是帝王了。关于我们的传统领导观的这种转变，管理大师彼得·德鲁克的阐释最为明晰。他在称赞哈里·杜鲁门和杰克·韦尔奇这样的“非帝王式”领导者时说：

> 他们俩都明白，高级管理者们不是自身的主人，他们是组织的公仆。不管他们是被推选的，还是被指派的，也不管这个

组织是政府、机构、企业，还是医院，让自身的喜好、愿望和兴趣服从于组织的利益，这是他们的责任。

在某种程度上，这种更加主张平等的领导观反映了公众对那些徒有虚名的首席执行官的强烈不满。在近些年里，高管薪酬的猛涨已经让很多工作勤奋但工资却平平的人感到沮丧和愤怒了。30年前，美国普通首席执行官的薪酬是普通工厂工作者的44倍。根据美国劳工联合会与产业工会联合会的数据，20世纪末，普通首席执行官的薪酬是普通工作者的300倍。因此，企业的董事会以及工作者开始质疑是否所有的高管都应该拿这么多钱。实际上在1998年，罗伯特·伊顿在克莱斯勒1 600万美元的年薪，已经吓跑了积极活动、打算让德国戴姆勒-奔驰集团兼并克莱斯勒的德国股东。作为伊顿在戴姆勒-奔驰集团的同行，首席执行官于尔根·施伦普（Jürgen Schrempp）的年薪仅为200万美元。

《商业周刊》根本算不上是一本煽动革命的杂志，但是就连他们也对美国企业界那些头头们的狂妄自大极为不满。“他们是团队领导者，不是名人或者独角戏演员。”该杂志发表社论说。是的，有些非凡的首席执行官或许理应得到非凡的薪酬。

但是通常来说，一个首席执行官是与一个团队一起管理着数千名员工，每一个团队成员都影响着企业的成败。要想行使职责，一个团队领导者需要赢得尊重。但是，仅仅因为市场遇到了好年景，领导者们就索取达到平均工资200倍的薪酬，这肯定不会帮他们赢得尊重。

很显然，美国的职场需要反思。人们对高管薪酬越来越强烈的不满仅仅是一个证据。当排在商业畅销书榜单前面的书籍，都在描述代表普通工作者的卡通形象迪尔伯特[①]以及失去人性的职场地狱时，这绝不是一个令人愉快的预兆。这是最忧郁的黑色幽默，它在大声地告诉我们，是时候该进行彻底的变革了。

尽管有越来越多的企业在任命共同首席执行官，并且还显示出了其他一些采纳共同领导者的迹象，但权力分享也有很多陷阱。设想一下罗伯特·伊顿能否像与卢茨合作时一样，与共同首席执行官施伦普和谐相处，这会很有趣。曾经气氛很融洽的角落办公套房，确实有可能变成一个不愉快、没有成果的地方。董事会可以帮助他们和谐相处，但高管们的自负往往会让真正的伙伴关系成为泡影。要想理解分享式权力对有些一把手来说有多难，你只要看看美国的副总统职位就行了。有一些在自己当副手期间遭受过不公对待的人，当他们自己成为了一把手之后，他们也很难公平地对待自己的副手。例如，杜鲁门对待副总统阿尔本·巴克利（Alben Barkley）的态度，一点都不比当年罗斯福对他的态度好。权力分享只适合于那些一开始就决定要分享的领导者。考虑到共同领导力的这个第一定律，已经有越来越多的组织及其董事会认识到，分享权力的意愿也是评价领导者的一个必要标准。

领导力箴言
MANAGING THE DREAM
REFLECTIONS ON LEADERSHIP AND CHANGE

作为既有高管经验又有下属经验的人，共同领导者是更加主张平等的新型领导者的典范。

作为既有高管经验又有下属经验的人，共同领导者是更加主张平等

① 一位白领工人、电气工程师，是由半路出家的漫画家斯科特·亚当斯创造的一个卡通人物。——编者注

的新型领导者的典范。他们能够更好地适应新的需要，可以根据情况指挥或服从。

在我们的社会中，成为主角与作为社会成员实现共同目标这两种强烈的欲望，一直在不同的方向上撕扯着我们。随着名气与真正的成就之间的联系变得越来越弱，我们需要更加认真地思考：什么最适合于我们的组织以及我们自身。杰出的共同领导者提醒我们，在团队中我们不必非得是一把手，做我们想做的，并把它做好，这本身就是回报。再说，学会成为优秀二把手的秘诀和能力，这仍旧是最可靠的成为一把手的途径。

MANAGING THE DREAM

第三部分

实现梦想

领导者的品格

REFLECTIONS ON LEADERSHIP AND CHANGE

The combination of vision, persistence, consistency, and self-confidence is necessary for leaders' tight-rope walking.

愿景、坚持、始终如一和自信这些特征的组合是领导者成功“走钢丝”所必需的。

MANAGING THE DREAM

REFLECTIONS ON LEADERSHIP AND CHANGE

16 创造人生

要成为创造和再造自身的人，发现自己特有的能力和渴望，然后找到自己按这些渴望行动的方法。这样，你的存在就不再是为了顺从文化、某个权威或家族传统的意志，活出一个它们给你设定的形象。在你书写自己的人生时，你就已经进入了自己生来就该扮演的角色，已经遵守了与自己的前途订立的誓约。

在开始动笔写这篇简短的学术自传之后不久，我有了一个小小的领悟：我实际上是在写一篇传记，是在叙述那个叫作“我自己”的人的人生。结果就是一系列的故事，有些被称为回忆；正是这些由我自己（或者在某种程度上是别人替我）创造的故事，让我的人生具有了连贯性和意义。

我在谈论的是自我创造，是想象力。这算得上是我们了解自己的方法。不能创造和再造自身的人，必然会满足于借来的态度和二手的观点，会安于现状而不是寻求突破。**创造自我与接受别人给我们安排的角色是对立的。**

这很像我在《成为领导者》一书中对“原生型”与“再生型”领导者所做的区分。原生型领导者从依赖家庭到独立的转变相对容易。再生型领导者一般在长大成人的过程中经历过磨难，感到自己与别人不同甚至是孤立的。因为不满于人生的现状，他们要为自己书写新的人生。我是再生者中的一员。

我相信自我创造；我必须要相信，原因你很快就会清楚。**保持真实，**

这其实就是要成为你自己的创造者，发现你自己特有的能力和渴望，然后找到你自己按这些渴望行动的方法。当你已经做到了这些时，你的存在就不再仅仅是为了顺从文化，顺从某个权威或家族传统的意志，活出一个它们给你设定的形象。在你书写自己的人生时，你就已经进入了自己生来就该扮演的角色。你已经遵守了与自己的前途订立的誓约。

童年，在一盒鞋油中重生

塞缪尔·贝克特是我最喜欢的剧作家。在20世纪的主要作家中，或许只有他认为在浩瀚、冷漠的宇宙里，人类的存在相对来说是无关紧要的。他的舞台背景几乎是空的，一个没有时钟的深渊，一个处在悬崖边缘的空间。贝克特不理会那些寻常的戏剧主题，比如社会关系、权力斗争等。在他看来，这些东西只会分散人们的注意力，掩盖痛苦和绝望等基本的人类状态。相反，他提出了一些阴郁的、有关存在的问题：父母生下我们并没有先征求我们的意见，我们要怎样接受这个事实呢？我们是谁？我们所说的“我”意味着什么？

在1958年的《克拉普的最后碟带》（*Krapp's Last Tape*）一剧中，贝克特继续着他对神秘自我的毕生探索。一个老人听着自己早年录下的忏悔。对年老的克拉普来说，年轻的克拉普的声音有时是完全陌生的。那么，在什么意义上可以把这两个克拉普看成是同一个人呢？在这篇随笔中，我将试着在年轻的本尼斯与年老的本尼斯之间建立某种难得的联系。但是请别忘了：我是在写一个创造了他自己的人。

正如我现在所理解的，我童年的环境非常像贝克特的舞台布景——荒凉、贫瘠、无边无际。一个小男孩在那里等待着某个很可能不会露面的人。

偶尔还有一些别的配角：一对10岁大的双胞胎；一个每天工作18个小时的父亲（当他脱下鞋子和脏兮兮的袜子时，他脚踝上的一圈泥土得用硬硬的毛刷才能弄掉）；一个喜欢看杂耍表演的母亲，当不用帮助父亲维持生计时，她还喜欢和朋友们一起打麻将。

我性格内向，闷闷不乐，没有什么希望或渴望，可能还有些抑郁——我的父亲称之为“消沉”。我常常是一个人待着。我没有亲密的朋友。我已经记不起是怎样打发时间的了；我只知道我虚构了一种改善后的生活，它就像一部24小时的新闻影片一样在我的头脑中播放着。

我不是很喜欢学校，小时候的老师我大多已经不记得了。夏勒（Shirer）小姐是个例外。我非常喜欢夏勒小姐。她当时教8年级；她几乎是一个名人，因为她的哥哥威廉·夏勒（William Shirer）为哥伦比亚广播公司（CBS）工作，从柏林向国内播送新闻。每当有他的节目时，我都会守在收音机旁安静地听着。在1938年，我们家所在的韦斯特伍德镇（Westwood）是亲纳粹的德美协会（German Bund）的主要据点，而威廉·夏勒是反对希特勒的，这对一个常常觉得自己是镇上唯一的犹太人的小孩来说是多么令人兴奋。

有一次，夏勒小姐要求我们花大约10分钟的时间向全班介绍自己的业余爱好。我惊慌失措。毕竟，我很喜欢夏勒小姐，但我真的没有什么业余爱好。我曾经试着像其他同学那样培养些娱乐性的兴趣，但是很不幸，我的努力失败了。我的运动天赋很平庸。我也不喜欢集邮。钓鱼我手太笨不会装鱼饵，打猎我太紧张，造模型飞机我又太愚笨。最后，绝望的我决定把一鞋盒子各种颜色的鞋油带到学校去，因为我平常从事的唯一明显的体育活动就是给家里人擦亮皮鞋。

因此，当轮到我站在全班面前时，我揭示了一种新的艺术形式的神秘本质。我非常详细地描绘了那套多彩鞋油的微妙之处（我尤其强调了深红色与褐红色的微妙差别）。我兴高采烈地介绍了要达到令人印象深刻的色调和光泽所需的各种用具，描述了它们的构成和功能。我对比了固体蜡与液体蜡，还热烈地专门论述了牛蹄油的多种优点。那是一次从头到尾都非常精彩的表演，即使仅仅因为那是一个纯粹的想象的过程。从夏勒小姐的微笑中我可以看出，她认为我的演讲非常棒。全班同学都听得惊呆了。**那一刻，在刷子和鞋油的舞动和炫耀中，一个新的沃伦·本尼斯诞生了。**

在我们就我的知识或学术贡献作出任何结论之前，你还应该知道关于我的另外几件事。我最喜欢的评论家以赛亚·柏林（Isaiah Belin）[①]曾经说过，他的声望是基于人们对他的能力的有意高估。他还高兴地补充说："这可能还要持续很长时间。"在过去的30多年里，我写了很多东西。其中的一小部分已经脱离了最初发表它们的报刊，具有了纸面之外的生命。最持久的例子包括关于计划变革的研究成果、对群体发展阶段的研究、关于民主必然性的论文以及最近关于领导力的研究成果——尤其是对"领导者为什么无法领导"的持续分析。这些令我感到自豪的作品，有些是我与优秀的同行们合著的。但是有的时候，当我回顾过去时，我会有些疑惑。无可辩驳的杰作，系统性的应用，有影响的理论文集，这些东西在哪儿呢？当我想到我的一些同辈们的成就时，我意识到了一种让我感到陌生而又肃然起敬的深刻性和连续性。

在一篇关于托尔斯泰的文章中，柏林提到了托尔斯泰所认为的狐狸

① 英国哲学家、观念史学家和政治理论家，也是20世纪最杰出的自由思想家之一，他主要是因为对政治和道德理论的贡献而闻名。——编者注

与刺猬的区别。狐狸知道很多重要程度不一的事情，而刺猬只知道一件最重要的事情。狐狸是概念论者。当批评家们还在对最新的狐狸理论大惊小怪时，狐狸却已经在致力于下一个理论了。在最好的情况下，刺猬会变成达尔文；在最糟的情况下，刺猬会变成书呆子。狐狸偶尔会变成爱因斯坦或奥本海默，但最常见的不过是半瓶醋。我显然是一只内心羡慕刺猬的狐狸。

我的学术发展还有另一个不能忽视的特征，那就是共情能力以及它对我的性格和工作的影响。我认为，我所具有的理解和响应他人的能力，同我的犹太性以及与之伴随的边缘意识有关。少数群体必须要善于捕捉细微的抵制暗示。我们的心理雷达始终在旋转着，随时可以探测到什么是多数群体能够接受的，什么是他们不能接受的。正如著名的文学评论家莱昂内尔·特里林（Lionel Trilling）曾经说过的，这让我们能够了解敌人的想法。但是跟柏林和我一样，特里林也认为共情能力（或者至少是其中涉及时刻警惕的部分）就像始终在探测危险的听诊器一样，也会侵蚀一个人的批判能力。这就是柏林所谓的“想要取悦别人的致命欲望”。这些年来，我已经开始评价共情能力这种矛盾的天赋，但是在我人生的早期，它的确促使我从事了一些被一个朋友形容为“乖孩子”的研究计划，所写的文章或书籍引用了每一个人的观点，但却没有推翻或者充分展开其中的任何一个。

观念史学者阿瑟·洛夫乔伊（Arthur Lovejoy）曾经写道，每一个作家都拥有并且往往试图隐藏自己独特的“形而上学的情感诉求”，也就是那些控制着我们对脑力工作的选择、隐秘且往往无意识的冲动和价值观。我对这种诉求的表述不会那么玄妙、那么抽象，尽管意思是一样的。在我看来，我们选择研究的主题几乎总是那些激流暗涌的尚未解决的冲突——我们的思想源自于我们想要解决自身困境的企图，而驱使我们以理性解决问题的力量，是让我们内心的魔鬼安静下来的需要。（我们都是时代的产物；很明显，我经历了精神分析的鼎盛时期。）因此，下面这三大因素对我早期的成长产生了重大影响：

第一，一个结构像“双螺旋线”的家庭结构：在一条螺旋线上，我的两个双胞胎哥哥以不可思议的方式紧密相连，而在另一条螺旋线上，我的母亲和父亲关系非常疏远。我觉得自己游离在这个结构之外，几乎是无形的，是一个未参与其中的旁观者。生长在一个非犹太社区中的犹太家庭里，我不能融入任何一方。我简直就是一个边缘人。

第二，对力量和潜能的探求：这种探求是因为我眼中失败的父亲。在母亲的催促下，父亲从一个城镇搬到另一个城镇，糖果店、麦芽酒店、苏打水亭都开过，但都是没干多长时间就关张了。像大萧条时期的很多同龄人一样，我清楚地记得父亲失去最后一份固定工作的那一天，那也是我人生中最黑暗、最沮丧的一天。因为当时对此没什么很深的认识，我发誓今后再也不要品尝这种彻底的绝望。可以理解的是，考虑到他自己的工作带来的失望，我的父亲一直要求我学一门手艺；对他来说，就是木工、印刷匠或者是裁缝。至于我的母亲，她那无情的强悍甚至比父亲的消极更让我恐惧。她认为，我应该成为一个童星。尽管母亲已经认识到我的嗓音比乌鸦叫好不了多少，音域也大约只有半个八度，但她仍然让我去上了 10 节手风琴课程；她真诚地相信，我的嗓子所缺少的东西，用手风琴很容易弥补。我的手风琴老师很赞赏我的“毅力”——我得背着挺沉的手风琴，坐汽车到距离韦斯特伍德镇 10 英里远的罗克兰市去上课，每周往返两次。但是，即使是他也认为我缺少他厚道地向我的母亲描述的“悟性”。想想看吧。

第三，一种可怕的不确定感：这或许是未成年人的状态。在我的早年，唯一确定的两样东西是我的观察能力以及无法满足的学习渴望。后者并不是产生自任何像好奇心这样中性的东西，而是因为我需要一种理解的幻觉，给自己带来安全感。在鞋油事件之后，我越来越强烈地意识到了想象的力量——这或许是孩子们拥有的唯一真实的力量。

走出少年时代的我只确信两件事情：我再也不想背着手风琴坐公共汽车了；我不想长大后跟我已经认识的那些人一样。差不多是该创造自己人生的时候了。

第二次世界大战中的美国陆军军官

1943—1947

陆军专业训练项目发出了召唤。要想有资格加入，你必须通过体格检查，并证明你有 125 分左右的智商。得克萨斯州的胡德营（现在叫胡德堡）是该计划进行 17 周基本训练的营地。在完成了胡德营的训练课程之后，我被送到了加利福尼亚大学洛杉矶分校去完成我军旅生涯的大学部分。尽管我在很多方面都很差劲，但军方还是轻易地就给我找到了合适的职业轨迹：我被分到了“卫生工程”专业。幸运的是，为了准备诺曼底登陆，陆军专业训练计划终止了。我被送到了佐治亚州的本宁堡去上陆军学校。

所谓的“本宁男校”提供了可能是最好的作战教育。如果说教育就是要让你为现实生活中将要面对的东西做准备，那么这里的训练几乎是完美的：在基地上复制了德国的城市和村落，而我们的训练内容就是绝望的德国人拼死顽抗时我们可能遇到的情况。当时可以说没有谁真正在为参加战斗做准备，但本宁堡却是实打实地在准备。

在1944年，我被授予了少尉军衔，然后几乎立刻就被派到了欧洲战区，起先是当排长，后来当上了连长，我才19岁。后来我得知，我当时是欧洲战区最年轻的步兵军官。在凸出部战役（Battle of the Bulge）期间，我所在的连队遭到了凶猛的攻击。作为一个普通的步兵连，我们有189名士兵和6名军官；战斗过后，我们只剩下了60名士兵和两名军官。其中的一名军官叫克劳德·威廉斯（Claude Williams），他比我早两个月从本宁军事学校毕业。另一名幸存的军官是上尉贝辛格（Bessinger），入伍前在北卡罗来纳州阿什维尔市的范德比尔特大厦当看门人。我觉得他的年纪在35岁左右；由于长时间处在德军反坦克炮的呼啸声中，他的听力受损严重。他也是我见过的最杰出的领导者之一。

正如前面提到的，当我看到我的两个双胞胎哥哥一个可以毫不费力地发起那些吸引其他孩子的活动，而另一个则不能在棍子球游戏中发挥自己的影响时，我第一次对领导力产生了兴趣。我的军中经历坚定了我对这一主题的毕生兴趣。

在陆军中，我亲眼看到了好的领导力和坏的领导力带来的最简单、最残酷的后果——士气、得当或不当的坦克支援、伤亡人数。陆军是第一个被我近距离、深入观察的组织。尽管待在教室里更舒适，但要想研究命令加控制型领导的效果以及官僚制度的麻痹影响，军队却是一个非常好的场所。

贝辛格上尉令人惊奇。尽管他的听力很差，但他却真正地肯听士兵们的诉说，可以鼓舞他们，保护他们不被高级军官们的心血来潮所伤害。

贝辛格在各个方面都体现了我后来的导师道格拉斯·麦格雷戈所提出的“Y 理论”取向。贝辛格还是我的第一个“行为榜样”，尽管我当时还不知道这个词语，尽管我现在知道这个词语的平凡不足以公正地评价贝辛格。要不是他，我恐怕活不下来。他教我学会了怎样根据炮弹呼啸的声音来区分不同类型的德军大炮。他教我学会了怎样以及何时躲避、卧倒。他还有一种让我非常敬重但却始终学不来的品质——保持耐心和宽容的勇气。

在进行了大约一个月的战斗之后，我已经对自己没什么信心了，我觉得自己会当逃兵或者会疯掉（我感到自己活下来的希望非常渺茫）。于是，按照历史悠久的军队方式，我开始嘟嘟囔囔地抱怨艰苦的作战条件。我们没有充分的空中掩护和坦克支援，没有来自炮兵部队的优秀的“前沿观察员”，没有及时的后备部队，配给的食品少得可怜。每过一天，我的抱怨声就会变得更加刺耳一些，每天贝辛格上尉都会边嚼烟叶边静静听着，但他那著名的耐心却越来越少了。有一天（离战争结束就剩几个星期了），我又不假思索地开始抱怨：“就拿我来说吧，首先我不知道我们将怎样赢得这场该死的战争，除非……”听着听着，贝辛格上尉终于忍不住爆发了：“狗屁，小子，他们也是一支军队。”

贝辛格恰恰说出了我所需要的有益的真理。德国人也是一支军队，一支主要由饥饿的十四五岁大的孩子组成的军队，而且由于用光了金属弹壳，他们使用的都是木制的子弹（在击发时木制子弹会发生可怕的爆炸）。他们甚至比我更害怕，而且也得对付一套至少同样糟糕的官僚制度。

我不知道对一个不在场的人来说，这个故事可以传达多少信息。与后来我研究的大多数组织不同，在战时的军队中，错误的传达和判断上的失误可能会要了你的命。我还不到 20 岁，我不顾一切地想弄清楚普遍的混乱以保住性命。在我的身边，有一个尽可能地耐心倾听的人；尽管他来自于我完全不同的文化，但他却能够超越年龄、军阶以及种族和宗教的背景，帮助我应对我们共同的困境。自从贝辛格在 1945 年负伤之后，我就再也没有见过他。他不仅仅是一位领导者；他是那种你可以在《圣经》中读到的领导者。

一旦战争结束，我就有机会在军队中长期任职了。我所在的第 63 师解散了，我最终被派到了法兰克福的欧洲司令部，在运输军团中任职。我有了一辆吉普车和一个司机，一间公寓，并且成了军官俱乐部的会员。我才 20 岁。军队已经待我不薄了，至少让我体面地离开了我的家。军队让我学会了自立，让我认识到了组织和效率的非凡力量。法兰克福有点像社交教育学校。我学会了该用什么样的刀叉以及知道了马提尼酒该有多烈。利用周末的时间，我与一位可爱的“年长女士”（她快满 26 岁了，是一个上尉）一起去过了卢森堡、翁根和巴特洪堡。她让我学会了很多令人兴奋的事情，其中一件就是怎样吃洋蓟花头（Artichoke）。

我之所以没有签约在军队中长期任职，主要原因就是我的通信员冈纳（Gunnar）用他在战前上大学时的一些故事诱骗了我。他喜欢那所位于俄亥俄州充满田园风光的耶洛斯普林斯的学校，而这很大程度上是因为上这所学校他可以半工半读。这所学校有个奇怪的名字：安迪亚克。

冈纳告诉我，他想成为一个临床心理学家。他曾经在心理咨询公司干过验证测试的工作，还在梅西百货的人事部测试过求职者。他说，他所接受的那些课程让他足以胜任这些工作，而反过来这些工作也强化了他的课堂知识。冈纳关于安迪亚克的故事强烈地吸引了我。我们全家没有人上过大学。但是安迪亚克让我动了心，而且考虑到退伍军人权利法案以及带薪实习制度，我觉得自己能够负担上学的费用。

在德国的巴德斯海姆镇进行的最后一战中，冈纳被一枚白磷燃烧弹夺去了生命。而我，在欧洲又服役了两年之后，成为了安迪亚克学院的一名新生。

安迪亚克学院，做一个有见解的人

1947—1951

我坐上了通往安迪亚克的火车。实际上，这趟火车在斯普林菲尔德市就停下了，所以我是搭便车从那里去耶洛斯普林斯的。当我们接近了我的目的地时，坐在我旁边的人禁不住问我为什么想去一所“共产主义的学校”——那里有“民权运动的同情者、‘左倾’分子以及信仰‘免费性爱’[①]的人”。

安迪亚克是进步的。当时我们称它是“政治上正确的”，尽管今天我们这样说往往带有嘲讽的意味。在很多方面它都是一个理想的社区。校园里的主角是知识分子，没有希腊社团或社交俱乐部。各种肤色的人都可以得到赞扬，共产主义青年团以及亨利·华莱士（Henry Wauace）的追随者都可以得到严肃的对待，大家的言论是激烈的、理想化的、没有穷尽的。

但是尽管倡导多样性以及独立思考，安迪亚克学院还是有一种明确的亚文化，一种不成文的“安迪亚克方式”。我们的有机小麦是从得克萨

① Free love，实际上是指“性爱自由”。——译者注

斯州的迪夫县订购的，德怀特·麦克唐纳（Dwight MacDonald）的《政治学》(*Politics*)和《国家》(*The Nation*)来自格林威治村。我们读的书包括：埃里克·弗洛姆（Erich Fromm）的《逃避自由》(*Escape from Freedom*)，伯特兰·沃尔夫（Bertrand Wolfe）的《引发革命的三个人》(*Three Who Made a Revolution*)，埃德蒙·威尔逊（Edmund Wilson）的《到芬兰车站》（*To the Finland Station*）和《阿克塞尔的城堡》(*Axel's Castle*)，马奎斯·蔡尔兹（Marquis Childs）的《瑞典：中庸之道》(*Sweden: The Middle Way*)，杜娜·巴恩斯（Djuna Barnes）的《夜森林》(*Nightwood*)，马尔科姆·劳里（Malcolm Lowrey）的《火山之下》(*Under the Volcano*)(我们都知道这是他唯一的一本小说，并且他因酗酒而英年早逝)，艾略特的《鸡尾酒会》(*The Cocktail Party*)以及托马斯·曼、海明威、菲茨杰拉德、多斯·帕索斯（Dos Passos）、福特·马多克斯·福特（Ford Madox Ford）和弗吉尼亚·伍尔夫的全集。我们全都看不起那些文学新贵：诺曼·梅勒（Norman Mailer）、欧文·肖（Irwin Shaw）、赫尔曼·沃克（Herman Wouk）以及詹姆斯·琼斯（James Jones）。

军队让我认识到了组织的价值，而在安迪亚克，我学会了要有见解。这听起来可能不是非常重要，但它实际上是一次个人的范式转变。在上大学之前，我就像是契诃夫的小说《宝贝儿》(*The Darling*)中的奥兰卡。契诃夫写道：

> 奥兰卡看到了周围的东西，明白正在发生什么，但她不能就任何东西形成见解，不知道该说些什么。比方说，你看见了一个瓶子、一场雨或者是一个赶着马车的农夫，但那个瓶子是干什么用的，或者那场雨或那个农夫是怎么回事，有什么意义，你说不上来，给你一千卢布你也说不上来。

什么是自由，什么是解放，你要有见解，有时是依据理由和证据，有时仅仅是依据自由的校园时代精神。在安迪亚克，有时一个特定的政治上正确的见解会像流感爆发一样席卷整个校园（在我的记忆中，有两个这样的见解是素食主义以及本土纺织的优先地位）。但是至少对我来说，有见解就相当于是形成个人身份认同。

后来，随着我变成了一个更机敏、更老练的安迪亚克人，我形成了一系列与传统观念相对的见解。我开始以“Gruppen Ausgefundener 博士”的笔名在学院的文学期刊上发表一系列的讽刺作品，抨击甚至谩骂校园里长期空谈理论的状态。这些讽刺作品甚至惊动了德高望重的哲学教授乔治·盖格（George Geiger），他居然把我与美国幽默作家佩雷尔曼（S. J. Perelman）相提并论（简直是一鸣惊人啊），这自然让大家都对我另眼相看了。

结果，校园里的知识分子们对我颇为青睐，尽管我感兴趣的是心理学和经济学。在安迪亚克，鉴赏家们很容易辨认。他们穿军用迷彩服（尤其是女性），用黑色的长烟斗吸骆驼牌烟草，夜里在镇上一家黑乎乎的酒吧中喝啤酒，闭着眼睛听约翰尼·柯川（John Coltrane）①在自动唱机上哀号，像波提切利（Botticelli）②一样玩一些小圈子的游戏，三天两头地威胁说要转投哥伦比亚大学或芝加哥大学，经常模仿詹姆斯·琼斯在《永垂不朽》（*From Here to Eternity*）中的奇怪缩约词说“fug”。当我被他们请到那间酒吧去喝酒时，我兴奋得浑身发抖。

亨利·布劳德（Henry Broude）是这些文人雅士中的一员，当时是四

① 先锋派爵士乐中的杰出代表。——编者注

② 欧洲文艺复兴早期的佛罗伦萨画派艺术家。——编者注

年级学生（我是三年级）。他是沃尔德马·卡尔森（Waldemar Carlson）的财政政策课的助教，而正是这门课让我知道了凯恩斯。现在已经是耶鲁大学著名经济学家的亨利，可能不会记得他在读了我为这门课程准备的学期论文之后曾经说过，我可以考虑去读研究生，并且特别提到了哈佛大学或麻省理工学院。诺贝尔奖得主约翰·弗兰克（John Franck）曾经说过，当他听到一个好主意时，他总是会知道，因为那时会有一种恐惧感袭来。我有了这样的恐惧感。在安迪亚克的那些年里，至少还有三件事情对我产生了影响：

第一，就是著名的带薪实习计划。这项计划是由学院最杰出的校长之一阿瑟·摩根（Arthur Morgan）首创的。阿瑟是一位工程师，曾经担任罗斯福的田纳西流域管理局的首任局长。安迪亚克的带薪实习计划是强制的、复杂的、非凡的。你要先在校园里上 8 周课，然后根据一位指导教师的建议，你要决定到世界上的某个地方（通常是较大的中心城市）去工作 12 周，之后再回到校园里上 16 周课。从安迪亚克毕业一般需要 5 年的时间，又过了几十年这才成为国家标准。我用 4 年的时间就完成了安迪亚克的学业，因为按照那里的传统方式，我的四年军中经历足以充抵必修的带薪实习学分。

要想探索理论与实践、言与行、历史创造者与历史研究者之间的关系，把课堂知识与实际工作结合起来是非常好的方法。在校园中盛行的理想主义倾向与职场中不可避免的妥协之间存在着强烈的冲突。

第二，安迪亚克迫使我第一次正视我想要实现个人满足的渴望以及实践安迪亚克校训的冲动。作为安迪亚克的首任校长，霍勒斯·曼（Horace Mann）给这所学校留下的座右铭是：“当你即将离开这个世界时，不会因为对人类没有贡献而羞愧。”这种自我表现与公民责任之间的冲突依旧困扰着我，现在甚至比那时更强烈。

第三，是安迪亚克让我学会了要警惕对生命以及其他神秘事物的笼统解释。尽管安迪亚克有时也会出现形成小团体思想的倾向，但那里有太多相互竞争的思想撩拨着你，以至于你禁不住会形成一种健康的怀疑态度。我的内心想要追寻诗性的真理、世间万物的普适规律，但我的理智却对此加以抵制。西班牙电影导演路易斯·布努埃尔（Luis Buñuel）过去常常说：“我愿意把生命奉献给一个正在寻求真理的人，但我更乐意杀掉一个自以为找到了真理的家伙。”尽管学院的教员当中有一些“忠实的信徒”，但是大多数的教授都是对任何普适真理没有多少耐心的怀疑论者。毫无疑问，在20世纪的头50年里，最大的教训就是妨碍独立思考的普适规律或理论会导致极权主义。我们已经经历了纳粹主义的残暴和弗洛伊德学说的局限。我们还足够年轻，还可以继续追寻真理中的真理。但是在我们失望的内心深处，我们也知道那个“真理”可能给大众带来毁灭。

到目前为止，安迪亚克对我影响最大的是校长道格拉斯·麦格雷戈。在1948年，他离开麻省理工学院来到了安迪亚克。当时他42岁，是一个坦率、随和、衣着随便的人。在麻省理工学院期间，他创建了工业心理学系。我想当时并不存在遴选委员会，要不然就是阿瑟·摩根压根没有理会他们的意见。摩根在麻省理工学院拜访了麦格雷戈，非常喜欢他，随后就请他来安迪亚克当校长。

麦格雷戈在安迪亚克干了6年，让学院发生了巨大的变化。就在他召开的第一次学院大会上，他坦言与作为大学生的4年相比，自己所进行的 4 年心理分析让他收获更多。他还说，他没有学生或教员们所希望的那种最软弱的思想。他认为，当我们以小组的形式进行“目标讨论”时，学校或许应该暂时停课一周。不久，目标讨论开始了（这让那些文人雅士们很吃惊，因为他们觉得这实际上是在“汇集无知”）。这些讨论重新定义了学院的目标，集中了学院的教育愿景，也非常生动地例证了让受变革影响最大的人参与变革，这会对变革产生巨大的推动作用。麦格雷戈去世后，我在为他的一本论文集所写的序言中，这样描述他：

> 一个天生的改革者，一个天生的实验者。他拒绝不加批判地接受现状或传统；或许，他最伟大、最永久的成就就是营造了一种良好的氛围，激励身在其中的学生和老师们不断地去质疑、去挑战，努力地建立一个能让个人终生受益的教育计划……如果说有什么东西是他努力想要克服或摧毁的，那就是一边空谈民主的优点、一边却专制行事的组织习惯。

在 1954 年，麦格雷戈回到了麻省理工学院，去启动一项新的组织研究计划。到了这时，他已经为今天所说的组织行为、人际关系或者人事管理打下了基础。正如他在麻省理工学院的一位同事梅森·海尔（Mason Haire）所指出的，道格拉斯为自己所在的专业领域作出了巨大的贡献：“如果没有他，如今进行中的大部分研究工作都不可能发生。”

如果说是贝辛格上尉拯救了我的生命，那么无疑是麦格雷戈塑造了我的人生。在就读安迪亚克学院的最后一年里，我选修了他开设的“上下级关系与领导力”课程，还有几门群体动力学方面的课程，由他在麻省理工学院的同事、标新立异的心理学者欧文·尼克博克（Irving Knickerbocker）开设。

我喜欢关于麦格雷戈的一切东西，并且在各个方面都极力地模仿他。我开始叼起了烟斗，试着像他一样着装（尽管我的尺码是 38 号，而他的尺码是 42 号），并且申请了到麻省理工学院去读研究生。尽管我几乎完全不知道这会对我今后的人生有怎样的影响。事实上，如果没有他的推荐，我也进不了麻省理工学院；如果没有他的支持，我也不会得到终身职位（他威胁说，如果我的终身教职不能得到一致批准，他就辞职）；没有他，我也不会想到要去当校长；总而言之，如果没有他，我的人生就不会是现在这样。

在最近的一次访问中，英国记者戴维·奥茨（David Oates）谈到了我与家庭的疏离，并且引用了我的这样一段话："在让学校的老师把我当儿子一样宠爱这一点上，我可以说是厚颜无耻的。我一直被父亲般的知识分子收养着，不顾脸面地巴结着那些良师们。"听起来很可怕，是不是？我知道，"巴结"这个字眼有些骇人听闻。在不否定这些坦白的情况下，我愿意把它们重新组织一下：我的确在自己的领域中结交了一些大人物——道格拉斯·麦格雷戈、卡尔·罗杰斯（Carl Rogers）、亚伯拉罕·马斯洛（Abraham Maslow）、埃里克·埃里克森、彼得·德鲁克以及其他一些人。尽管我并不是不关心他们的庇护在专业上意味着什么，但事实是，我无法抗拒他们的思想和品格的力量。天才对我的吸引力太强烈了，这或许是因为我觉得自己太平凡了。

麻省理工学院的"米利瓦尼利"

1951—1956

麻省理工学院不同于安迪亚克，就像坎布里奇市不同于耶洛斯普林斯。我在安迪亚克全优的成绩以及道格拉斯写满3页纸的推荐信，是我被麻省理工学院的经济学系录取的唯一原因。在这里，我选修了代数学和基础物理学；仅此而已。我在麻省理工学院的大多数同学都学过了高等微积分，至少都知道集合论的入门知识，都明白什么是马尔可夫链[①]，都精通布尔代数[②]。在对我的第一次面试中，作为当时的招生负责人，经济学家查尔斯·金德尔伯格（Charles P. Kindleberger）概括地介绍了我必须要补上的一些课程，并且坦白地承认说："看到你的申请时，我们并没有高兴得跳起来。"这是一个令人沮丧的意外。

麻省理工学院是一杯令人困惑的鸡尾酒，其中混合了数学、科学哲学、鲍勃·毕晓普（Bob Bishop）的微观经济学、杰出的保罗·萨缪尔森（Paul Samuelson）的经济学、鲍勃·索洛（Bob Solow）的工业统计学、佛朗哥·莫迪利亚尼（Franco Modigliani）的消费经济学、沃尔特·罗斯托（Walt Rostow）的经济史（我唯一真正得优的一门课程）。来个突然测验：在上面这些人当中有三位诺贝尔奖得主，都是谁呢？

但是，在这里还有讲授劳动经济学的乔治·舒尔茨（George Shultz）以及小群体实验最杰出的设计者亚历克斯·贝弗列斯（Alex Bavelas）。随后，这里还有另一位早期的导师赫布·谢泼德（Herb Shepard）。作为我在麻省理工学院期间最幽默的一位教授，他让我认识到群体是真实存在的，即使他们并没有核心；他还让我知道了哈里·斯塔克·沙利

① 因安德烈·马尔可夫（A. A. Markov，1856—1922）得名，是指数学中具有马尔可夫性质的离散事件随机过程。该过程中，在给定当前知识或信息的情况下，过去（即当前以前的历史状态）对于预测将来（即当前以后的未来状态）是无关的。——编者注

② 起源于数学领域，是一个用于集合运算和逻辑运算的公式。——编者注

文（Harry Stack Sullivan）①、卡伦·霍妮（Karen Horney）②、欧文·戈夫曼（Erving Goffman）③、诺伯特·维纳（Norbert Wiener）④、亨德森（L. J. Henderson）⑤、埃尔顿·梅奥（Elton Mayo）⑥、沃尔特·坎农（Walter Cannon）⑦以及很多正在发展电子网络的人；换句话说，就是这里有很多正在创造今天的人。

一个多么耀眼的群体！我有时感到迷惑，时常会感受到威胁；我已经被这些新的同行们彻底超越了，其中包括和我一样的研究生（当时经济学系没有女生，加拿大人也很少）。我可能真的是基础最差、最不喜欢数学（萨缪尔森很厚道，他说我缺乏"数学嗅觉"）的一个，也是唯一一个真的纳闷自己怎么会来这里的人。一个痛苦的事实是，在萨缪尔森的研究生课上，每当他开始总结，说出"嗯，这就是双头垄断理论"之类的话时，他都会看着我问："沃伦，你听懂了吗？"如果我点头表示听懂了，他就知道他可以毫无顾虑地继续讲解下一个深奥的要点了；毫无疑问，课上的其他同学早就已经明白了。

为了完成博士学位计划（有时是经济理论与社会科学的混合），我开

① 美国精神病医生和精神分析理论家、新精神分析学派代表人物之一。——编者注

② 医学博士，德裔美国心理学家和精神病学家，精神分析学说中新弗洛伊德主义的主要代表人物，是社会心理学的最早的倡导者之一，她相信用社会心理学说明人格的发展比弗洛伊德性的概念更适当。——编者注

③ 加拿大社会学家和作家，也是美国社会学协会的第 73 任主席，对社会学理论作出过重大贡献。——编者注

④ 美国应用数学家，控制论的创始人，在电子工程方面贡献良多。——编者注

⑤ 一位美国医师，同时又是生理学家、哲学家和社会活动家。——编者注

⑥ 美国管理学家，原籍澳大利亚，早期的行为科学——人际关系学说的创始人。——编者注

⑦ 美国生理心理学家，也是美国 20 世纪贡献最大的生理学家之一。——编者注

始记忆和模仿。我不认为我真的理解了瓦尔拉斯一般均衡理论（Walrasian General Theory of Equilibrium）[①]说的是什么，但我完全可以记住相关的公式。我模仿我的教授以及那些最聪明的同学们。在大约两年的时间里，我一直照着听到的内容“对口形”——米利瓦尼利（Milli Vanilli）[②]二人组的风格。最终，在我的嘴唇上形成的言词出现得更加自然了，但我还是常常会想我是不是在拿自己开玩笑，我是不是应该试着干点别的。

或许我们大多数人都有过对口形的学习经历，但我常常会发现这个过程非常令人困惑。有时候我会模仿赫布·谢泼德，平易近人、有同情心、容易激动；而有时我会学鲍勃·索洛，严厉、刻薄、非常清醒。有时我的榜样是在哈佛大学教社会学的塔尔科特·帕森斯（Talcott Parsons）[③]（根据麻省理工学院与哈佛大学之间的一项协议，我有一半的社会学课程是在哈佛上的；这项协议如今可能仍在实行），他有很多方面是萨缪尔森想象不到的。帕森斯是一个韦氏社会学家，喜欢使用新词或新的表达法；在我们的圣诞节表演中，研究生们给他起了个外号“大嘴”。有的时候，我的榜样是亚历克斯·贝弗列斯，他在设计小群体实验方面有着格雷茨基般的感觉，非常敏锐、非常聪明、非常有魅力。

我模仿过他们中的每一个人。当我开始给本科生上课时，我始终不

① 1874年由法国经济学家瓦尔拉斯在他的《纯粹经济学要义》中创立。瓦尔拉斯认为，整个经济体系处于均衡状态时，所有消费品和生产要素的价格将有一个确定的均衡值，它们的产出和供给，将有一个确定的均衡量。他还认为，在“完全竞争”的均衡条件下，出售一切生产要素的总收入和出售一切消费品的总收入必将相等。——编者注

② 20世纪八九十年代在美国名噪一时的两人乐队，后来被发现他们在舞台上是对口形假唱。——译者注

③ 美国社会学家，结构功能主义的代表人物，对社会学的发展作出了极大的贡献。——编者注

知道那一天我会模仿谁或者我的腔调听起来会像谁。有的时候，我觉得自己就是一个彻头彻尾的骗子。尤其是有一天，保罗·萨缪尔森偶然在课上提到了一本微观经济学方面的书，很贵，但不是必读书，而我却赶忙跑到哈佛书店去买了回来。这本书的书名是《少数企业之间的竞争》（*Competition among the Few*），作者是斯坦福大学的教授蒂伯·西托夫斯基（Tibor Scitovsky）。书的价格是 5.95 美元，而我在格雷街的小公寓的租金仅为每周 9.00 美元。当我把自己的哈佛书店信用卡递给店员时，自我怀疑让我变得头昏眼花。我在做什么？为了模仿偶像，就胡乱买一些自己几乎看不懂的书，因此变得身无分文吗？

我用不到一年半的时间就完成了自己的学位论文——考虑到我的精神状态，这多少算是一个奇迹。在这之后，我以助教的身份教了一个学年（1955—1956 年）的社会心理学，随后就离开了那里，因为当时系里有规定：本系毕业的学生，必须先在别处任教至少 5 年以上，然后才有资格回来任教。

实际上，我很愿意离开。要不然的话，每当在走廊里碰见保罗·萨缪尔森时，我还得结结巴巴地叫出他的名字。另外，我也开始怀疑麻省理工学院用来探求真理的精确、定量的方法不仅是我无法理解的，而且也是有局限性的。在 20 世纪 50 年代，逻辑实证主义席卷了整个社会科学领域，社会科学界普遍相信有关人类行为的所有可证明的真理都可以科学地预测。当时我就不太相信这一点，如今就更怀疑了。不管是多么小心翼翼获得的，事实很少有不容置疑的。另外，我已经厌倦了与本能的冲动抗争；我天生就想给手边的材料赋予诗意，让它们有独具特色的形态，这一点早在我上夏勒小姐的 8 年级课时就显露出来了。

让我最害怕的不是自己的能力不足（我始终在考虑这一点），而是我会变成我的老师们的影子，毫无生气和活力地继承他们威严但陌生的观点。另外，我已经非常厌倦模仿和重复别人的论调。

有起色的人生，贝瑟尔、波士顿和“智慧的圈子”

1955—1967

在麻省理工学院的最后一年里，我的人生渐渐有了起色。现在那是一团混乱的记忆，但是我的新职业似乎正在萌芽。这个新职业并不那么明显。尽管名义上我有经济学的学位，但是在内心深处我知道自己是一个通才。在坎布里奇市的聚会上，一个人的专业就是身份证，而当我在那种场合跟别人说我的专业是经济学时，我时常会脸红。我往往只是含糊地说我在麻省理工学院讲过课，但即便如此，大家也会报以表示尊重的肃静，就好像那足以作为身份和地位的证明。

没有清晰的职业身份，这种状态也有自己的优势。我就像是墨迹测试中的一团，别人可以把自己的需要投射到我身上。比如有一次，一本在布兰迪斯大学（Brandeis）发行、略微有些激进的期刊的编辑打电话给我，问我是否愿意加入他们的编辑委员会。我很高兴地答应了。后来这位编辑卢·科泽（Lew Coser）告诉我，他们之所以请我加入，关键原因在于，这本期刊需要在刊头的编者名单中有一个非犹太教徒，而来自麻省理工学院的看起来尤其合适。我确实挺喜欢这份编辑工作，但更重要的是，我们的编委会会议让我与一群对观点更感兴趣的学者建立了联系，比如科泽和他的夫人罗斯（Rose）、库尔特·沃尔夫（Kurt Wolff）、莫里·斯坦（Maury Stein）等。在布兰迪斯大学，圈内的朋友都把我看成是经济学者，而在麻省理工学院，我通常被看成是一个社会心理学者。不必讲清楚自己是干什么的，这对我来说挺好。

在1955年，我受邀来到了缅因州的贝瑟尔国家培训实验室在夏季的总部。在贝瑟尔，人人都在忙活一项叫作“T团队”（T代表training，培训）的社会创造。国家培训中心是值得尊敬的心理学家库尔特·莱温（Kurt Lewin）在1947年创建的；这里充满了智慧的活力和兴奋感，一些关于群体本质的重大发现就在这里发生。

贝瑟尔异常幸运：在47岁的莱温英年早逝之后，又有三位真正的社会改革者来到了这里。罗纳德·利皮特（Ronald Lippitt）、肯尼思·贝恩（Kenneth Benne）、利兰·布拉德福德（Leland Bradford），他们每个人都给贝瑟尔带来了自己特有的天赋。作为一个年轻而又杰出的社会心理学家，罗纳德·利皮特贡献了他在学术上的严谨以及方法上的老练。作为贝瑟尔的常驻哲学家，肯尼思最能清楚地表达这里非凡的精神。他是一只非常聪明的“狐狸”，教会了我很多东西。把这一切结合起来的是利兰·布拉德福德；他是一个第一流的、有远见的管理者，在让一个充满了梦想者的研究机构流畅运转的同时，他自己也在不断地梦想着。

参与贝瑟尔领导的“T团队”，是一次疯狂的、令人兴奋的经历。在两周的时间里，一群陌生人组成了一个团队，并被要求忘掉日常生活中的角色、限制以及规范。他们尖叫、狂笑、哭泣、交谈：你根本不知道接下来会发生什么。在贝瑟尔的小乌托邦中，我发现了当控制平日生活的通常机制不存在时，生活可能会变成什么样子。随着小组的发展和演化，我看到了我们怎样寻求结构和支持、怎样在某些个体面前畏缩、怎样让我们自己与别人合作。我还认识到了我们对权威的态度隐藏得多么深，又是多么顽固。

在这种高度紧张的气氛中，我有时候已经被自己的所见所感压倒了。**当一个群体真的团结在一起时，当沟通自由、生动、诚实时，你实际上可以感觉到我们之间的联系就像大树缠绕的根一样，在伸展、在加深。**我有时会觉得我们的身体也以某种方式连接了起来，就像孪生兄弟那样，以至于情绪会在小组成员之间传播，从而促成了某种更优良的社会有机体。让这个典型的小群体学术实验室中发生的一切看起来就像黑白电影一样单调，这是一件令人兴奋的事。

那一年的晚些时候，我与赫布·谢泼德就“自然群体”发表了两篇文章，描述了我们在贝瑟尔亲身经历的群体发展的阶段。这两篇文章紧挨着发表在当时最权威的社会心理学期刊《人际关系》(*Human Relations*)上。不用说，我们并没有提到缠绕的树根或者孪生兄弟。

尽管当时我并没有意识到，但现在看起来很显然的是，第二次世界大战后活跃起来的群体动力学研究，既是对并不久远的过去的响应，也同样是走向未来的一次飞跃。而且我现在相信，那在很大程度上是针对希特勒的反应。

在这个领域中，至少有两个杰出人物——库尔特·莱温和弗里茨·雷德尔(Fritz Redl)，是从希特勒的恐怖统治中逃出来的犹太难民。看起来几乎不可避免的是，由于对魅力型领导者的破坏力(包括他们奴化追随者的能力)有着亲身的体会，所以他们对民主的群体形成了坚定的信念。莱温及其学生们早期的那些实验，现在看来几乎都是预先就确定要证明民主的群体不仅在心理学上更完美，而且也是更有效率的，尤其是在复杂多变的情况下。对听到了在纽伦堡为希特勒欢呼的非民主群体发出的不祥的吼声的一代人来说，认为民主群体更有优势的理论很能引起他们的共鸣。

从我离开麻省理工学院到我在1959年回去，这中间的三年我一直在波士顿大学授课。我主要是与肯尼思·贝恩、鲍勃·陈（Bob Chin）以及波士顿大学心理学系的系主任内森·麦科比（Nathan Maccoby）合作。我同时还在哈佛大学与弗里德·贝尔斯（Freed Bales）、菲尔·斯莱特（Phil Slater）以及特德·米尔斯（Ted Mills）一起授课，并与威尔·舒茨（Will Schutz）以及蒂姆·利里（Tim Leary）（他们俩都是哈佛大学的老前辈）一起从事群体研究。另外，我还和心理分析学者埃尔温·泽姆拉德（Elvin Semrad）一起，在被人嘲讽地称为“波士顿精神病院”的地方从事这方面的研究。

在那时，我还在继续让一位波士顿大学培养出来的心理医生给我做为期6年的心理分析。对你们当中那些不了解20世纪50年代的治疗学和民俗学的人来说，那意味着真正的、正统的弗洛伊德学派的心理分析。我的心理医生每50分钟就给分析对象换一次枕套。

那是我人生中充实、兴奋、迷人的一段时光。似乎只有我的母亲不怎么欣赏我正在经历的一切。我知道她不喜欢我要在一个“外人”面前敞开心扉的想法，但她唯一的反应就是问我给了那个医生多少钱。我告诉她，最初的三年里是每小时3美元，之后是每小时15美元。“那你一星期去几次呢？”她追问道。我告诉她，最初的三年里是一星期5次，后三年里是一星期4次。她沉默了几分钟之后说：“哎哟……那可是相当多的一笔钱啊！”又过了一会儿她说：“儿子啊，要是你把那笔钱花在自己身上该多好！”

在 1959 年，道格拉斯·麦格雷戈邀请我回到了麻省理工学院。当时，他在新成立的斯隆管理学院负责一个系。他已经招募到了一个令人敬畏的团队：先是唐·马奎斯（Don Marquis）和埃德加·沙因（Edgar Schein）①，之后是比尔·埃文（Bill Evan）、佩尔·瑟尔伯格（Per Soelberg）、汤姆·艾伦（Tom Allen）、梅森·海尔、哈里·莱文森（Harry Levinson）、鲍勃·卡恩（Bob Kahn）、戴夫·伯鲁（Dave Berlew）和弗里茨·斯蒂尔（Fritz Steele）。

在波士顿大学和麻省理工学院的岁月是我学术生涯中最美好的时光。我的成果是巨大的——从设计严谨的小群体沟通方面的实验，到斯诺（C. P. Snow）的“两种文化”之间的分裂的心理分析解释。与肯尼思·贝恩和鲍勃·陈一起，我出版了我的第一本书《变革规划》（*The Planning of Change*）。我还与埃德加·沙因、戴夫·伯鲁以及弗里茨·斯蒂尔一起合作，出版了另一本探讨人际互动的书。

这两本书后来出到了第四版，但比它们的成功更令人兴奋的是作为团队成员的工作经验。有时候，当一群有才能的人走到一起时，即使只是短暂的合作，也会发生奇妙的事。团队的成员们可以相互激励，互教互学。当一切进展顺利时，这种富有创造力的协作就可以促成某种重要的东西。25 年前，我曾经向在哈佛演讲的玛格丽特·米德提及了这一现象。她回答说：“你来写一本这方面的书吧，就给它起名为《智慧的

---

① 世界百位最具影响力的管理大师之一，企业文化理论之父，企业文化与组织心理学领域的开创者和奠基人，其主要代表作《新职业锚》中文简体字版已由湛庐文化策划、中国人民大学出版社出版。——编者注

圈子》。”最终，那就是我目前正在做的事。

管理与领导力的实践者，纽约州立大学布法罗分校

1967—1971

就像很多人一样，我到布法罗去朝圣，很大程度上是因为马丁·迈耶森（Martin Meyerson）大胆的梦想以及哄骗。我先去参观了纽约西部的校园；稍后，在波士顿毕肯山我的家里，我问马丁他为布法罗定的目标是什么。一向考虑周密的他踌躇了片刻说：“作为一所大学，它要成为一个吸引我的地方，使我愿意在完成管理职责后在这里做一名教授。”

在接下来的6个星期里，我花了大部分的时间来决定是否该离开波士顿去迈耶森在伊利湖畔的宏伟实验场。那是一段非常折磨人的时间，而且更让我焦虑的是，在第一次去布法罗回来之后，我的妻子流产了，躺在床上休养了很长时间。在我的记忆里，那年深冬去布法罗实在是一次令人筋疲力尽的旅行。天哪，太冷了！当我在布法罗国际机场走下滚梯，一头扎进凛冽风雪的白色漩涡中时，我能想到的就是某人的恶毒评论：布法罗的夏天是三个星期糟糕的滑冰。实际上，那里的夏天很可爱，因为只有在那里，你才会充分地理解夏天的美好。

当我宣布我正在考虑是否该去纽约州立大学布法罗分校担任教务长时，我在斯隆学院的同事们都反应冷淡。他们对任何一所大学里的行政管理工作都抱着近于蔑视的态度。“天哪，”一个同事问道，“为什么你想把自己的时间浪费在来来回回地搬文件上呢？”我很难向他们解释我正在经历的一切，但如今我意识到那是一个真正的转折点。不仅要讲授和研究管理与领导力，而且还要亲身去体验，这种需要深深地困扰和折磨着我。

正如莎士比亚所说的，我想知道“鹰和苍鹭的不同”。

我向可能给我些建议的每一个人求助。我记得在1967年3月初的一天，我给哈佛大学的戴维·里斯曼（David Riesman）打去了电话。当布法罗分校还是一所私立大学时，他曾经在那里的法学院任教；而且，他正在就一些社会科学方面的问题向迈耶森提出建议。关于学校的学术状况，他给了我一个现实的评价（很多系普普通通；有些系是第一流的，包括古怪但富有创新精神的英语系）。他还向我描述了布法罗的工业景观：“在铁灰色天空的映衬下，工厂的大烟囱喷吐着黄绿色、深黑色、紫红色的烟柱。”

仍旧不知所措的我又去求助于在哈佛商学院的一个朋友，他是研究决策的数学模型的。他说他曾经遇到过相似的处境，并因此到院长那里去寻求建议。“为什么你不用数学的方法来找出答案呢？”院长问他。当回忆起自己当时愤怒的反应时，我的朋友带着哭腔喊道：“但是这非常重要啊！”

迈耶森继续着他不失尊严的说服活动。作为一个招募者，他的优秀天赋在于，他能把布法罗所有显而易见的缺点说成是令人兴奋的挑战。跟他一起工作是何等的乐事啊！迈耶森有着非常机敏的头脑和开阔的思路；他能同时考虑好几件事情。此外，他似乎认识每一个人。我就是从他那里学到了关系网的重要性。

在招募时，迈耶森的锦囊妙计就是一个的确非常宏伟的愿景：把布法罗从一所平庸的大学变成一个学术乐园，就像他喜欢说的“东部的伯克利”。他的那些想法非常诱人：权力的分散化，在功能上类似于内部

“学术小区”的很多新学院，面向城市研究、高等教育以及其他重大问题的校属研究中心，一个从头开始建设的新校园，等等。这是一个非常有吸引力的梦想，倾向于驱走我对布法罗天气的恶劣以及缺乏好书店抱有的看似微不足道的疑虑。

在考虑是否该去布法罗的同时，我还在考虑另外两个邀请：一个来自索尔克研究院（Salk Institute），另一个是让我到南加州大学去当学术事务副校长。在我左右权衡这些选择时，现实生活打断了我的思考：一天早上起来我发现，有人闯进了我的家，偷走了我们挂在门厅里的大衣。

波士顿的冬天在那一天结束了。在早春芬芳空气的诱惑下，我走出了家门，高高兴兴地去商场逛了一圈，买了一件新大衣——店里最厚重的羊驼毛防寒大衣。

很显然，我还没有意识到自己已经下定了决心。几乎在这同时，迈耶森挑选的另外两个教务长候选人已经同意去任职了。一个是《哈珀斯杂志》（*Harper's*）和《地平线》（*Horizon*）的编辑埃里克·拉腊比（Eric Larrabee），他成了文学和艺术学院的教务长；另一个是在哈佛大学任副院长的卡尔·威伦布罗克（Karl Willenbrock），他同意出任布法罗工程学院的教务长；还有 4 位教务长从原有的教职员中聘任。

拉腊比、威伦布罗克和我在秋天来到了布法罗，就像加入十字军远征的王子一样乐观、自信。尽管只有威伦布罗克是一个有经验的行政管理者，但经验的相对缺乏丝毫没有吓住我们。我们确信在这个学术乐园里，创造力要比传统的训练和通常的背景更重要。迈耶森已经再三强调了这一点。事实上，如果他的非正统训练的概念是哈佛大学的学位，那就随他去吧。我们丝毫不怀疑我们能解放布法罗。

我们的确适合各自的角色。在布法罗，你不必发表自己的时尚宣言。在冬季的大部分时间里，街上的行人个个都很像那个米其林的卡通人。但是我们三个也有风格，甚至是派头。我还记得我们前去参加第一次教务长会议时的情景。在会议开始之前，威伦布罗克请我到他家吃早餐。那栋房子是他来到布法罗之后买的，非常便宜，而且是由世界著名设计师弗兰克·劳埃德·赖特（Frank Lloyd Wright）设计的。吃过早餐，我们坐进了他的那辆白色保时捷敞篷跑车（这无疑是非本地人的一个可靠标志——生活在纽约州北部的人往往喜欢前轮驱动的汽车，而且车身的颜色大多是鲜艳的色彩，而不是会融在雪中的白色）。就在我们将要开车离去时，威伦布罗克的妻子米莉出来送我们，还给我们拿来了抵御寒风的贝雷帽。

我们先到了拉腊比的家（旁边就是迈耶森的家，两栋房子也都是弗兰克·劳埃德·赖特设计的）。埃里克正在等我们，高贵的头上顶着卷边毡帽，手里拿着一把收起的雨伞。我记得，当我们在九月温暖的阳光中开车前往校园时，我的心情是多么的愉快。我深信，我们至少集中体现了布法罗的新面貌。当我们行驶在绿树成行的校园里时，只有上帝知道本地人怎么看我们。我确信在有些人眼里，我们肯定就是非常时髦的入侵者的先遣部队。

在任教务长的第一年里，我聘任了 9 位新教授和两位新系主任，基本上彻底改变了社会科学学院的领导结构。全校新增了 45 个全职岗位（在布法罗目前的全体教职员中，有大约 75% 的人是迈耶森当校长时任命的），我自己为这些岗位面试了超过 30 位候选人。新来的人基本上是一个自主选择的群体，都致力于迈耶森的信条——创新、冒险和卓越。

在那第一年里，布法罗就已经有点像学术乐园了。当我们这些教务长围坐在校长的会议桌旁时，我们已经做好了创造奇迹的准备。不过，偶尔也会有一些信号表明不是人人都拿我们当回事。一天早上，我发现有人在我的衣帽架上挂了一件蝙蝠侠的披风（我不愿意穿作为学校统一冬装的软毛风雪大衣，而是换了一件我认为非常活泼的蒂罗尔披风）。这个匿名的批评者说对了一点。那年办公大楼中的选择错觉就是无所不能的幻想。

偶尔的怀疑悄然袭来。在我的教务长年终报告中，我概述了我们正在进行的雄心勃勃的重组的最佳状态，但也警告说“这些优势个个都可能在一夜之间变成障碍和难题”。但是，我很少这样有所保留。

致力于大学改革的努力也影响了我的家庭生活。我们家里总是挤满了我们极力地想挖到布法罗来的学术巨星和有前途的新秀，还有那些我们疯狂地结识的布法罗人。正如一个爱开玩笑的当地人所说的，我和妻子总是在招待“200多位最亲密的朋友”。在搬到布法罗的第一年里，我们家就举行了65次聚会——有在庭院里的早午餐会，也有下午的葡萄酒和奶酪餐会，但最多的是正餐宴会。

在那一年春天的晚些时候，当我正趁着难得的片刻宁静坐在院子里看报纸时，我4岁大的女儿凯特走了过来。她一脸沉思的样子。我问她在想什么。她说，她在想自己长大了要干什么。“那你想好了吗？”我问道。她犹豫了很长时间，然后说：“等我长大了，我想做一个客人。”我一下子抱起她大笑起来。然而稍后，当那里就剩我一个人时，我哭了。4岁的凯特想长大了做一个客人，这就像精神病医生的孩子想长大了做一个病人一样。凯特的话并不怎么机灵，但很真实而且令人非常心酸。

我在布法罗学到了很多，但我没有学会怎样把亲昵与雄心结合起来。如今我仍然没有学会。叶芝写道：“人的智力不得不去作出选择；生活的完美，或是工作的完美；如果选择了后者，就必须摈弃天堂似的公馆，在黑暗中拼搏。”在现实生活中，这种进退两难的困境甚至更加折磨人，因为被迫在黑暗中拼搏的往往是我们所爱的人。

就像约翰·肯尼迪的白宫圣地一样，我们的学术乌托邦只持续了大约 1 000 天。到了 1970 年，我们想要改造大学的企图被席卷全国的学潮打断了。有一天，600 多名全副武装的防暴警察出现在了校园里。准备用武力对付在抗议中过火的学生。那已经不再是我们任何一个人所知道的学术生活了。布法罗的一个学生制片人记录下了那个动乱的学期，并给自己的作品起名为《安迪不能去上大学了》。常春藤名校联盟的讲堂里充满的不再是几年前的乐观，而是催泪瓦斯尚未散尽的气味。

领导力箴言
MANAGING THE DREAM
REFLECTIONS ON LEADERSHIP AND CHANGE

在组织中，我们大多数人真正想要得到的是认同、友爱和自尊。当所有成员的自尊得到保护和强化时，组织就更容易顺应变革。

总之，布法罗的迈耶森精神被改变了的政治和经济现实打败了。不过，我们有一些欠妥的做法也是导致失败的因素，尽管我们是无意的。反思我们在布法罗的失误，这永久地改变了我对变革的看法。马丁·迈耶森具备了有效领导者必须具备的第一样东西——一个有影响力的、能够传达给他人的组织愿景。但是，**除非得到行动的支持，否则一个愿景很快就会化为泡影。**

迈耶森的梦想从来就没走出过办公大楼。我们后来才认识到，我们在无意中一点一点地破坏了我们最想得到的东西。我们的行动甚至是风格倾向于疏远那些将会受变革影响最大的人。不能正确地认识原有组织成员的重要性，这是一个典型的管理错误，也是新来的变革取向的管理者特别容易犯的一个错误。我们无疑是犯了这样的错误。开着保时捷，戴着贝雷帽，我们的行为举止就好像那所学校在我们到来之前并不存在一样。

既成的组织都是有历史的。一个新的管理团队不能扮演诺亚，不能用自己亲手挑选的各个学科的代表来建立一个全新的世界。关于新开端的讨论有太多的空谈——对怀疑新世界就意味着他们将失去职位的人来说，那些夸夸其谈令人恐惧。在布法罗，我们这些新来者忽视了历史。但是如果没有历史，如果没有连续性，成功的变革就不可能发生。对此，怀特海的评论最为准确：

> 每一位领导者，要想有效力，必须既能够尊重传统和稳定性，又能够推动修正和变革。

在组织中，我们大多数人真正想要得到的（也是金钱、地位和权力所服务的）是认同、友爱和自尊。当所有成员的自尊得到保护和强化时，组织就更容易顺应变革。在经济自足的前提下，不管人们说什么，他们能留在组织中并感到满意，是因为他们感到自己能胜任并且受重视。变革会带来丧失这些东西的威胁。当管理者消除了这种威胁时，人们就会更放心、更彻底地融入到适应的过程中，并且更能承受伴随变革而来的高度的不确定性。

当我想到布法罗时，我就会想到那个笑话：“换一个电灯泡需要多少个精神病医生？”答案是：“一个，但那个灯泡必须真的愿意被换掉。”**当组织的成员愿意改变时，组织才能改变自身。**你不能强迫他们改变，即使你穿着蝙蝠侠的披风。

做领导型校长，辛辛那提大学

1971—1978

在离开布法罗之后到一所大学去当校长，这是合乎逻辑的一步。我的名字开始出现在校长遴选委员会（在接下来的20年里，我渐渐熟悉了这些临时机构）的会议上。在1970—1971年，我的名字先后出现在了几份最后候选人名单上；在1971年秋天，我成为了辛辛那提大学的校长。

上任后不到一年我就遇到了一个关键时刻。我坐在校内的办公室里，焦头烂额地处理着桌上堆积如山的文件。当时是清晨4点。筋疲力尽的我居然小声嘀咕说：“要么是我管不好这地方，要么就是这儿无法管理。”坐在那里，我想到了一个朋友，也是我以前的同事，他曾经是国内一所顶尖大学的校长。在上任之初，他也是满怀激情和憧憬。但是没过几年他辞职了。“我根本没有时间去做自己想做的事。”他解释说。

安静地坐在那里，我意识到我已经变成了一个巨大的、无形的、不经意的共谋的牺牲品，我无法去为改变现状做任何事情。更不幸的是，我自己也是首要的共谋者之一。这一发现让我想出了“本尼斯伪学院动态学第一定律”：日常工作会赶走非日常工作，扼杀一切有创造性的规划以及这所大学里（或者任何一个组织中）的一切根本变革。

各种不利的迹象包围着我。例如，在那一天的邮件中有150封信需要回复。其中有 1/3 的信件涉及我们年轻的教务长亨德里克·吉迪恩斯（Hendrik Gideonse）。他的工作很关键——要改革教师们的教学方式，要在学校与我们招生所面向的周围社区的高中毕业生之间建立新的关系。但是，这些信件说的不是教育，而是一个小婴儿，是吉迪恩斯 10 周大的儿子。年轻的教务长努力想保证自己的孩子能像自己一样充分地发挥潜力。因此，每周有两天他会用便携摇篮把孩子带到学校，就放在办公桌上。当地的报纸在头版登出了吉迪恩斯和那个小家伙的故事，还配了照片。电视台也播出了这个故事。结果，我的信箱就开始装满了强烈要求我解雇吉迪恩斯或者至少告发他虐待儿童的信件。我的答复是，如果这样吉迪恩斯能照顾好孩子并完成本职工作，那么就像林肯对待格兰特的威士忌一样，我会很乐意再送几个婴儿给他收养。但是毫无疑问，这件事浪费了我不少时间。

在我的桌上还有一个教授写来的短信，抱怨说教室的温度已经降到了 18℃。有人曾经说过，想领导一群老师，这就像放牧一群猫。这个教授希望我做什么呢？让我拿上扳手去修供热系统吗？一位家长抱怨说，在英语课选用的菲利普·罗斯（Philip Roth）的作品中，有那个以 F 开头的脏字。田径教练希望我亲自过去看看跑道有多烂。

这些还都是容易处理的。在那一年里，我有大约 20% 的时间都花在了一所综合医院的问题上。这所医院由辛辛那提市所有，但由我们大学管理，是我们医学院的附属医院。在征得了一群晚期癌症患者的同意后，医院对他们实施了可能改善病情的全身放射治疗。因为对评估核战争对人类的影响有兴趣，所以五角大楼资助了这项研究。

就像婴儿事件一样，这件事也变成了一个大新闻，一些报道非常不负责任地把这项癌症研究与纳粹的人体实验相提并论。在根据一个特别工作组的建议对实验设计做了些改变之后，这场风波总算平息了。但是到了那时候，我已经在这个与本校的首要目标没多大关系的问题上浪费了太多时间，而且还被指责干涉了学术自由。

那个清晨，在我乱糟糟的办公室里，我有了一些深刻的领悟。**我意识到，从现在开始，我的首要行为榜样将必须是我自己。我决定要成为一个领导型的校长，而不是管理型的。**这是一个很重要的区别。很多组织的管理不错，但领导却很糟糕。他们擅长处理所有的日常工作，但却从来不问是否该把这些日常工作摆在第一位。

身陷琐事还让我有了另一点认识：人们在遵循过去军队的游戏规则。他们不想对他们应该作出的决定承担责任。“让我们把艰难的决定推给上头”已经变成了座右铭。结果，大家都把“尿湿的婴儿”（国务院的那些老手们都这样戏称棘手的难题）丢在我桌上。我当时就决定，我的首要任务是组建一个“精英管理团队”来管理我的办公室。入选这个团队的唯一要求是，入选者必须比我更了解他的特长领域，必须要乐意处理日常事务，不能再把它们推回给我。我要抽出时间去领导。

我认识到，我一直在做很多领导者都在做的：我努力想要扮演组织的一切角色——父亲、修理工、警察、巡视员、拉比[①]、治疗师、银行家。正如一个有着类似遭遇的首席执行官后来跟我说的：“如果我在车间里巡视，看见堤坝上有一个小洞，那我就得拿手指去堵上它。”试图扮演一切

① 犹太人中的一个特别阶层，是老师也是智者的象征，指接受过正规犹太教育，担任犹太人社团或犹太教教会精神领袖或在犹太经学院中传授犹太教教义者，主要为有学问的学者。——编者注

角色，这正在让我偏离真正的领导，耗尽我的精力。或许最糟糕的是，这正在剥夺我手下所有潜在领导者去学习、去证明自己的机会。

在那之后情况有了好转，尽管从来没有接近理想状态。当我回顾自己在辛辛那提大学的经历时，我会拿它与我的心理分析相比：我既不愿意错过它，也不愿意再经历一次。在成为一位领导者的过程中，我对领导力以及自身有了很多重要的认识。正如索福克勒斯在《安提戈涅》中所说的："除非在最高权力的地位上经受了考验，否则任何人都很难了解自己的心灵或精神。权力可以检验一个人。"

掌握领导的权力让我明白了三条个人真理。

第一条个人真理是：从理智上来说，我知道领导者不能也不应该指望被喜欢。正如歌中所唱，我是在"完全错误的地方寻求别人的喜欢"。但是，我严重低估了愤怒的组织成员的情感冲击。我相信了一个虚假的幻想，以为只要大家真正理解了我，他们就会喜欢我。我把这叫作"伦尼·伯恩斯坦（Lennie Benstein）综合征"。作为伯恩斯坦的朋友兼同事，纳德·罗勒姆（Ned Rorem）回忆了"伦尼"当年对《纽约时报》上的一篇负面评论是多么的愤怒。"他不喜欢我。"伯恩斯坦说那个评论家。罗勒姆友善地指出，他真的不能期望人人都喜欢他。听了朋友的见解，伯恩斯坦愣了片刻。"唉，对啊，"伯恩斯坦终于让步说，"那是因为你不可能让每一个人都满意。"

甚至比不被喜欢更糟糕的是不被理解。我发现那太令人沮丧了，以至于我开始对忧郁症的社会因素形成了一个全新的理论。这是我在 1976 年的某一天想到的。出去募集资金的我正飞回华盛顿特区，在飞机上随手翻看着美国航空公司的机上杂志《美国方式》(*American Way*)。突然，我看到了一篇引人入胜的特写，内容是在美国迎来两百周年纪念时，各种各样的美国名人会把哪些东西作为美国的象征放进史料和文物收藏室中。第一位名人是宇航员尼尔·阿姆斯特朗，他选择的是一张信用卡（我不记得它是象征什么了）。

让我非常吃惊的是，在1976年，阿姆斯特朗竟然认为信用卡是美国的象征。同这个国家在空间技术上的巨大成功相比，信用卡似乎太微不足道了。出于纯粹的偶然，在我当晚回到辛辛那提之后，我去参加了一个聚会，而阿姆斯特朗恰好也受邀前来了。我忍不住向他问起了杂志上的那篇文章。我对他说，我不能理解他为什么没有选择他那著名的月球行走或者与那次有历史意义的太空飞行有关的别的什么。他为什么没有选择他插在月球上的美国国旗或者传说中上过天的照相机，却选择了一张信用卡呢？他悲伤地看着我，回答的声音就像是来自“绝望的深渊”。他说：

> 你也这么问？难道说我就没有办法摆脱宇航员的形象了吗？在过去的5年里，我一直在你们学校教航空工程学，得到了学生们很高的评价，而且还在医学院参与了一些重要的生物工程项目，这些你们难道不了解吗？你们竟然还当我是那个宇航员，你说我能不沮丧吗？

任何一个握有权力的人，不管他是宇航员还是棒球手，是大学校长还是国家领袖，在某种程度上都是他人印象的人质。他人的印象可能成为你的监牢。平生第一次，我开始理解成为偏见的牺牲品、无助地困在他人的印象里是多么痛苦。人们会把动机归咎于领导者，会喜欢或厌恶他们，会找出或者逃避他们，会把他们当成偶像或者是魔鬼，不管这些领导者是什么人或做什么事。讽刺的是，就在我掌握了最大的权力时，我却感到最无助。

终于，我开始在辛辛那提大学解决每一位领导者都必须解决的自我与组织之间的关系。我认识的一位大学校长自杀了；据他最要好的朋友说："他对学校太过在意了。"我开始暗自怀疑我有多爱辛辛那提大学。我觉得，我的前任对这所大学关怀得过头了，以至于他认为"辛辛那提大学，就是我"。我认为，如此强烈地融入一个组织，以至于你的自尊都受到了组织结果的影响，这是非常危险的。

第二条个人真理是：一位领导者应该对组织有足够的爱，要能够帮助组织营造一种自我激励的生活方式，要努力地把组织变成一个他人能够理解和关心的环境，即使是在艰难时期。一位领导者必须对组织足够关心，让组织能够独立，能够在没有他的情况下运转良好。

第三条重要的个人真理是：我永远也不会对职位权力——组织能够给予的唯一一种权力，感到完全满意。我真正想要的是个人权力，是以发言权为基础的影响力。

创造人生，南加州大学

1978 年以后

在 1979 年 2 月，我与另外 40 位学者、高管以及未来学家来到温莎堡，出席了一个关于社会中起作用的演化因素以及管理的哪些方面可能受快速变革影响的学术讨论会。

在那一个星期里，我对变革的新认识超出了我的预期。在我 53 岁时，一次心肌梗塞让我住进了历史上有名的米德尔塞克斯医院（Middlesex Hospital）。病房里有 15 张病床，我的右边是一位有魅力的社会摄影家，左边是一位可爱的流浪汉。那可能是我成年后最危急的时刻。最终，为了恢复健康，我在英国待了三个月。在这期间，我能做的就是思考我在过去 50 多年里学到了些什么以及日后我想做些什么。尽管我在探索一些娱乐活动，但我还是得知英国著名小说家、诗人拉迪亚德·吉卜林（Rudyard Kipling）因为十二指肠穿孔住进了米德尔塞克斯医院。当医生问他出了什么问题时，吉卜林解释说："里面好像有什么东西脱节了。"一周后，他在医院里去世了。

我也强烈地意识到，在我的身体里好像有什么东西脱节了。在被迫离开了我为自己创造的职业生活之后，我平生第一次开始写诗。我在通过文字表述的方式发现我所学到的。在这些诗中，我最喜欢的一首是《辩诉交易》（*Plea Bargaining*）。在这首诗中，一个权威的声音问道："你想什么时候去拜访自己的坟墓呢？答案是，不会太久。"

在温莎堡恢复期间，我接到了一个电话，是南加州大学的管理学教授詹姆斯·奥图尔打来的，他想知道我是否有兴趣到那里去担任教授。在 1979 年 6 月，我拜访了南加州大学。时任院长的杰克·斯蒂尔（Jack Steele）对工商管理学院的愿景激起了我的兴趣，而他招至麾下的一群优秀教员也让我大为惊讶。

如今，我已经在南加州大学度过了 20 个春秋——这是我在一个地方待得最长的一次。从很多方面来说，那都是我人生中最快乐的一段时光。南加州大学给我提供了合适的社会结构，让我去做现在看来对我最重要的事：**在最广泛的意义上传道授业。**

在南加州大学，我有空闲的时间可以整理我对自我创造、组织的重要性、变革的本质以及领导力本质的认识，可以设法把这些经验和教训传达给别人。埃里克·埃里克森曾经提到了个人发展的 8 个阶段。我认为我已经进入了埃里克森所说的第 7 个阶段：繁育阶段。在这个阶段，自我专注让路给利他的对下一代的关注。尽管写作是我最大的乐趣，但是教书育人、看着别人成长、成为一个辅导者，这些也能给我带来巨大的快乐。

南加州大学还为我传播自己的认识提供了一些其他机构，其中包括一个新的领导力学院，它将成为一个国际性的领导力研究和领导者培养中心。最近，在领导一个遴选委员会选择史蒂文·桑普尔（Steven Sample）作为南加州大学的新校长时，我还有机会应用了自己担任校长期间学到的痛苦教训。

我的父亲去世时 59 岁，道格拉斯·麦格雷戈去世时 58 岁，亚伯拉罕·马斯洛去世时不到 60 岁。当我年纪越来越大时，那就是我的参照标准。我发现我需要给自己最后 1/3 的人生旅程找一个新的行动榜样。在最近的一次电视评论中，作家约翰·伦纳德（John Leonard）称赞了都已经 80 多岁的母亲和岳母。他说，这两个非凡的老太太都有过被人从火灾现场抬出来的经历。“我想知道，”伦纳德说，“她们是怎样学会恢复的。”

我在向我最亲密的朋友萨姆·贾菲（Sam Jaffe）学习怎样恢复，他今年就满 92 岁了。在 50 多岁时，萨姆是奥斯卡获奖影片《狮子与我》（*Born Free*）的制片人。我已经发现，再造自我——或者如玛丽·凯瑟琳·贝特森（Mary Catherine Bateson）所说“创造新人生”的需要是持续的。三年前，我和萨姆都参加了一个在剑桥大学三一堂学院（Trinity Hall）举办的狄更斯暑期班。后来，萨姆一直在为购买我给他的一本书的电影改编权努力，他还在好莱坞臭名昭著的竞争亚文化中继续混战着。

我发现，我已经有了一系列新的当务之急。一些原有的苦恼已经消失了。毫无疑问，我的三个孩子要比我人生中任何别的东西都重要。在已经实现了一定水平的世俗成功后，我几乎不需要再多想这方面的东西了。现在，更高尚的美德看起来极其重要。我要力争做到更宽宏、更有成果。我希望被大家看成是一个可敬、富有创造力的人。

我想夏勒小姐会为我感到骄傲。

17 学术生涯

安迪亚克学院创始人霍勒斯·曼的座右铭深深地刻在我们的头脑中："当你即将离开这个世界时，不要因为对人类没有贡献而羞愧！"因此，纯朴、天真、怪异的我踏上了自己的学术之旅，完全没有认识到，我打算进入的职业生涯将是一个漫长、冒险的带薪实习计划，这段旅程很像一出三幕戏剧。

人学会了语言，
风一样敏捷的思维，
和适于群居的禀性；
还知晓了抵御寒冷，
躲避风雨。
他总能帮助自己，
无望的未来永不会面对。

——索福克勒斯，《安提戈涅》

语言、思想、情绪、公众、变革、人类进步以及大有希望的未来，索福克勒斯所描述的这一切都是我关心的学术热点。对我来说，让我形成这些学术热情的一系列事件仍旧是模糊的，或许描述它们要比理解它们更容易一些。有些人认为，历史是由事件决定的，如托尔斯泰所说的，我们都是“历史的奴隶”。而有些赞成卡莱尔的人则认为，历史就是一系列的个人传记，用卡莱尔的话说，每一个伟大的组织都是“某个伟人拉长了的影子”。表面上看来，我的人生道路更像是托尔斯泰式的，而不是卡莱尔式的。就好像我已经一头冲进了一个接一个的学术机会地带，一种学术金字塔神殿——我多年以后这样猜想。卡尔·韦克会把它们称为一系列“古怪的先兆”。在这方面，我唯一肯定的一点就是历史对我的事业相当关照。

在 1944 年末期，我在德国认识了年轻的士兵冈纳，他一心想等战争结束后到安迪亚克学院去读书，因为那儿的带薪实习计划允许学生半工半读。这在我听来很有吸引力，因为这样的学校我也能上得起。当时我还没有听说退伍军人权利法案的消息。对于一个城里孩子来说，耶洛斯普林斯听起来的确有点偏僻；在地图上，离那里最近的两座“大城市”是齐尼亚和斯普林菲尔德。但它仍然对我很有吸引力，因为我模模糊糊地觉得，那里的精神生活应该与我当时在军队中所谓的“现实生活”有某种联系。因此在 1947 年，当了 4 年兵、已经 22 岁的我大胆地奔向了耶洛斯普林斯。

在我的大二学年刚开始的时候，学校来了一位大约 40 岁的新校长，他就是来自麻省理工学院、非常活跃的教授道格拉斯·麦格雷戈。他在上任后的第一次全校大会上宣布，他发现自己接受了 4 年的心理分析要比所接受的全部本科教育更重要。这一爆炸性的、出人意料的自白引起了两种不同的反应。大多数教职员工不赞成他的说法，挖苦地说：“我们这不是自找苦吃吗？”在另一个极端，也有一些人认为：“天哪，这是多么勇敢的坦白啊！”没有中间看法，这几乎是安迪亚克对一切事物的普遍反应。麦格雷戈还带来了一位有才华、有魅力的顾问欧文·尼克博克，他曾经是甚至比安迪亚克还要激进的黑山学院（Black Mountain College）的先驱。黑山学院的主要兴趣在当时的一个新兴研究领域：群体动力学。

在任安迪亚克学院校长的第一年里，麦格雷戈与他的伙伴尼克博克一起决定暂停星期五的所有课（整整一个学年），在整个校园内开展小组讨论，为学校确定一系列的“目标”——如今我们会把这些目标称为“使命陈述”。为了协调好这种全校范围的、创造性的混乱，我们的校园里出现了“训练有素的推动者”“过程观察者”、专门小组成员、立场声明、报告起草人、发言人等。大多数教员至少是不以为然或冷嘲热讽，学生们则有些茫然但也有些兴奋——毕竟星期五不用上课了。由于种种原因，这最终变成了某种“学习经历”——这几乎是我们安迪亚克人对一切事物的称呼。而且，其中还充满了乐趣。

麦格雷戈付诸实施的另一个可笑的创意是让安迪亚克的教员们也利用带薪实习计划，拿出一年的时间到一个非学术的环境中去从事实际工作；为此他从凯特林基金会（Kettering Foundation）筹到了100万美元。这就像是一个面向教员的小型带薪实习计划。教员们再一次不以为然、冷嘲热讽。后来我认识到，遭到反对和冷嘲热讽是我们的遗传。有一个倒霉的助教，我记得好像是一个历史学者，真的利用这次机会去了新泽西州的标准石油公司（Standard Oil），之后就再也没有他的消息了。

我毫不犹豫地迷上了麦格雷戈和他的思想，尤其是他关注理论与实践的结合，坚信行为科学能够让我们更好地理解组织和群体生活，而这反过来能给我们带来更加丰富多彩的人生。毕竟，作为安迪亚克的创始人，霍勒斯·曼的座右铭深深地刻在我们的头脑中：“当你即将离开这个世界时，不要因为对人类没有贡献而羞愧！”因此，纯朴、天真、怪异的我踏上了自己的学术之旅，完全没有认识到，我打算进入的职业生涯将是一个漫长、冒险的带薪实习计划。因为这段旅程很像一出三幕戏剧，所以我会照这样来叙述它。

第一幕：早期学术旅程

1951—1967

整个这一幕都发生在马萨诸塞州的坎布里奇市，有三个场所：麻省理工学院、波士顿大学以及哈佛大学。所有情节都发生在沃伦·本尼斯的记忆里；他 26 岁。

请记住 20 世纪 50 年代和 60 年代的时代精神。第二次世界大战刚刚结束 6 年，还深深地留在我们大家的记忆里。在希特勒的阴魂与民主及其近亲科学的胜利之间，是到处弥漫的希望。科学和技术让我们毫不怀疑地相信我们正在进入一个新时代。“希特勒的阴影”影响着我们的思想，我们当中那些对社会和政治研究感兴趣的人在致力于民主领导的理念，迫切需要更深刻地理解集体变态的恐怖，比如我们在德国和其他的轴心国所见证的。

还要记住，行为科学是在第二次世界大战期间成熟起来的。中央情报局的前身战略情报局、美国军方的统计部门作战信息处、军事行动研究小组以及从希特勒的残暴中逃出来的数百名知识分子，共同发展了非常成功的行为科学。为社会研究开创了真正科学的风气的工作包括：斯托弗（S. Stouffer）和莫斯泰勒（F. A. Mosteller）编辑的《美国士兵》（*The American Soldier*），阿多尔诺（Adorno）和弗伦克尔 - 布伦瑞克（Frenkel-Brunswik）等人所著的《权威品格》（*The Authoritarian Personality*），由莫尔斯（P. Morse）、金布尔（G. Kimble）、阿科夫（R. Ackoff）以及丘奇曼（C. W. Churchman）等人领导的军事行动研究小组提出的一些统计和实验方法，英国塔维斯托克研究所（Tavistock Institute）的开创性工作，战略情报局与美国心理学会的两位未来会长卡茨（D. Katz）及米勒（J. G.

Miller）合作完成的心理测试，霍夫兰（C. Hovland）和贾尼斯（I. Janis）关于说服力和影响力的研究工作，玛格丽特·米德在作战信息处完成的关于宣传的研究。战争是重构社会的绝佳机会；从这个意义上来说，第二次世界大战是一场正义的战争。

第一场（1951—1955年）

根据道格拉斯·麦格雷戈的建议，我去了群体动力学的科研圣地麻省理工学院。唉，等我到了那里时，我期待与之合作的大多数研究者都离开了。莱温去世了；他的那些将对此后半个世纪的社会心理学研究产生重要影响的学生，也就是贝弗列斯、莱维特、谢泼德、霍维茨（M. Horwitz）、费斯廷格（L. Festinger）、凯利（H. A. Kelley）、巴赫（K. Bach）、多伊奇（M. Deutsch）、沙克特（S. Schacter）等研究者，都分散到全国各所大学的研究中心建立社会研究实验室去了。很多人与伦西斯·利克特（Rensis Likert）一起到密歇根大学建立新的社会研究学院去了。少数人留在了麻省理工学院，对我来说，其中最重要的就是贝弗列斯和谢泼德。在他们的帮助下，我拼凑出了一门课程，其中包括：我在哈佛大学社会关系系的部分研究；与贝弗列斯和谢泼德一起主持的讨论会；经济理论方面的内容。

我的系要早于现在的斯隆管理学院。它被简单地称为“课程 14”，经济学和社会科学系。之所以叫“课程 14”，是因为麻省理工学院的所有系和学院的排序或多或少是“有等级的”：数学是“课程 1”，物理学是“课程 2”，等等。校内的建筑也是这样“命名”的，比如著名的穹顶建筑“10 号楼”就是行政权力的中心。

等我于 1951 年到那里时，在保罗·萨缪尔森、鲍勃·索洛以及查尔斯·金德尔伯格的领导下，经济理论无疑是当时占支配地位的重点，而我却发现自己越来越坚决地倾向于人类组织的社会心理学了。当我告诉保罗·萨缪尔森，我已经决定把博士论文的课题由经济学转为组织理论时，他的脸上露出了可以察觉的放松的表情。

第二场（1956—1959 年）

坎布里奇和波士顿大学充满了天才和创意。我认为我能来这里实在是太幸运了，因为我对于自己进入的领域以及成为一个学者是怎么回事毫无概念，而且总是感觉自己在文化上不如别人。后来我认识到不光我有这样的感觉，只是我们都不敢坦白交代而已。那里的气氛活跃、紧张，富于竞争性和挑战性，充满活力和激情，几乎是热烈得让人感到压抑。很多年以后我写了一本书，讨论了那个时代所孕育的伟大团队；最近，我的同事兼好友琼·李普曼 - 布鲁门和哈尔·莱维特，也就类似的主题写了一本非常好的书《热门团队》（*Hot Groups*）。甚至是今天，当我回想起那段岁月时，仍旧会热血沸腾。

对于当时空气中充满的学术兴奋，或许最生动的描述就是借用弗洛伊德的一件趣闻。他是 1938 年从维也纳逃出来的最后一批犹太人中的一个。在巴黎短暂停留后，他在伦敦定居了。有一天，他碰见了同样是从维也纳跑出来的小说家斯特芬·茨威格。弗洛伊德问茨威格是否喜欢伦敦，茨威格轻蔑而又像吵架一样地回答说：“伦敦，伦敦……你怎么可以把伦敦与维也纳相提并论！在维也纳，空气中都弥漫着精液。”当我在 1951 年来到坎布里奇时，那里的空气中也弥漫着精液。

前面我曾经说历史很关照我的事业，就是这个意思。这或许又是一个无法估量的“古怪的先兆”，我不知道，但我并没有夸大地点和时间在一个人的学术发展中的重要性。

在 1955 年，我的博士论文完成了；在那一学年，我以助教的身份留在了麻省理工学院。除了教课，我还勤奋地在社会学和心理学的期刊上发表了多篇论文。但是，最让我感到自豪的，是我与导师赫布·谢泼德一起在《人类关系》上发表的一篇论文《群体发展理论》（*A Theory of Group Development*）。这篇论文主要是基于我们在麻省理工学院以及贝瑟尔领导“T 团队”的经验。以新黑格尔主义以及或许过于形式主义的方式，赫布和我试图弄清楚所有群体都必须面对的两个基本问题：**权力的问题和亲密感的问题**。在我们看来，这两个问题解决得如何，在很大程度上决定了群体能否完成创造性的、富有成果的工作。

在 1956—1959 年，令人兴奋的同事以及思想包围着我，事实上已经到了让我无法消化的程度。带着年轻人特有的自负和性急（反映了当时的时代精神），我们认为我们的研究和著述能够改变世界。波士顿大学的肯尼思·贝恩和鲍勃·陈请我加入他们的研究。在那里，我有 4 项工作：每周给商学院的本科生讲 6 个课时的社会心理学；与心理学系的系主任内森·麦科比一起给博士生讲“普通心理学”；与贝恩和陈一起在人类关系中心讲初级讨论课。我的第四项工作是负责一个研究项目，研究波士顿 9 家大医院的门诊部护士的角色。这项研究是由美国护士基金会资助的，后来的成果编成了一本小册子。每周讲 12 个课时的课，另外还要领导一个研究团队。除了我，研究团队还有两个博士生马尔科姆·克莱因（Malcolm Klein）和诺姆·伯科威茨（Norm Betkowitz），都是有才华的社会心理学者。马尔科姆·克莱因后来成为了南加州大学社会学系的系主任，最近在任上退休了。诺姆·伯科威茨在20世纪70年代去了波士顿学院。我们还得到了彼得·本特·布里格姆医院（Peter Bent Brigham Hospital）的护士长莫利·马洛尼（Molly Malone）的帮助，她给我们提供了我们非常需要的护理知识。

波士顿大学还有一所活跃的夜校，所以为了增加薪水，我还在那里教课。我认为，对我6 500美元的年薪（包括暑期授课）来说，这是一笔不错的“外快”。

这些就是我白天的工作。我还在哈佛大学的社会关系系负责讲授一门课程的一部分，每周上三次课。和我一起讲授这门课程的是弗里德·贝尔斯、菲尔·斯莱特以及特德·米尔斯。另外，我还拿出很多时间与哈佛大学的威尔·舒茨和蒂姆·利里合作，一起从事群体研究。他们俩后来的职业道路几乎是平行的。当时，威尔·舒茨在利用后来被称为“FIRO-B”的仪器从事小群体和谐的定量研究，蒂姆·利里则在基于哈里·斯塔克·沙利文的人际理论建立观察标准，以阐明群体的动态学。舒茨在伊莎兰学院成为了权威和先驱者，后来领导着一家管理咨询公司。至于利里，我不太清楚。

他们是形形色色的一群人，都是我的老师。在波士顿大学的商学院，我的“老板”是一个名副其实的波士顿人，他的名字是洛厄尔·特罗布里奇（Lowell Trowbridge），显示了他的贵族身份。贝恩是毕业于哥伦比亚大学的哲学家，是约翰·杜威（John Dewey）的最后一批学生之一，能够带着宇宙论的艺术鉴赏力谈论任何主题。陈也毕业于哥伦比亚大学；作为一个社会心理学家，他与当时所有的杰出同行合作，尤其是加德纳·墨菲（Gardner Murphy）、奥托·克兰伯格（Otto Klineberg）以及纽约城市学院（City College of New York）的哲学家莫里斯·科恩（Morris Cohen）。之后还有内森·麦科比，波士顿大学心理学系令人敬畏、脾气暴躁的系主任。很多年以后我问他，为什么他找我一起讲授普通心理学的博士课程，要知道，我当时对心理学知之甚少。他说："我知道。那正是我找你的原因。我认为，心理学系的每一个人都应该至少懂点普通心理学。"当时在那里的还有米基·里特沃（Mikki Ritvo），她后来成为了一位志向远大的管理顾问；是她让我变成了一个女权主义者。前面提到的两个年轻的博士生马尔科姆·克莱因和诺姆·伯科威茨，还有非常风趣、乐观的巴里·奥什里（Barry Oshry）以及非常严肃、忧郁的阿瑟·科恩（Arthur M. Cohen），为对抗当时四处流行的浮躁提供讽刺性的解毒剂。他们从来就不缺素材。

在那三年里的众多伟大团队当中，我与贝恩和陈组成的三驾马车或许是最持久的一个。我们在 1961 年共同出版了《变革规划》（这是我的第一本书），旨在把尚未诞生的组织变革领域中的大多数原创性论文包含在其中。这本书在 40 年后仍在出版，而且仍旧很有影响力。在这本书中，贝恩创造了"变革推动者"这一说法，而陈关于系统变革的论文至今仍是标准。当然，《变革规划》这一书名暴露了我们的自以为是，但也非常准确地反映了当时的乐观气氛——我们实际上可以规划变革。对于这一切，一个幽默的旁注来自我的母亲：总是对我的工作感到自豪但又一无所知的她确信，"变革推动者"就是在纽约的地铁系统中控制十字转门的人。

在查尔斯河的另一侧，我与舒茨、斯莱特、米尔斯一起对群体心理疗法做了大量的研究，尤其是在心理分析学者、哈佛大学临床精神病学主任埃尔文·泽姆拉德的配合下，建立了群体互动的测量标准。埃尔文·泽姆拉德希望我们帮他弄清楚，为什么他的临床干预措施看起来非常有效。

因此，在三年的时间里，我们每周五的上午观察他的干预对象群体，每个群体由大约15名第一年上岗的精神病医生组成。在接下来的周三下午，我们会与泽姆拉德见面，花3~4个小时的时间仔细研究我们在上周五的观察记录，分享我们的观察结论以及对群体和领导的看法。我们往往会沉浸在这些讨论中，并且收获颇多；偶尔我们会觉得，我们正处在发现的边缘。但是，我们始终未能揭开泽姆拉德的魔力之谜。

在那期间，我还花了不少时间与米尔斯在哈佛大学的小群体研究实验室合作。米尔斯迷上了乔治·西梅尔（George Simmel）在数字对群体决策的影响方面的研究工作，尤其是三人群体，因为这个数字很特殊，容易造成孤立和联合。除了帮助他分析数据之外，他还让我在他精心设计的实验中当“陪衬”。后来，作为“报复”，我把当时在耶鲁大学任社会学系系主任的他召到了布法罗，为此他好像至今还没有彻底原谅我。

第三场（1959—1967年）

让我在1959年回到麻省理工学院的不是薪水。9 500美元的年薪只比我在波士顿大学多500美元，而当时的高等教育人力资源市场机会很多,行情看涨。离开波士顿大学及其阳光般的分权原则并不容易。尤其是，我从贝恩那里学到了一个知识分子是什么样；在我接下来的“带薪实习工作”中，我学会了怎样做一个学术界人士。

把我“引诱”到麻省理工学院的是道格拉斯·麦格雷戈，我在安迪亚克的行为榜样。他回到麻省理工学院后建立了一个新的“领域”（当时斯隆学院不分系），专注于人类组织的研究。他正在招募一群卓越的人才，其中包括埃德加·沙因、唐·马奎斯、戴夫·伯鲁、佩尔·瑟尔伯格、比尔·埃文、迪克·贝克哈德（Dick Beckhard）、鲍勃·卡恩、哈里·莱文森、鲍勃·格林利夫（Bob Greenleaf）。这让我学会了我需要知道的关于招募人才的一切，而这些经验让我在后来的管理工作中受益匪浅。道格拉斯为我创造的任何机会我都无法拒绝。

正如我在前面提到的，在麻省理工学院的那7年或许是我职业生涯中最紧张、最有学术成果的时期。当时，出于一些我至今仍不明了的原因，麻省理工学院不会给不到36岁的人授予终身职位。就我所知，唯一的破例给了后来的诺贝尔奖得主鲍勃·索洛。人们常说搞学术的人就应该保持独身，这在麻省理工学院是绝对正确的。在麻省理工学院任教是一条学术捷径。从一开始竞争就激烈得让人难以承受。因此，对一个不到36岁、没有终身职位的副教授来说，除了发表论文和出书还能干什么呢？我疯狂地发表论文，就好像过了今天没明天一样。在这期间，我写了8本书（其中有些是与别人合作编辑或合著的），还在期刊上发表了27篇论文，其中包括：我的第一篇关于领导力的论文《领导理论与管理行为：权力的问题》，发表在1959年12月的《管理科学季刊》上；我的第一篇关于组织变革的重要论文《行为科学的新角色：有效的组织变革》，也是发表在《管理科学季刊》上；还有发表在《社会关系计量学》《美国心理学家》《美国社会学评论》等期刊上的很多论文。你可以认为我是一个真正的学术界人士。我所写的这些论文，标题中都有一个冒号。

但是，也有少数的例外，因为在我的书包里，我偶然发现了一根“先知的魔杖”，写了一些关于未来的论文。自从我在13岁接受了成人受戒仪式以来，未来一直让我着迷。当我花了好几个月的时间，根据先知耶利米写出了传统的受戒演讲《今天，我是一个男人》时，那对我来说是一个有趣的选择，因为之后我很少再提到耶利米。

怀着对未来的热情，手中握着先知的魔杖，再加上菲尔·斯莱特的天才，我们在1964年3月和4月那期的《哈佛商业评论》上发表了一篇论文，预测了民主的胜利。在1968年，我们基于这篇论文中的观点出版了《临时社会》（*The Temporary Society*）一书。后来，作为当年的最佳商业书籍，这本书赢得了《哈佛商业评论》的“麦肯锡奖”。我必须要说，这本书是叫好不叫座：《纽约时报》以及很多的学术期刊都给予了最热烈的评价，但它在商业上却很失败，出版18个月后就因滞销而彻底下架了，而且在1998年再版之前，它始终没有再出现在书店里。

在那前后，我还写了几篇“更加学术的”论文。实际上，我自己最喜欢的一篇是1964年我在洛杉矶参加美国心理学会的会议时发表的主题演讲。在这篇题为《组织发展与官僚制度的宿命》（*Organizational Developtions and the Fate of Bureaucracy*）的演讲稿中，我瞄准了韦伯关于官僚体制的经典研究成果，预言了官僚制度的终结。当然，出于谨慎的考虑，我总是把“在今后的大约50年里”这样的时间期限作为学术庇护所。不管怎样，我把这篇演讲稿修改成了一篇论文，但只有IBM的内部刊物《思索》认为它值得发表。IBM公司本该认真地对待这篇最终题为《垂死的官僚制度》的论文，因为他们很快就成为了这种祸端的牺牲品。后来我发现，出于某些我至今仍不清楚的原因，《青少年联盟杂志》（*Junior League Magazine*）在1968年重新刊载了这篇论文。很奇怪，我的读者群正在变成多来源的，尤其是在我去掉了标题中的冒号之后。

我的论据是基于我在《发生在未来之路上的一件趣事》（*A Funny Thing Happened on the Way to the Future*）这篇论文中提出的很多因素：

- **智能技术越来越大的影响力以及研发的增长。**

- **有知识的人与有权力的人之间的日益融合。**
- **支撑管理行为的基本哲学发生的根本变化。**主要体现在如下三个方面:（1）一种关于人的新观念，基于我们对个体复杂、多变的需求更深的认识，取代了过于简单化的、无知的、按钮式的人的观念;（2）一种关于权力的新观念，基于协作和理性，取代了基于强迫和威胁的权力模式;（3）一种关于组织价值观的新观念，基于人道－民主的理想，取代了官僚制度抹杀个性、机械论的价值体系。
- **一个由于研发活动的增加而变得相对不确定的动荡的环境。**对于处在其中的组织来说,这个环境将变得越来越分化、相互依赖、具有跳跃性。对一个由垄断和国有企业控制的经济体来说，法律政策与经济特征之间的相互渗透将更加显著。人类组织的三个主要特征将是相互依赖、动荡以及大规模，而不是竞争、稳定和可预测的状态以及小规模。
- **以更加年轻、更有流动性、受教育程度更高的劳动大军为特征的人口。**

MANAGING THE DREAM

REFLECTIONS ON LEADERSHIP AND CHANGE

领导力智慧

引发重大组织变革的 4 大因素

1. 未来的关键词将是临时组织，也就是有适应能力、快速变化的临时系统。
2. 这些系统将围绕待解决的问题来组织。
3. 这些问题将由那些代表不同专业技能的人来解决。
4. 这些群体将按照有机的而非机械的模式来管理；他们将脱颖而出并适应问题，而领导权和影响力将属于那些看来最有能力解决问题的人，而不是既定的角色期望。

如今，那些写于大约40年前的文字似乎已不再古怪或令人无法忍受了。毫无疑问，在联系紧密的新经济中，我们的行为将更像一个生物群落：**无需集中化的控制，也会有机地发展、进化、融合、适应。**

紧接着，我与沙因进行了合作。首先，我们合著了《通过群体方法实现个人和组织变革》（*Personal and Organizational Change Through Group Methods*）一书。在这本书中，我们深入探讨了通过行为科学的干预来改变社会系统的成功以及不成功的实例。我们的很多同行提出了异议，因为我们在书中包括了一些可悲的失败，而且指出了官僚体制的某些僵硬的性质。在开始写这本书之前，我们参与编写了一份读物和论文摘要《人际动态学：关于人类动态学的论文和读物》（*Interpersonal Dynamics: Essays and Readings on Human interaction*）。

与我们合作的编辑还有戴夫·伯鲁和弗里茨·斯蒂尔。伯鲁是一位非常聪明的作家，他与自己在哈佛大学的博士论文导师戴夫·麦克莱兰（Dave McClelland）一起，创建了非常成功的麦克伯顾问公司（McBer）。弗里茨·斯蒂尔是麻省理工学院的博士，同样非常聪明。约翰·范·马安南（John van Maanen）是这份摘要最后一册的资深编辑。

除了这些出版物，我和沙因以及贝克哈德还出版了一系列关于萌芽中的组织发展领域的平装书。我把编辑工作完全丢给了我那两个能干的同事；公平地说，到目前为止，这个系列证明是非常成功的，其中至少有40本书已经出版。

还有两个事件必须要提。第一件与两次国际冒险有关。严格来说，第二次世界大战期间在德国服役的经历不会让人对“全球经济”形成认识。你拿到的是军籍身份牌，不是护照。所以，当有海外讲学的机会出现在我面前时（因为是在麻省理工学院，所以这样的机会很多），我欣然接受了。迪安·霍华德·约翰逊（Dean Howard Johnson）（他后来成为了麻省理工学院的校长）的鼓励为我大胆地利用这些海外活动提供了必要的支持。

第一次海外冒险并不是一个辛苦的职位。我受邀在瑞士洛桑的国际经济管理与发展学院（IMEDE）讲课一个学年（1961—1962 年）。该学院现名国际管理发展学院（IMD），是欧洲最主要的商学院之一。在那时，国际经济管理与发展学院是一所高管进修学校，主要面向雀巢公司有潜力的高级管理者，也主要由雀巢公司资助。我教的那个班有 50 名高级管理者，其中有大约 1/3 来自雀巢公司，其余的来自世界各地。他们最普遍的年龄和我一样，36 岁。当时，国际经济管理与发展学院主要是聘请哈佛商学院的教员，我是少数例外之一。那一年有两件不同寻常的事令人难忘。首先，因为国际经济管理与发展学院相当于是哈佛商学院的附属学院，而哈佛商学院是以案例研究为尊的，所以我再一次认识到了案例方法可以是多么有力、多么微妙。在这方面我是个新手，但我的同事埃德·勒尼德（Ed Learned）、弗兰克·阿圭勒（Frank Aguilar）以及戴夫·莱顿（Dave Leighton）却是我的良师益友；勒尼德是哈佛大学政策领域的奠基人之一，阿吉拉尔是工商管理学博士和“贝克学者”。

其次，我与全球经济有了极为广泛的接触。当时欧洲经济共同体正在稳固起来；与国际经济管理与发展学院以及我在法国安纳西一家企业的学生们在一起，再加上全球商业案例的编写，我不断地会因全球主义的未来及其永无止境而扬起眉毛。

后来，又一次全球冒险的机会到来了，这回是到印度管理学院加尔各答分校担任院长。我再次欣然前往。就像国际经济管理与发展学院是哈佛商学院的代理一样，印度管理学院加尔各答分校的教员主要是斯隆学院的教授再加上一群杰出的孟加拉教师。当我离开国际经济管理与发展学院时，我认为自己最多也就理解了学生们 40% 的想法；而在印度管理学院加尔各答分校，最多也就是 10%；但是，那 10% 要远比我在欧洲获得的文化知识更有趣。

我喜欢与那些孟加拉教员们共事。在学术上，他们是世界水平的，才华横溢，喜欢争论，非常善于清楚地表达很多问题。除了共同管理这所学院，我还帮助他们建立了一个国际组织。

对我来说，另一个事件想想都可悲，更别说现在要写它了。在刚刚 58 岁时，道格拉斯·麦格雷戈因为严重的心脏病发作去世了。他是我们这群人的情感和知性中心。我们所有的人都对他非常依赖：依赖于他的活力、他的乐观、他那无拘束的创造愉悦的能力。没有人能像道格拉斯那样，在两杯马提尼酒下肚后，抽着烟斗，用一个有点伤风败俗的笑话让整个房间活跃起来。他是一个全心投入、全力提供支持的人。道格拉斯是一个不折不扣的“变革推动者”，他能够改变关于组织人的空洞理论，代之以一个强调人的潜力以及成长能力的理论，一个提升人在企业社会中的作用的理论。事实上，我们现在的大部分职业生活都是在他所营造的一个环境中运行的。

他也是我个人的亲密朋友。我记得在 1960 年，我想在比肯山买一栋由马厩改建而成的小房子，问他这对一个没有终身职位的人来说是否合理。他立刻就说：“我会借钱给你做首付款。另外，不要担心终身职位。”他的话总是令人愉快，不过我还是很担心。

我不太情愿地成为了他在麻省理工学院的继承者；在某种程度上，我认为我接下来的职业生涯就是把他以及我自己的梦想一起具体化的过程，我不觉得这是非常离谱的幻想。

第二幕：弯路中前行

1967—1978

这一幕发生在两所大学：纽约州立大学布法罗分校和辛辛那提大学。我们的主角在前一所大学担任了 4 年的教务长，在后一所大学担任了 7 年的校长。

在这期间，全世界尤其是美国的大学校园都被冲突和骚乱所席卷。对一个在完成自己的教育时校园就意味着一定程度的超然甚至是斯文的人来说，20 世纪 60 年代后期和 70 年代早期简直就是一场梦魇。它首先是令人困惑和虚幻的。你简直不能相信，校园居然是危险的，学生居然会向办公室投掷燃烧瓶，警察居然会殴打教员。但是在那些日子里，所有这些事情都在校园里发生了。黄昏时分的校园，有时笼罩着一团薄雾，有时则弥漫着催泪瓦斯。恐怖和暴力，这些只是最近才被我们等同于美国城市体验的情绪，在那时已经成为了大学气氛的一部分。

恐怖的时刻凝固在了令人断肠的照片中：一排排戴着面罩的警察和国民警卫队队员；威斯康星州遭到破坏的科学大楼；圣巴巴拉市大火中的美国银行；肯特州立大学的校园里，一个奄奄一息的学生四肢摊开躺在草坪上。在那期间，大学有过恐怖的时候，也有过近于狂喜的时候。那是战时的气氛。在那种可怕的战争现实的间隙，也存在着以厌倦（有时是极度的自由）为特征的阶段，就好像一个人因为特定环境，所有正常的责任和职责都得到了解脱。当那些学生抨击他们在意识形态方面的敌人或者对抗警察（往往是遭到警察的殴打）时，他们似乎正在享受美妙的时光。在这种矛盾的情绪氛围中，上课、教课和学习等俗事往往会不受干扰地继续进行。

那是最糟糕的时期……是的，最糟糕的。“那么，”麻省理工学院的一个同事问道，“为什么你选择大学历史上最动荡的时候放弃全职教授的职位，离开一间可以俯瞰查尔斯河风光的角落办公室，跑到布法罗去当教务长呢？”他在说到布法罗时，语气中透出了茨威格说到伦敦时带有的那种轻蔑。我怀疑，当我在 1971 年接受了辛辛那提大学的校长职位时，这位同事肯定是对我彻底绝望了，因为自那以后，他再也没有联系过我。

因为在本书的其他章节以及《倾斜的象牙塔》（*The Leaning Ivory Tower*）和《为什么领导者无法领导》（*Why Leaders Can't Lead*）中，我已经以不少的篇幅论及了这一时期，所以在这里我不想再做更详细地阐述了。尽管相对于我作为一个纯粹的学者的身份而言，这段岁月是一段弯路，但这段亲身实践的经历在很多重要的方面影响了我后来的作品。

第三幕：回归学术

1979 年以后

在 1978 年我辞去了辛辛那提大学的校长职务，在 21 世纪基金会的资助下开始写一本关于领导力的书。之后不久，在 1979 年的 4 月，我在一家英国的医院里从一场心脏病发作中恢复了过来。入院前我正在温莎堡的圣乔治学院参加一个学术讨论会。圣乔治学院是一个不久前成立的继续教育中心，我在麻省理工学院时的老朋友查尔斯·汉迪在这里任教务长，他也是这次讨论会的主席。出院后，我在汉迪的公寓里恢复。经过了漫长的三个月，我才渐渐地恢复了健康，这期间汉迪一家给了我亲切殷勤、无微不至的照顾。

正是在这期间，我接受了詹姆斯·奥图尔的邀请，同意到南加州大学的商学院去任教。我心里想："噢，是的，是的，这是一个在宇宙中留下真正的痕迹、制造些有用的恶作剧的好机会。"

当我进入南加州大学时，我觉得自己就像里普·范·温克尔（Rip van Winkle），或者像奥斯汀·鲍尔斯（Austin Powers）。我离开学术界的时间并不是20年或30年，而仅仅是11年，但这个领域已经完全不是我在1967年离开时的样子了。它不仅仅是发展了，而是变成了一个庞大的行业。我感到，我所知道的小城镇现在成了大人国。几乎每一所商学院以及其他的专业学院都有某种形式的"组织行为学"系，往往会炫耀地冠以"管理和组织"之类的名字或者就是"管理"与"战略"等字眼的结合。让我惊讶的是，当时出现了很多非常成功的畅销商业书籍，比如彼得斯和沃特曼的《追求卓越》（*In Search of Excellence*）、奈斯比特的《大趋势》、布兰佳（Blanchard）和约翰逊（Johnson）的《一分钟经理人》（*The One-Minute Manager*）、柯维（Covey）的《高效能人士的七个习惯》（*The Seven Habits of Highly Effective People*）以及德鲁克的所有作品。

道格拉斯·麦格雷戈的管理书籍《企业的人性面》在销量最好的1965年售出了30 000册，而亚伯拉罕·马斯洛的管理书籍《优心管理》（*Eupsychian Management*）——不可否认，这个书名有些怪异，它在出版后仅售出了3 000册。而在1998年，当这本书再版后，上市的第一周就售出了 3 000 册。

我以为，引起这种爆炸性关注的因素可能有两个：一个就是“劳动大军的态度、认识和情绪及其工作环境的社会结构可能影响到劳动生产率”这一意外的、大家不太愿意接受的观念；另一个可能是美国企业面临的来自日本和德国的史无前例的竞争（这在 20 世纪 70 年代后期和 80 年代最为显著）。在很多工业部门，比如汽车和消费电子产品领域，客气点说，日本人和德国人正在吃掉我们的午餐。彼得斯认为，其书畅销数百万册主要归功于后一个因素。不管你更喜欢哪一种解释，有一点是很清楚的：美国已不再是老大，开明的商业领导者已不再像第二次世界大战后的 40 年里那样自信满满。他们开始接受我们的观点。

这也是一个商业学院的繁荣时期。最近的统计数据表明，美国 1998 年毕业的 MBA 有 85 000 名。与此相伴随的，是博士培养计划的普遍发展。在 1959 年，我领导斯隆学院的委员会设计了学院的第一个博士培养计划。到那时为止，大多数的商学院都还不能授予博士学位。事实上，商学院就不被认为是现代大学的学术生活不可或缺的部分。大多数的商业教授都没有博士学位。那些有博士学位的教授，或者是工商管理学博士，或者是毕业于工业管理学专业，或者是拥有会计学的高等学位。

让商业教育的学术状况发生了彻底改变的，是在 1959 年发表的两份重要的基金会报告。由福特基金会资助的戈登 / 豪威尔（Gordon / Howell）报告以及由卡内基基金会资助的皮尔逊（Pierson）研究，对商业教育的开展产生了强烈的影响。这两份报告如此成功的原因并不让人感到意外：两家基金会都以实际行动证明了他们的研究报告。他们对新型的商业教授和新型的商学院投入了大量的资金。因此，我们看到了卡内基梅隆工业管理研究生院、斯隆学院、斯坦福管理学院等新学院，他们开设了新的课程和新的研究计划，并且在这一过程中避免了罗德尼·丹杰菲尔德（Rodney Dangerfield）的“不受尊重”综合征。

如果说可以用一句话来简练地概述这两份报告的重要结论，那就是：商学院必须摆脱他们对“临床经验”近乎排他的依赖，建立起更严格、更科学的标准和原则。经验知识与系统知识之间的矛盾仍旧是一个热点问题，常常会在所有的专业学院里引起争论。管理学院能在多大程度上学会制造这种富于创造性的而非引起分裂的矛盾，这将决定他们能否成功地实现自身的办学宗旨。

对离开学术界已有 11 年的我来说，进人南加州大学就像进入了一个学术温泉浴场，一个“智力健身中心”。这里才是我的家；我又开始写作和教学了，我又找回了自己的声音。套用杰里·加西亚的话说，**我能做的事只有我在做。**

这过去的 20 年可能不像我在坎布里奇和波士顿的那些年那么紧张和热烈，但我从来没有这么快乐过，从来没有享受过这么多意义重大的学术伙伴关系。与伊恩·米特罗夫（Ian Mitroff）以及迪克·梅森（Dick Mason）合作，我们推出了一系列的管理书籍。我与很多同行合著了很多本书：与伯特·纳努斯合著了《领导者》，与伊恩·米特罗夫合著了《虚幻产业》（*The Unreality Industry*），与帕特里夏·比德曼合著了《七个天才团队的故事》，与戴维·希南合著了《共同领导者》。

后来，最紧张、最令我兴奋的合作是与南加州大学的校长史蒂夫·桑普尔一起给本科生上一门领导力课程。我们在南加州大学招收了 50 名最优秀、最有希望的学生，通过著作、小说、电影、苏格拉底式的讨论以及每周一篇的小论文来向这些敏锐的年轻人介绍领导力。

伟大的城市和伟大的组织具有场域精神（Spirit of Place）。毫无疑问，当我早些时候待在波士顿地区时，那里有这样的精神。我认为，现在的南加利福尼亚地区以及这里最具标志性的南加州大学也有这种精神。

我们的确知道，那些经受住了时间考验的伟大城市都具有丰富多样的人口、经济实体以及社会职能。多样性赋予这些城市复原力和适应力，让它们在连续不断的变革中保持一致性。或许，这正是过去的 20 年对我来说如此有活力、如此有吸引力、如此令人兴奋的理由。

因此，对我的职业生涯非常关照的不仅仅是历史，还有地理，也就是场域精神。或许托尔斯泰是对的。我们被历史以及那些我们无法控制的因素所支配，但我们确实可以对它们所呈现的非凡的、富有创造力的可能性心怀感激。

MANAGING THE DREAM

REFLECTIONS ON LEADERSHIP AND CHANGE

18 沃伦达因素

“沃伦达因素”既是关于管理的，同样也是关于人生的。那些在各个领域里成功“走钢丝”的人有很多共同点。他们在冒险时不会过多地考虑不利因素。在他们看来，错误不是失败，而是成长。

在我所研究的领导者身上，令人印象最深刻的特征之一是他们对待失败的态度。伟大的高空杂技演员卡尔·沃伦达曾经说过："只有在走钢丝时我才感到自己是真正有活力的。"像他一样，这些领导者都把自己的全部精力倾注于自己的任务。他们完全不去想失败，甚至不用"失败"这个字眼，而是代之以一些同义词，比如错误、小毛病、糟糕、不成功的开端、困境、混乱或失误等，就是不说"失败"。在接受我的采访时，其中的一位领导者说："错误不过是做事的另一种方式。"还有一位领导者说："为了学习，我要尽快地犯尽可能多的错误。"

什么是沃伦达因素

1978年，在波多黎各圣胡安市的市中心，沃伦达在离地23米高的钢丝上行走时坠落身亡。之后不久，他的妻子（也是高空杂技演员）谈到了那次"或许是最危险的"、致命的行走。她回忆说："就在卡尔进行那次行走前的三个月里，他满脑子想的都是坠落。那是他平生头一遭想到坠落；在我看来，他把自己所有的精力都放在了不要坠落上，而没有放在走钢丝上。"

沃伦达夫人接着说，在表演开始之前，她的丈夫甚至亲自去监督钢丝的安装，以确保钢丝是安全的，“这在以前是他根本想不到的事。”

根据我对成功领导者的采访所得，可以说，当沃伦达把自己的全部精力集中在不要坠落上，而没有集中在走钢丝上时，他实际上已经注定要坠落了。我在很多的领导者身上都发现，**愿景、坚持、始终如一和自信这些特征的组合是他们成功“走钢丝”所必需的；我把这种特殊的组合称为“沃伦达因素”。**

一个“沃伦达因素”的例子出现在我对弗莱彻·拜罗姆（Fletcher Byrom）的采访中。他是从事工程、建筑和化学制品等多种经营的科珀斯公司（Koppers Company）的前总裁。在被问及“他曾经必须作出的最艰难的决定”时，他回答说：“我不知道什么是艰难的决定。我可能是一只奇怪的动物，但我并不担心。每当我做决定的时候，我首先承认我很有可能犯错误。我只能尽我所能。忧心忡忡会给清楚的思考设置障碍。”

或者，我们可以看看雷·迈耶——大学篮球史上最成功的教练之一，曾经率领德保罗大学的球队连续40次杀入季后赛。当他的球队在连续29场主场胜利之后输掉了首场主场比赛时，我打电话问他感觉如何。他的反应是典型的沃伦达式的：“好极了！现在我们可以开始把注意力集中在赢球上，不用再总是想着千万别输了。”还有百老汇的制作人哈罗德·普林斯：前一天的演出刚结束，他连媒体上的评论都没顾上看，就在第二天上午举行了记者招待会，宣布了他的下一出戏。

忽略失误，拥抱积极目标

卓越的领导者有意忽略失误，始终拥抱积极的目标。他们专注于任务，而不是总想着为过去的失误寻找借口。对很多人来说，“失败”这个字眼意味着终结，意味着没有生命力的事物特有的静止，人们对它的自然反应是不由自主的气馁和沮丧。但是对成功的领导者来说，失败是新的起点，是希望的跳板。

詹姆斯·劳斯（James Rouse）是接受我采访的一位首席执行官，也是一位著名的城市规划师和开发者。他说，当他对他们在马里兰州哥伦比亚市的开发项目中的一些住宅的外观不满意时，他试图通过叱责和惩罚手下的设计师团队来影响接下来的设计。他的努力毫无效果。后来，他决定不再惩罚他们了，而是试着向他们展示他想要的是什么，从而来影响他们。在劳斯的愿景的激励下，那些设计师后来设计出了一些最引人注目且非常实用的住宅。这说明，**领导者的自信是有感染力的。**

领导力箴言
MANAGING THE DREAM
REFLECTIONS ON LEADERSHIP AND CHANGE

卓越的领导者有意忽略失误，始终拥抱积极的目标。

这里还有两个实例：在宝丽来公司创立初期，埃德温·兰德（Edwin Land）不断地激励他的团队去“把不可能变为可能”。兰德的自信让手下的管理者和研究者们确信，他们不可能失败。当威廉·休伊特（William Hewitt）在20世纪50年代接掌迪瑞公司（Deere and Company）后，他把这家沉闷、保守的农业机具公司变成了现代跨国企业中的一只领头羊。他的秘诀是什么呢？是承诺、信心和愿景，是在任何时候都自问“我们能不能做得更好一些”。当然，还有应变自如的员工。正如迪瑞公司的一位老员工所说：“休伊特让我们认识到了我们有多优秀。”因为伟大的领导者知道他们在去往何处，所以他们可以激励追随者，让追随者也能够“走钢丝”。这也是伟大领导者管理下的组织往往显得非常有成果的原因之一。

尽管领导的确是一项薪酬可观的“工作”，但对领导者来说，真正的回报或者说他们真正看重的是冒险感和游戏感。在我对他们的采访中，他们描述工作的方式与科学家以及其他有创造力的人一样：“探索一个新的空间”“解决一个问题”“设计或发现某种新的东西”。像探险家、科学家和艺术家一样，领导者似乎可以把注意力集中于某个有限的领域（也就是他们的任务），忘了个人问题，感觉不到时间的流逝，觉得自己胜任有余、一切尽在掌握。当这些要素具备时，领导者就会真正地从自己的工作中享受到乐趣，不再担心他们的努力是否有效、是否会带来回报。他们就是在“走钢丝”。

我时常在想，这种工作与游戏的结合，用诗人罗伯特·弗罗斯特（Robert Frost）的话说就是“热爱与需要的融合”——是不是一种积极的上瘾。我认为，这是一种健康的上瘾，不仅对领导者个人来说是健康的，对整个社会来说也是健康的。**伟大的领导者就像高明的射箭手一样，他们放下了射中靶心的欲望，而把人、箭和靶看成不可分割的要素。**这对领导者来说是有益的。当这种风格的影响力可以有效地吸引并激励人们一起来“走钢丝”时，这对组织以及社会来说也是有益的。沃伦达因素万岁！

领导力箴言 MANAGING THE DREAM REFLECTIONS ON LEADERSHIP AND CHANGE

伟大的领导者就像高明的射箭手一样，他们放下了射中靶心的欲望，而把人、箭和靶看成不可分割的要素。

19 何时辞职

当你必须要放弃自己曾经钟爱的东西时，不管那是一份工作还是一段婚姻，作出这样的决定显然是最令人痛苦的。辞职的代价固然很大，但继续留在一个你已不再能发挥作用的职位上，代价更加巨大。领导者该何时与组织划清界线？

尽管丹尼尔·埃尔斯伯格不断地提醒公众，值得争论的不是他而是印度支那看似无休止的战争，但是我发现，正是他触动了公众的想象力。人们禁不住要猜测，他怎么就从忠诚的局内人变成了反叛的局外人，从听话的组织人变成了不怕坐牢的持不同政见者。让我感兴趣的也是这种内心转变的过程。是什么样的互动让年轻的埃尔斯伯格对所在的组织产生了忠诚，而在仅仅几年之后就又让他产生了同样强烈的反叛呢？我想知道，埃尔斯伯格事件在多大程度上是特例，又在多大程度上反映了组织生活的普遍原则？毕竟，埃尔斯伯格并不是第一个对自己一直投身其中的工作产生怀疑的政府顾问。埃尔斯伯格的特别之处在于，他找到了一种引人注目的方式来清楚地表达自己的异议。组织的行为准则往往非常强大，以至于有时持不同意见并且无法忍受下去的个体只能辞职或离去。埃尔斯伯格可能没有触犯法律，但他确实作出了比犯法更大胆的行为。他打破了规则。他不仅大声地说了出来，还把自己的幻灭和觉醒变成了白纸黑字。

很多在大型的官僚组织中工作的人都发现自己有着与埃尔斯伯格相似的处境，尽管他们面对的风险往往没有那么大。他们反对某些政策，但很快就发现，官僚组织不能容忍不同意见。怎么办呢？他们有几种选择。他们可以屈服。或者，他们可以留在组织里，在忍受挫折和模糊的同时争取大多数人的支持。再或者，他们可以辞职。留下来可能意味着忍受表面上忠诚而私下里怀疑的煎熬。但是辞职又怎样呢？表面上看来，辞职是一条轻松的出路，但它也有令人感到郁闷、矛盾的一面。正如《麦克伯德》(*MacBird*)中的斯蒂文森所说的：

> 大胆直言会让一个人失去影响力。
> 变革的机会将变得非常渺茫。
> 做一个批评家，从内部改变魔鬼的行为，
> 这种机会仍然是我的希望。
> 退出！从外面向里看！
> 这种置身事外的立场，
> 这种不熟悉的处境，
> 少有的几个出走者已无奈地回头了……
> 我害怕出走，我要在内部致力于变革。

选择怎样离开

如果选择了辞职，那么怎样离开也是一个问题——是静静地离开，还是在离开的同时公开表明自己的立场。这些选择是组织生活的一个普遍特征；然而，之前几乎没有任何论文或书籍论及组织中反对意见的动态，尽管哈佛大学的政治经济学家阿尔贝特·赫希曼（Albert O. Hirschman）最近出版的一本书几乎独力填补了过去的空白。非常奇怪的是，这本书仍旧是“不公开的”，受作者所描述的过程影响的读者大多没

有读过这本书。

我最早开始认真考虑辞职的问题以及反对意见的其他表现形式等组织现象，是在 1970 年的春天。当时，我刚刚辞去了纽约州立大学布法罗分校代理执行副校长的职务。正如经常发生的那样，我对这一现象的兴趣起因于不愉快的个人经历。我辞职是为了表示抗议，因为我认为代理校长在对付那年春天发生的一系列学潮运动时过分地使用了武力。

就我的情况而言，辞职被证明是毫无效果的抗议形式。当我试图分析其原因时，我发现，自己的经历根本不是独一无二的——大多数的大型组织，包括政府机构和大学，都有抑制和消除反对意见的有效机制。实际上，能像埃尔斯伯格那样迫使组织面对公众的个体很少见。

“温和地”离去毫无意义

普普通通的辞职是一种平淡的举动，不管正式提出辞职的个体多么正义、多么愤慨。一套服务于组织的常规和惯例会消除这种举动的不利影响，而出于各种个人原因，没有多少辞职者能够或者愿意打破这些常规和惯例。当被完全社会化的反对者辞职后，他会蹑手蹑脚地离开。一篇新闻稿会以离去者上司的名义送至媒体，上面写着：“今天我非常遗憾地接受了 Y 先生的辞呈。”这种形式上的声明不过是为了混淆视听，但是尽管如此，这是公认的惯例。

一个人在微笑的掩盖下逃走了，不管多么不真诚，双方也要说些恭维话，给彼此留些脸面。离去者最后的职责是要保持缄默。游戏规则要求结论只能传到局内人那里。这种惯例完全是为组织的宗旨服务的。宣布辞职通常是一个信号，暗示着组织内存在着不和谐甚至是真正的麻烦。但是，如果发出这种信号的个体没有进一步的坦白行动，那么辞职就仅仅是一个毫无意义的动作。组织推断经过消音处理的闹事者将很快被忘记，而这种推断往往是正确的。没有了眼中钉和肉中刺，组织会继续既定的方向，只是偶尔才会遭到普通公众没有经验的监督和审查。

追随和谐的弊端

组织对和谐的追求不是有意识的安排，而是大型组织的结构带来的必然结果。在这样的组织里，凝聚源于一套共有的价值观、信念、准则和态度。换句话说，**一个组织也是一个有鉴别力的系统，不能分享其共同的价值观和观点的人就是不正常的人、边缘人、局外人。**

讽刺的是，这种对和谐的普遍强调服务于组织的效果并不是特别成功。全体一致会相当迅速地导致停滞，而这反过来会引起非进步性的变革。**事实上，组织中不正常的人，也就是观点不同寻常的个体，很可能是组织与更适合的新范式之间至关重要甚至是唯一的纽带。**然而，这个事实并不会让组织更重视他。大多数组织宁愿冒落后的危险，也不愿给不符合准则或规范的人留出空间。

当这种不容忍简直就是自我毁灭时，也就是说，当所牵涉的问题意义非常重大时（或者当重要的人物采取了非常强硬或针对个人的立场时），情况就尤其如此。在一些小问题上，比如该给一种新产品取什么名称、该在哪个城市建立一个特许经营店，反对意见还是被容许甚至受欢迎的，以保证最佳的方案最终得到实施。但是说到战争与和平、生与死、发展与停滞、抗争与逃避、改革与现状等极其重大的问题时，反对意见往往被看成是恐怖的东西。恰恰是在这种最有必要考虑广泛方案的可能结果的情况下，一致意见的公示反倒变成了必须要捍卫的绝对价值标准，不管付出多大的人力资源代价。

在组织的环境中，全体一致或者至少是其公示非常受重视，以至于它对个体的影响往往会超过个体的良心。在一个组织中，一个守规矩的成员突然发现，自己在某个政策上与上司及同事意见相左。如果这个政策是相对不重要的或者尚未确定的，那么反对或许会被交易或妥协所吸收。如果所涉及的问题是无关痛痒的，冲突可能会被避免。但是，如果问题是重要的而反对者又是坚决的，那么隔阂就会越来越大、越来越深。起初，反对者会努力地对他人施加各种可能的影响，试图让他们相信和支持自己。除了召开记者招待会，这种选择还可以有别的实施方式，比如抱怨、威胁、辞职。但是在通常情况下，反对者会在一系列不公开的对抗中表达自己的不满。当这些努力失败时（通常都是这种结果），反对者必须要面对辞职的可能性。一旦表达的努力先后失败了，辞职就会变成合乎情理的选择。反对者会意识到，真诚、耐心地说服毫无效果，而他在组织内的影响力正日渐削弱，他对组织的忠诚可能也在逐渐动摇。如果他继续留在组织中，他就极有可能变成一个被压抑自我主张的人，一个没有影响力的人，得公然接受与自己的意志、判断、价值体系甚至是职业操守相违背的政策。

为何不愿意辞职

尽管这种前景的确非常惨淡，但是面对基本的组织冲突，为了坚持原则而离去仍旧是一种非常罕见的反应。

为什么我们不愿意辞职呢？为什么即使被迫辞了职，我们也宁愿“温和地”离去，不吵闹，不表明立场和原则，甚至不想让外人知道呢？巨大的组织压力以及个人的借口加在一起，会阻止反对者为坚持立场而离去。我们大多数人宁愿去说服上司或最高层看到“理由”，也不愿意辞职。辞职意味着反叛和蔑视，是一种让大多数组织人（包括从政者和学术界人士）感到不自在的姿态。

更糟糕的是，辞职还带有失败的意味，而失败是追求成功的人群最避讳的。因此，我们不辞职，我们告诉自己说，如果我们辞职了，组织可能会变得更糟。这可能是所有借口中最有诱惑力的一个。在这期间，我们已经越来越深地卷入到自己默默反对的政策当中，想要从中解脱已经越来越困难了。

辞职者为何保持沉默

如果辞职无法避免，很多自私的理由会让我们安静地离开。大多数辞职者想要再找工作，而很少有组织喜欢多嘴长舌的人。什么都敢说，这不太可能让你更受雇主的欢迎。公开表达愤怒的辞职者会被一种消极的氛围所笼罩，而以回归商业、家庭、教学或研究为理由安静地离职的人，重新进入就业市场时则不会头顶任何疑云。

很多辞职者宁愿保持低调，仅仅是因为他们意识到问题变了。吵吵闹闹地表明立场也无济于事，何苦要因此毁了自己的前途呢？不管这些理由多么自私，当一个人选择了安静地离开时，得到最大好处的始终是组织。得体的离职隐藏了引发辞职的潜在分歧。争论中的问题几乎肯定会被冠冕堂皇的离职声明所掩盖。

就像禅宗的茶道一样，辞职是一种仪式；对没有按规矩完成仪式的人来说，辞职就是灾难。在组织的计划中，辞职的事实及其背后的原因都不如保全组织的颜面重要。坦白的辞职会被组织视为背叛和泄密的举动。当然，这在某种程度上也是一个保全个人颜面的问题。那些当权者希望看到组织一团和气，部分是因为这可以让他们自己免遭批评。

因为谨小慎微的辞职相当于没有任何的抗议，所以温和地离去可以让辞职者免遭背叛组织的指责。但不管是“强硬”还是“温和”，辞职离去始终是组织生活中的最后手段。值得注意的是，强烈反对某项政策的个体往往会选择表面默许、私下阻挠的做法。他可能会继续向同事表达自己的反对，但同事们也可能用各种办法中和他的抗议。在这种个体与组织其他成员的冲突中，个体往往会离去——即使不是整个人离开，至少也是把自己的关注转向管理和实施等实际问题。他会转移自己的注意力。

这样的活动能否让一个人精疲力尽到道德麻木的程度，这是值得怀疑的，但有一点可以肯定的是，大型组织的本性可以让麦克纳马拉或者埃尔斯伯格这样的人致力于一个不道德的目标，而且不会立刻产生负罪感或内疚感。根据定义，组织就是增强了的差异化和专业化的系统，因此组织的道德就是割裂了的行为的道德。正如查尔斯·赖克（Challes Reich）在《纽约客》上所写的：

> 一个科学家利用自己的知识和研究，开发一种叫作凝固汽

油弹的东西；另一个专家负责制定对外政策；第三个专家关注的是最先进的武器装备；第四个专家制造国防机构所需要的东西；第五个专家根据命令在指定地点把凝固汽油弹从飞机上投下。

在这种割裂的环境中，任何一个人都容易形成一孔之见，只专注于手头的任务并带着成就感去完成，而不管所有这些个别任务合起来的结果多么邪恶。**作为所有大型组织的特征，这种割裂的结构会助长冷漠以及对责任的逃避。在这样的一个组织中，成员身份的一个好处就是肯定不会闻到皮肉烧焦的味道。**

我们都是听着组织神话长大的。其中一个主要的神话是，全体一致的景象总是令人渴望的。这种信念是错误甚至危险的，但这并不影响它的流行。是的，这有时候需要决断力。的确，组织不应该经常公开地内斗。但是，始终不惜任何代价地禁止成员之间的情绪碰撞，这样做有什么好处呢？一个成员可能与组织的当权者存在着意见分歧。难道，为了让公众继续相信组织生活是没有冲突的，他就必须得保持沉默或被迫离开吗？然而，为了维持一团和气的假象，组织继续装出最做作的姿态，就像对公众撒谎的姿态。

无法超越家丑不可外扬这一危险的观念，无能的我们近于精神分裂症患者。这不仅意味着反对意见是不好的，而且还意味着像政府这样的公共机构，其成员不是凡人，而是从来不会卷入这种庸俗的攻击性活动的圣人。

事实上，组织（包括政府在内）是庸俗的、辛苦的；**如果想持续下去，**

组织就必须营造一个坦诚的环境——在这个环境里，傻瓜可以被称为傻瓜，所有的行动和动机都要及时受到严格的审查，以避免人为的漏洞和失败。在民主制度中，卑鄙、迟钝和腐败总是会被充分地曝光，而不会受到掩盖和保护；就像在“现实”世界中一样，这些东西必须要面对不留情面的质疑。当庸俗陈腐的客气被看得比责任或坦率更重要时，结果就是一个受严格统治而失去人性的社会；在这样的社会里，受到操纵的言语符号会制造出虚假的现实。

“忠诚”往往被用作抑制反对意见的理由或借口。这种做法的一个版本是声称坦白直言使“亲者痛、仇者快”。因为公开发表了所谓的《五角大楼文件》，埃尔斯伯格对国家的忠诚一再地受到质疑。在《纽约时报》连载的这份文件的头 3 期里，所透露出来的内容几乎都是众所周知的。除了少数的细节和一两段有趣的坦白，基本上再没有什么东西是此前一些不那么有争议的关于越战的论文和书籍尚未披露的。但是，试图抑制保密材料公开的政府官员决定夸大这次发表的“外交后果”。布法罗的《新闻晚报》(*Evening News*)援引一位政府官员的话说：“毫无疑问，最认真地阅读这篇连载的肯定是苏联大使馆。”

阻止成员表达反对意见的所有上述压力，都可以归入“忠诚”这个拙劣的标签。事实上，这些压力体现出一些更微妙的个人和组织因素，其中包括：

- 根深蒂固的心理依赖。
- 权力的问题。
- 纯粹的野心。
- 拉拢机制（“唱反调者”技巧）。

- 成为集团一员的压力以及害怕从外向里看的恐惧。
- 对“绅士会温和地、私下地解决分歧”这一神话的迷信。
- 对“亲者痛、仇者快”这种背叛的恐惧。
- 认为自己“理智的”努力会阻止事态进一步恶化的幻想。

要想理解反对辞职的其他理由，我们必须先来看看一个更深层的文化因素。事实上，我们大多数人都要在这样的“组织社会”中度过自己忙碌的职业生涯。在美国，90% 的就业人口在正式的组织中工作。在我们的文化中，身份、地位、成就感等都要通过成为这些组织的一员来实现。在很大程度上，你做什么决定着你是什么。“我的医生儿子”不仅仅是无数犹太笑话中的妙语。它简洁而又精确地描述了有关我们文化的一个重大事实。在现实生活中，与某种职业或其他组织的关联是实现身份、自我、自尊的保证。你就是你所从事的职业；在我们的社会里（就像在所有其他的工业社会中一样），工作是在大型的、复杂的官僚体系中完成的。如果你离开了组织，尤其是公开地表达了你的抗议，那么你就会像贝克特戏剧中的人物一样，没有角色，没有道具，没有布景。

辞职，请公开表明你的立场

事实上，再多一些辞职会更有利于个人的良心，也更有利于这个国家。我自己的辞职是一个转折点。这个决定代表着在多年的组织生活中，我第一次能够说“不，我不能让自己认同那项政策”，第一次宁可冒成为局外人的风险，也不要拒绝耐心地进行内部变革。很多因素促成了这个决定，但是说到底我的辞职原因是非常个人的。我不想在警察进驻校园一两个月之后才说：“嗯，当时我是反对这项措施的。”

我认为，对我们组织中每一个需要作出决定的人来说，大声表明自己的观点是非常重要的。如果我们发现因为自己完全不能认同组织的政策，所以继续做管理者已不可能，那么我认为我们必须辞职并公开表明自己的立场。另一种选择是没有价值的盲从，但那样做的代价太高了。

MANAGING THE DREAM

REFLECTIONS ON LEADERSHIP AND CHANGE

20 追随力

在一个越来越复杂的世界里，领导者越来越依赖于下属提供的可靠信息，不管他们是否愿意听。讲真话的追随者与听真话的领导者是一个难以战胜的组合。卓越的领导者鼓励并且奖励反对意见。他们明白，不管时常听到逆耳之言会让他们感到多么不自在，那也是值得的，因为深思熟虑的顶嘴可以强化他们作出正确决策的能力。

一个像我们这样崇拜明星的社会，在分析组织成败的原因时把注意力集中在领导者身上，这可能是必然的。作为一个长期研究和讲授管理的学者，我也曾经倾向于在领导者那里寻找组织实现和保持繁荣的线索。但是，我对有效领导者的研究越多，就越深信有效追随者的重要性被低估了。

什么造就了优秀的追随者

是什么造就了优秀的追随者？一个最重要的特征很可能是讲真话的意愿。在一个越来越复杂的世界里，领导者越来越依赖于下属提供的可靠信息，不管他们是否愿意听。**讲真话的追随者与听真话的领导者是一个难以战胜的组合。**

对我所说的“有效的顶嘴”的重要性，电影巨子塞缪尔·高德温（Samuel GoldWyn）似乎有一种直觉意识。在一连串的票房惨败之后，高德温先生把下属们召集到一起说：“即使意味着你们将失去工作我也希望你们毫无保留地告诉我，我和米高梅电影制片公司到底犯了什么错。”

尽管高德温先生本人并不乐意放弃让他自我感觉良好的“应声虫”的存在，但是他却以令人愉快而又有点混乱的方式承认公司非常需要讲真话的员工。

优秀的追随者让组织受益

像投资组合一样，组织也可以得益于多样性。卓越的领导者能够抵抗寻找与自己类似的人成为同事（我称之为“分身效应”）的强烈欲望。他们寻找不同类型的优秀人才，鼓励他们说出自己的想法，甚至是提出反对意见。有些领导者意识到了组织全体成员异口同声的隐患，因此明智地把反对意见纳入到决策过程当中。

对深思熟虑的反对意见持鼓励态度的组织，所获得的不仅仅是浓厚的分权气氛，还可以作出更正确的决策。在最近的一次研究中，普渡大学的心理学教授丽贝卡·亨利发现，群体往往要比个体更能有效地预测销售额以及其他的金融数据。而且，群体成员最初的分歧越大，他们最后作出的预测就越准确。“分歧越大，他们被迫考虑的可能性就越多。”亨利女士说。

领导力箴言
MANAGING THE DREAM
REFLECTIONS ON LEADERSHIP AND CHANGE

讲真话的追随者与听真话的领导者是一个难以战胜的组合。

像优秀的领导者一样，优秀的追随者也懂得敢于直言的重要性。更重要的是，他们坚持这一原则。就像更信奉宗教的时代所谓的“沉默的罪恶”一样，沉默无为往往会让组织及其领导者付出沉重的代价。对前总统罗纳德·里根来说，那些不愿对他讲逆耳忠言的所谓的朋友，要远比他表面上的敌人给他造成的痛苦和损失更大。

拒绝沉默而不是反对意见

在南希·里根最近的自传《轮到我说了》（*My Turn*）当中，她提到，记得有一次当时任副总统的乔治·布什来找她，说他对白宫的办公厅主任持严重的保留意见。“我希望你直接去跟我的丈夫说，”第一夫人说，“我不应该是唯一一个向他说这件事的人。”据里根夫人说，布什先生的回答是：“南希，那不是我的职责。”“那恰恰是你的职责。”她气冲冲地说。

南希·里根说得对，向当权者说出自己最真诚的忠告，这是优秀追随者的职责。**领导者应该拒绝的是沉默而不是反对意见。**关于这个主题，历史上有很多前车之鉴，但最发人深省的就是英格兰大法官兼上议院议长圣托马斯·贝克特（Saint Thomas à Becket）被谋杀的原因。据说有一次，在与曾是其好友的贝克特发生争论后，亨利二世（Henry Ⅱ）小声地咕哝说：“就没有人愿意帮我摆脱这个爱管闲事的神父吗？”

于是，有四个骑士冲进贝克特的大教堂杀了他。这四个骑士认为，那就是优秀追随者应该做的。对于亨利提出的问题，最有利于其施政的回答应该是“不”，或者至少是“让我们来谈谈这件事吧”。当然，这样做要冒不敬犯上的风险。

就像现代那些发誓证明他们只是在照领导者的意思做事的下属一样，那四位骑士犯了胆大妄为之罪。亨利错在没有表明自己的态度，没有营造一个鼓励逆耳忠言的环境，使得追随者宁愿杀人也不愿提出反对意见；

四位骑士错在没有提出正当的理由来反对国王的决定。

卓越的领导者鼓励并且奖励反对意见。他们明白，不管时常听到逆耳之言会让他们感到多么不自在，那也是值得的，因为深思熟虑的顶嘴可以强化他们作出正确决策的能力。

管理者的薪酬应该大大有助于安慰领导者受到逆耳之言刺痛的自我。但是，追随者能从中得到什么好处呢？的确，在大胆直言的过程中，优秀追随者可能必须要冒丢掉工作的危险。但是请想想保持沉默的代价。什么工作值得你追随一个固守着最狭隘的忠诚观的领导者呢？为了保住工作而承受如此巨大的心理压力，这值得吗？

领导力箴言 MANAGING THE DREAM
REFLECTIONS ON LEADERSHIP AND CHANGE

像优秀的领导者一样，优秀的追随者也懂得敢于直言的重要性。更重要的是，他们坚持这一原则。

或许最有讽刺意味的是，愿意大胆直言的追随者恰恰表现出了作为领导力要素的那种主动精神。

MANAGING THE DREAM

REFLECTIONS ON LEADERSHIP AND CHANGE

21 善于讲故事的领导者

最卓越的领导者，不管是高尚的还是邪恶的，都是讲故事的高手，都善于以生动而又令人信服的叙述和表达将其他人吸引到自己身边；他们可以找到一种声音去清楚地表达共同的梦想；他们能够说出他人内心无形的渴望和深切的需要；他们可以从言语中创造出一致性。

近年来，就领导力的主题著书立说已经成了一个增长产业。在过去的20年里，出现了许许多多有关这一主题的论文和书籍。在其中看起来有可能经久不衰的少数几本书里，我们能马上想到的是詹姆斯·麦格雷戈·伯恩斯（James MacGregor Burns）仍能引起共鸣的《领袖》（*Leadership*）和詹姆斯·奥图尔的《领导变革》。现在又多了一本这样的书，它就是霍华德·加德纳的绝佳新作《领导智慧》。

这本副标题为《领导能力剖析》的书是极富挑战性的，它试图为我们对领导力的所有认识建立一个认知框架。就像加德纳早些时候所写的《智能的结构》（*Frames of Mind*）、《心灵的新科学》（*The Mind's New Science*）和《大师的创造力》（*Creating Minds*）[①]一样，他的这本新书也是他在哈佛大学教育学院研究创造力和影响力的成果。

加德纳的领导力观点

加德纳是一位好老师，他深知最有效的教训往往要以生动的故事来

① 霍华德·加德纳经典之作《领导智慧》《智能的结构》《大师的创造力》《多元智能新视野》《重塑真善美》中文简体字版已由湛庐文化策划、浙江人民出版社或中国人民大学出版社出版。——编者注

表达。因此，他没有用满篇的斜体术语和简单化的图表来阐述自己的领导力理论，尽管这些东西在近年来的领导力书籍中已经变得像页码一样不可或缺。相反，他记述了从玛格丽特·米德到圣雄甘地等 11 位 20 世纪的领导者，用他们生动活泼的简短传记把自己的理论观点变得有血有肉。在加德纳所营造的背景中，这些被浓缩的人生像某些伟大的领导者所写的信件一样具有说服力；它们至少可以片段地告诉我们，在各自卓越的职业生涯中，这些领导者对职责的履行有哪些认识。这些简短的传记寓教于乐，即便没有提供直截了当的答案，至少也是极具指导意义的。

在详细分析加德纳的成就之前，请让我先说说，为什么他的这本书如此重要。人类目前面临的三大威胁是：核事故或核战争导致的全球毁灭、全球范围的瘟疫或生态灾难以及大多数机构中日益深重的领导力危机。与大瘟疫或核浩劫的威胁不同，领导力危机不大可能成为畅销书或卖座电影的素材；但是在很多方面来说，它又是我们今天面临的诸多威胁当中最紧迫、最危险的一个——单凭它至今还没有得到足够的承认和了解这一点，我们就可以这样认为。

如何应对领导力危机

领导力危机的迹象是普遍存在和令人担忧的。请看看在通用汽车、IBM 和美国运通等一些最受尊敬的美国企业里发生的领导变化吧。通过比较通用汽车的两位前任领导者艾尔弗雷德·斯隆和罗杰·史密斯的领导能力，加德纳认为，在我们的企业中领导力正日益恶化。

正因为非常重视这个危机，正因为“所有的领导者都到哪里去了”这个问题一直萦绕于脑际，所以我拜读了加德纳的这本书。尽管《领导智慧》并没有提出什么神奇的准则或捷径，但它的确为我们以清晰、理性的方式思考领导力提供了一个框架，而这正是解决我们面临的领导力危机所必需的第一步。

加德纳的核心观点之一是，卓越的领导者——不管是罗斯福还是希特勒，善于讲述或表达面向其他人的故事。加德纳所谓的领导者不仅仅是首席执行官或国家元首。在他看来，所有**“能用语言或个人榜样对很多人的行为、思想或情绪产生显著影响的人”，都是领导者。**加德纳喜欢把那些被影响的人称为“听众”，而不是“追随者”。他描述了领导力的连续区间：一端是间接领导力，通过学术成果或者其他的符号沟通来施加影响；另一端是直接领导力，比如世界领袖通过演讲或其他途径来施加影响。

加德纳还根据影响范围制作了领导力的分类图表：从对诸如学术专业等相对狭窄的领域施加的影响，到对较大社群施加的影响。另外，他还根据创造力描述了领导力的层次：像教育家罗伯特·梅纳德·哈钦斯这样的小范围领导者处在最低层次，像甘地这样的梦想家处于最高层次。加德纳列出了有效领导力必须具备的 4 个因素：

- 与社群或听众的联系。
- 包含超脱和融入在内的生活节奏。
- 他们所讲述的故事与他们表现出来的品质之间的关系。
- 通过人们的选择而不是利用暴力获得的权力。

有的读者或许并不认同加德纳的理论框架；他自己也很谦虚地说，这个框架不是一个领导力模式，而仅仅是领导力模式的要素。然而，不管是否认同，读者们都会发现，这些真实领导者的故事就领导力自我表达的众多方式提出了很多深刻的见解。加德纳从来不会因为过于迷恋自己的认知理论，而将自己的观察仅仅局限于完美地符合其范式的事物。他以非常简洁的语言给我们提供了更多内容：不仅有抽象的、理论的东西，还有具体的、真实的东西。

加德纳想要系统地分析领导力的尝试非常大胆，因为任何概括性的解释都容易受到猛烈的批评和抨击。但是这本书的神奇之处在于理论与生动的实例并存。作为曼哈顿计划的负责人，罗伯特·奥本海默后来成了主张负责任地利用核能的有争议的代言人。一开始，他只是理论物理学这一相对有限的领域中的一个间接领导者。然而，更让人感兴趣的是奥本海默领导力风格的特质，这在加德纳对奥本海默职业生涯的叙述中得到了生动的展现。

加德纳知道，一个恰到好处的逸事抵得上一千条理论；他最擅长的就是展现而不是说教。例如，加德纳没有长篇大论地讲述奥本海默的傲慢自大如何导致其领导的失败，而是举了一个令人印象深刻的例子：因为发行人菲利普·格雷厄姆（Philip Graham）看不懂书稿中的一些梵文，奥本海默冷冰冰地与他解除了合作。在同一章里，加德纳还讲述了前总统林登·约翰逊（不在加德纳所述的11位领导者之列）授予奥本海默“费米奖”（Enrico Fermi Award）①，从而结束了奥本海默非正式地与公职隔绝的生活。透过这个事例，加德纳让我们管窥了什么是有道德的领导者。奥本海默表明了他对约翰逊这一举动的意义的深刻理解，他说：

---

① 美国政府机构原子能委员会（Department of Energy）颁发的一项国际奖，每年颁发一次，用来奖励在核物理方面有高度成就的杰出人士。——编者注

“总统先生，今天您颁这个奖给我，我想这很可能需要一定的宽容和勇气。在我看来，这对我们未来的一切来说是个好兆头。”

通过以独特的方式定义术语并描述领导力的很多表现形式，加德纳一次又一次地让我们有机会去深入地思考领导力。虽然这种图解式的方法有时候会变得有些单调乏味，但是我们知道，很快我们就会来到另一个发人深省的时刻，读到另一个深刻的教训。这就是我们所花时间的首要回报。这本书能带给我们的另一个乐趣是，它会让我们草草地记下一些笔记，以便我们更多地了解一些可能被忽视的领导者。加德纳的创造力，把一次原本可能艰难且乏味的严肃探索，变成了一次轻松而又令人兴奋的学术之旅。

领导力的三个争论

加德纳这本书最大的优点之一是，它避开了那些错误的对立二分的观点，而当前有很多论述领导力的文献都深受其害。不管初衷多好，那些作者都往往会卷入到如今大家都熟悉的关于领导力的争论中。那些关注领导者和领导力的作者特别容易陷入三个争论。

第一个争论是，领导者是高于生活的形象——能够改变处境的英雄。比如温斯顿·丘吉尔说他的祖先约翰·丘吉尔（John Churchill）就是这样的人——抑或仅仅是比他们自身更为强大的力量的生动化身？我把这看作是托尔斯泰与卡莱尔之间的争论。在托尔斯泰的《战争与和平》中，拿破仑和他的俄国对手与俄法两军那些重大战役的最终结果之间没有多大关系。用一个可能会让托尔斯泰迷惑地揪住胡子的比喻来说就是，托尔斯泰眼里的领导者不过是又一个立于时代精神潮头的冲浪者，虽然他用的冲浪板最大。而卡莱尔则认为，每一个组织都是某个伟人拉长了的影子。假如卡莱尔是一个南加州人，他可能会写道，伟大的领导者不仅驾驭浪潮，他们还创造浪潮。

加德纳没有接受这两种对立领导观中的任何一个，而是超越了它们，甚至化解了它们之间的矛盾。加德纳从未屈从于这种非此即彼的思维，他将其描述为5岁孩童的心智——加德纳用5岁来代表普通公众未经教育的心智年龄。例如，在介绍乔治·卡特利特·马歇尔将军的时候，加德纳既是在描述一个英雄的行为——身为年轻军官的马歇尔在第一次见面时就敢于质疑潘兴将军，也是在讲述一位领导者的职业轨迹，他努力地修复着从前的政敌留下的惨淡经济。如果加德纳的天平偶尔倾向于卡莱尔的领导观，又有谁能指责他呢？毕竟，这本书承认了人类活动中故事的重要性，而谁的故事又能比英雄的故事更有说服力呢？

加德纳也超越了第二个争论，领导者是天生的还是后天造就的这一持续的争论。这个争论已经非常普遍，甚至成就了一幅漫画：一个紧张不安的少年将满是“不及格”的成绩单拿给做首席执行官的父亲看，并问道：“爸爸，你觉得这是遗传呢？还是受环境的影响呢？”加德纳承认这个在众多学术群体中引发不同意见的争论，但他没有选择支持任何一方，而是把来自双方的有用数据作为了我们对领导者的基本认识。他认为，领导者们的确看起来有一些共同的经历。我们这个时代的杰出人物，包括克林顿总统在内，有相当多的人都是早年丧父。而且，领导者们看起来也具有某些共同的品质。正如我自己对很多当代领导者的研究所显示的，无论是在艺术领域，还是在政治领域或企业界，领导者几乎向来都是爱冒险的人。他们还往往有好奇心，精力充沛，并且天生就有强烈的幽默感。

加德纳不仅能公正地审视是天生还是后天造就的争论，他还能对此有所思考而又不过分沉迷于其中。他对两种矛盾观点的平衡把握标志着他的成熟。争论领导者是天生的还是后天造就的，这是一种放纵的偏离，因为当前我们最紧迫的问题是，怎样最充分地开发很多人都具有而且我们也极度需要的领导能力。一项诺贝尔奖在等着能够解决领导者是天生的还是后天造就的这一问题的那个人。但是，在某个出人意料的突破或者令人信服的新证据出现之前，这样的争论不会有任何结果。公共生活的各个领域对领导力的需求已经变得极其迫切，我们不能再把时间浪费在这种毫无意义的争论上了。

加德纳巧妙避开的第三个争论，错误的对立二分，是实用主义的领导力与理想主义的领导力之间的认知冲突。对于那些抓住了机会，却不顾自己的行动会对他人的生活质量造成什么影响的领导者，关于领导力的文献使用了几个不同的术语来描述他们。“马基雅维利式的权谋政治家”（Machiavellian）是这些术语中最激烈的一个。一些较为温和的术语往往出现在权变理论和“情境理论”的讨论中。但是，加德纳聪明地避开了这些标签，他的选择是让我们看到领导者往往既是实用主义者，也是理想主义者。例如，他恰当地把哈钦斯描述为“一个带有实用主义气息的理想主义者”，并且提到斯隆在为通用汽车公司赚钱的同时也抱有为国效力的愿望。

领导者善于倾听，更善于表达

在对领导者长达 40 年的研究中，我一次又一次地发现，他们是“务实的梦想家”；他们的达成能力往往是以一个包含利他主义的愿景为基础。因此，当史蒂夫·乔布斯游说时任百事公司总裁的约翰·斯卡利来苹果电脑公司时，他知道自己不仅要感召斯卡利的雄心壮志，而且还要迎合他想要在大幅增加的利润之外留下点什么的渴望。当时乔布斯问斯卡利，他想把自己的余生花在卖糖水上面吗？

学者们处理两类问题。有些问题，比如用假饵钓鱼以及16世纪法国诗歌的肖像学，是可以彻底研究清楚的。而另一些问题，比如领导力，牵涉太广而且太过复杂，因此是只能探索的。这后一类问题必然是更为重要的。你可能会质疑加德纳的一些具体的选择。例如，你可能会问，如果他完全专注于公共领导力及其影响广泛的问题，那么他的研究成果会不会更适用于组织生活。但是，考虑到这本书卓著的成就，所有这样的意见都仅仅是吹毛求疵。

在加德纳探索的那些领导力风格中，有几个反复出现的要素在以前的相关文献中一直没有得到足够的强调。例如，对于加德纳所描述的很多领导者（包括龙卡利和甘地）来说，旅行甚至要比正式的教育更重要。加德纳指出，同独裁的领导者相比，非独裁的领导者更有可能经历过大量的海外旅行。很多领导者经历过近乎虚构的、包含了考验和新生的内心旅行。加德纳让我们看到，尽管不得不面对丈夫的小儿麻痹症以及他爱着另一个女人的事实，但埃莉诺·罗斯福（Eleanor Roosevelt）却成功地重新塑造了自己，成为了一个越来越独立的、为女权和民权事业呼吁奔走的领导者。

不过，我们也不能变得过分倾向于卡莱尔的领导观。领导从来不是在真空中施行的。**领导力始终是领导者、追随者以及目标或梦想之间的互动。领导者与追随者之间的共鸣会让他们团结起来致力于共同的事业。**

领导者在这个过程中的角色得到了较多的分析。例如，我的研究表明，领导者受到了高度的关注，他们能够激发信任，是希望的传播者。但是对领导者而言，追随者要比那些个人特征当中的任何一个都更加重要。正如加里·威尔斯在《吹响领导的号角》（*The Call of Leaders*）中所写的：

> 领导者最需要的是追随者。如果没有追随者，最优秀的创意、最坚定的意志、最迷人的微笑都将毫无意义。

领导者都善于倾听：当甘地走遍整个印度去了解人民的心声时，他显示出了这种能力。但是，让领导者有别于心理医生或咨询师的是，**领导者可以找到一种声音去清楚地表达共同的梦想。**加德纳所选择的领导者几乎个个都有出众的口才，但我在他们的履历中并没有看到公开演说。我们似乎把激励和鼓动听众的能力看成是某种花哨甚至危险的东西了。然而，正是出色的口才让马丁·路德·金拥有了一个国家甚至是国际领导者的声音。任何想要给未来的领导者制定课程的人，都应该牢记这个事实。

卓越的领导者能够说出他人内心无形的渴望和深切的需要。他们可以从言语中创造出一致性。在《领导智慧》中，加德纳让我们看到，他自己就是一个这样的领导者——能够清楚地表达长期以来我们很多人对这一主题的思索。

MANAGING THE DREAM

REFLECTIONS ON LEADERSHIP AND CHANGE

22 凭直觉行动

我们的文化需要更多的右脑特质，需要变得更加注重直觉、概念、综合以及艺术性。在任何一家企业里，管理者扮演着左脑，研发人员扮演着右脑，但首席执行官必须兼而有之，具备全脑思维，其中就包括学会相信爱默生所说的“神圣的冲动”，也就是预感，或者说是在一瞬间让你看到了绝对该做之事的幻象。人人都有这样的幻象，只是领导者学会了相信它们。

人生从来就不简单，而且正变得日益复杂，尽管如此，我们仍然坚持努力把它变得简单。简单化的倡导者把现实看成是机械的、静态的、分段的、理性的，尽管它实际上是有机的、动态的、完整的、模糊的。他们把相互关系看成是线性的、顺序的、无关联的、单个的、相互独立的，虽然实际上它们是并行的、同时发生的、有关联的、模糊的、多重的、相互依赖的。他们是宿命论者，相信因果，但事实上，可能性才是唯一的规则，必然的事几乎从来没有出现过。

不过，为了避免有人被复杂性吓跑，我还是愿意引用美国天文学家、科幻小说家卡尔·萨根（Carl Sagan）在《伊甸园之龙》（*The Dragons of Eden*）中提出的这种想法：

> 我们可以想象出一个这样的世界，它的自然法则极其复杂。但是，我们并没有生活在这样的一个世界里。为什么呢？我想，这可能是因为所有觉得他们的世界太复杂的生物都灭绝了。例如，我们生活在树上的远古祖先，他们需要从一棵树荡到另一棵树上，其中那些难以计算出正确跳跃轨迹的个体，自然不会留下很多后代。

这个世界也许不是非常复杂的，但它仍然是复杂的。而且正如我前面提到的，社会法规要比自然法则更复杂、更不确定。尽管存在这样的复杂性，我们却不能听天由命。我们必须继续从一棵树荡到另一棵树上，尽管这些“树”可能是思想，而我们可能是在利用神经元的轴突代替手臂建立联系。此时，我们可能愿意听从现代著名数学家、哲学家和教育理论家艾尔弗雷德·诺思·怀特海（Alfred North Whitehead）的建议：“寻求简单，然后怀疑它。”

机械观创造了组织人。正如我曾经提到的，具有讽刺意味的是，导致很多组织问题的正是组织人。**那些把自身的创造力和精神影响力发挥到极致的个体，将通过改造自身来拯救我们的组织。**

领导者需要全脑思维

最近的研究已经清楚地表明，大脑的结构和功能分布并不完全像我们原来认为的那样。但是，把美国人的组织生活看成是左脑文化，充满了有意思的逻辑、技术、约束、保守和管理，仍旧是对我们有帮助的。我们是这种文化的产物，也同样受这些特征的控制和支配。**我们的文化需要更多的右脑特质，需要变得更加注重直觉、概念、综合以及艺术性。**在与本书中的这些受访者交谈时，我一次又一次地被一个事实所打动，那就是不管他们的职业是什么，他们对直觉和概念能力的倚重丝毫不亚于逻辑和分析的才能。他们都是运用全脑的人，能够充分地利用自己的两个大脑半球。

在任何一家企业里，管理者扮演着左脑，研发人员扮演着右脑，但首席执行官必须兼而有之，同时具备管理和想象的才能。之所以很少有人从有能力的管理者一跃成为真正的领导者，原因之一就在于企业文化以及整个社会更多的承认和奖励左脑成就，低估右脑成就。务实思维就是左脑统治的明证。习惯形成于左脑当中，却不会形成于右脑当中。

在担任美国大学女性协会的执行董事时，安妮·布赖恩特利用她所谓的“热气球练习”来鼓励员工们进行富有想象力的思考。

> 你带着人们登上一个想象中的热气球，从那上面可以看到整体和全局。然后，你分析自己看到了哪些事物、哪些人，他们在做什么以及他们还可能在做别的什么。例如，你可以想象如果你为儿童发展研究投入50万美元，那会发生什么？或者对于少女怀孕的问题，你能做些什么？

作为当时美国红十字协会的首席执行官，理查德·舒伯特（Richard Schubert）承认，组织当中始终存在着这种困境，即左脑习惯与右脑愿景之间的矛盾。他对我说：“需要维持现有的体系是显然的，而有必要改变它也同样是显而易见的，处在这两者之间，我常常感到左右为难。”

领导力箴言 MANAGING THE DREAM REFLECTIONS ON LEADERSHIP AND CHANGE

> 管理者扮演着左脑，研发人员扮演着右脑，但首席执行官必须同时具备管理和想象的才能。

作为美国女童子军协会的执行董事，弗朗西丝·赫塞尔宾预见到了社会的改变，包括少数民族人口的增长，并预想到了她的组织可以怎样为这些改变做好准备：“因此，女孩们的需求也在改变，而我们在探索不同的方法以满足这些需求并提供服务。我在创立一个创新中心，它不是一个场所，而是一群人和一个概念。这个团队……将直接与各个女童子军理事会合作建立新的模式，使我们能够影响各种不同的社区，找出并培养土生土长的领导者，这将会变得越来越重要。”

在领导各自的非营利组织摆脱传统方式进入创新模式的过程中，布赖恩特、舒伯特和赫塞尔宾都采取了全脑思考的方法。他们三个以前都曾在私营部门取得过成功，都是在中年时期改变了自己的职业生涯。他们三个都说，从来没有任何成就能比他们在非营利组织中的任职更让人欣喜。舒伯特简洁地说：“这是我平生做过的最令人兴奋、最富有挑战性的事。”

科学家马蒂尔德·克里姆也是从私营部门转入公共部门的。他说：“成长需要抱着好奇心去体验差异和同步，去探索新的环境并沉浸其中，去反思你的经历并从中得到有益的经验。”

听从内心“神圣的冲动”

全脑思维的一部分包括学会相信爱默生所说的“神圣的冲动”，也就是预感，或者说是在一瞬间让你看到了绝对该做之事的幻象。**人人都有这样的幻象，只是领导者学会了相信它们。**

在此我想提醒你，李尔曾说，爱默生的《论自立》对他成为一个领导者产生过深远的影响：“爱默生说要倾听内心的声音，与它同行，别去理会所有相反的声音。我不知道自己从何时开始理解那种声音中存在的某种神性——可以肯定的是，在高中、大学甚至是青年时期，我都还一无所知，但随着成长的继续，我也渐渐认识到了它的存在。身为一名作家，我怎么能够每天带着一个第二幕的问题入睡，醒来的时候就有了答案呢？

因为有某种内心的声音。与那种声音同行，这是我们拥有的最纯净、最真实的东西——当然我得承认，并不是总能做到这样。而且，当我们放弃了自己的思想和信念时，它们最终会从他人的口中回到我们这里。它们会带着一种陌生的威严归来……所以，应该吸取的教训是，你要相信它。当我听从那种内心的声音时，就是我最有力量的时候。”

我认为，听从“神圣的冲动”，这是领导者的基本要素，也正是愿景得以实现的方式。但是，对其他右脑品质的需要，也一次次地出现在我与这些领导者的谈话中。

在谈到怎样成为一个企业家时，作家和女权领袖格洛丽亚·斯泰纳姆说：“如果你是一个非线性思考者，那会大有帮助。成为企业家需要一定的说服力，而这意味着要具备共情（empathy）[①]……在我看来，企业家就像商业世界里的艺术家，因为我们可以把那些看似没有联系的东西结合成一个整体。”在谈到成功时，她使用了相似的措词：“对我来说，进步的模式不是线性的，成功就是在完成你自身的整个循环。”

领导力箴言 MANAGING THE DREAM REFLECTIONS ON LEADERSHIP AND CHANGE

听从“神圣的冲动”，这是领导者的基本要素，也正是愿景得以实现的方式。

赫布·阿尔珀特（Herb Alpert）向我叙述了他是怎样做的：“我是一个右脑动物。我不是一个传统意义上的商人。我常常同时做很多事情，

① 心理学术语，是指能够对他人的处境、情感和动机认同和理解，设身处地替他人着想。“共情”不同于“同情”（sympathy）。关于二者的详细差别，请参见相关的专门论述。在后面的译文中，“共情”既可以作为名词，也可以作为动词。——译者注

依赖自己的直觉行事。当双肩感到紧绷时，我知道有什么东西不对头了。我把自己的身体当作晴雨表，……当有人给我唱歌时，我会努力倾听。我会努力让偏见随风而逝。大体上，我是在倾听内心的感觉。”

这种对直觉的信赖已经让阿尔珀特成为一个成功的唱片明星和一个同样成功的商人。在谈到他时，他在A&M唱片公司的长期合伙人吉尔·弗里森（Gil Friesen）说：“他凭直觉就知道什么是正确的、什么是应该做到的。而且，他有一种特殊的能力，使他可以时常地跳到局外来观察、理解和提出问题。他在这家公司的框架内经营自己的职业生涯，这是一个完美的场景。他不断地作出决策，再造着他的职业生涯。”

阿尔珀特认为，在你应对当前的同时，你需要有一个描画未来的愿景。而且，阿尔珀特对相互的信任深信不疑。在谈到弗里森以及A&M唱片公司的创立合伙人杰里·莫斯（Jerry Moss）时，阿尔珀特说：“这家公司真正的原动力，是杰里、吉尔与我之间的相互信任，以及艺术家们对我们的信任。那些艺术家们说，因为我们的人关心他们正在做的事，所以他们会变得更轻松、更有灵感。另外，我们身上贴着私有和独立的标签，所以能够迅速地行动。”

弗里森接着说道：“我无法告诉你‘独立’这个字眼到底有多重要——对我们的员工以及艺术家们来说有多重要，它似乎具有某种魔力。”然后他微笑着补充说：“而且，我们从来不把我们的唱片或者艺术家称为‘产品’，因为那是在贬低他们。”

作为苹果电脑公司的首席执行官，约翰·斯卡利鼓励周围的人提出各种不同的意见，并带着愿景去做市场调查。

领导者可能会犯的一个最大的错误就是，组建一个仅仅反映他个人想法的团队。我发现，团队最好是由具有互不相同技能的成员组成，使他们互不相同的技能相互配合。领导者的真正职责是要解决怎样才能让互不相同的人和要素协同配合的问题。

在自己亲眼看到之前，人们往往不知道或者无法描述他们想要的是什么。如果在引入麦金托什电脑（Mac，Macintosh，苹果电脑其中一个系列的个人电脑型号）之前去做它的市场调查，请被调查者描述他们心目中理想的个人电脑，那么他们会想到某种完全不同的东西。但是，当我们把麦金托什电脑拿给他们看，并且问他们："这就是您想要的吧？"这时他们都说："是的。"你必须要能够让抽象的东西变得可以认知，因为只有那样人们才能接受或者拒绝它。

作为一个高等院校的管理者，艾尔弗雷德·科茨乔克在聘用人才时注重右脑特征。

我首先看品格，看一个人能否激发他人的信任。然后我看想象力和毅力，对目标的不懈追求。例如，如果我在为总会计师的职位面试一个人，并且发现作为一个大学毕业生，他对中等代数或微积分感到很吃力，然而他还是设法进入了会计行业，那么我就会想要知道他有什么样的财务想象力。我会尽最大的努力去了解他，然后基本上凭直觉作出决定。他得让我对他有好感才行。

即使在你处理事情而不是与人打交道时，右脑也会派上用场。马蒂尔德·克里姆谈到了在她早期的工作中直觉的重要性："我对生物学问题一向有着很准确的直觉。我不记得自己在工作上是否有过付出了努力却一无所获的时候……我能够辨认出染色体。有一次，一个同事说他从狗身上分离出了一个新的细胞系，我看了之后立刻就发现那不是狗的细胞。只看染色体我就能够断定那是老鼠的细胞；我的判断是正确的，因为我们后来做了细胞学检验。就产前诊断而言，当我第一次看到淋巴细胞时我就发现男性和女性的细胞存在一个差别，于是当时我们对此进行了系统的研究。这在新闻界引起了轰动，但实际上那是做起来非常简单的工作。”

对具有想象力并相信直觉的克里姆来说，做那样的事情非常简单。但是，以前从来没有人做到过。

右脑型领导力

与我交谈过的领导者们也都相信运气的重要性，但他们给运气增添了一个特殊的含义，它让我们想到文斯·隆巴尔迪（Vince Lombardi）的名言：运气是准备和机会的结合。吉姆·伯克认为，自己是一个表面上讲究逻辑而实际上“依赖直觉和本能的人”。他在谈到领导职位时说：“要得到这些职位的确非常需要运气。在我的人生中有过很多的机遇。如果不是发生了‘泰诺’药物中毒事件，你就不会在这里同我交谈了。我恰好敏锐地为那个问题做好了准备——尽管是无意中。”

波士顿前检察官杰米·拉斯金也谈到了运气和准备：“关于领导力，我愿意给大家提供一个一般性的建议，那就是要找出你内心最真实的东西并且不动摇地追随它。但是，我真的相信运气在人类活动中的作用。马基雅维利曾说，幸运垂青于勇敢者。我认为，有准备的头脑基本上就等同于勇敢，但是也少不了运气的成分。拿破仑曾说，在他的军官们所具备的所有品质中，他最看重的就是运气。在你人生中的每一次关键时刻，运气都会不断地介入。”

西德尼·波拉克最准确、最生动地描述了右脑型领导力。他说：右脑型领导力源于某种受控的自由联想。所有的艺术也都源于此。我们常常说白日梦、灵感，但从科学上来说，那就是自由联想。首先，它意味着与那种联想建立联系的能力，那里是你得到创意的源头。当你拥有了创意之后，它就意味着信任创意的能力，尽管那些创意可能会破坏某些规则。然后，它就意味着实现那些创意的信心和勇气。最后，你不能害怕失败，否则，所谓的领导力就仅仅是表面上的：你接受了领导培训课程，努力学着上司的样子装腔作势，并把自己的办公室装饰得和上司的一模一样——这并不是真正的领导力。真正的领导力也许更多地涉及找出你自己的独特性，而不是确认你与他人的相似点。

波拉克给我讲了一个故事，生动地阐释了领导者的“神圣的冲动”。多年以前，我和芭芭拉·史翠珊及罗伯特·雷德福（Robert Redford）一起制作了电影《往日情怀》（*The Way We Were*）。史翠珊扮演的角色拼命地想要成为一个作家，非常努力但却诸事不顺。雷德福则扮演了一个事事一帆风顺的角色，他是一个很容易相处的人，他没有当作家的志向，却偏偏拥有作家的天赋。史翠珊扮演的角色在写作班上学得十分刻苦，非常认真地完成了一篇小故事。但是，教他们的老师却选读了雷德福的故事。这彻底击倒了她，她跑出教室，悲愤驱使她跑到一个垃圾桶旁边，把自己的故事撕得粉碎，狠狠地扔了进去，接着委屈地抽泣起来。

在拍摄这个镜头时，我在垃圾桶旁边安排了一架摄影机，对着她前面的一棵树，当我喊“开拍”的时候，她就会从那棵树后面跑出来，跑向摄影机，直接冲着我们，把故事扔进垃圾桶中；然后，当她靠在垃圾桶上开始哭泣时，我会把镜头摇到她的面部。本片的第一助理导演小霍华德·科克（Howard Koch, Jr.），曾经是她的上一部影片《主妇狂想曲》（*Up the Sandbox*）的第一助理导演。当我们正在布置场景和道具时，霍华德走过来对我说：“你知道吗，她非常紧张。”我问为什么？他说：“她非常焦虑，因为她怕自己哭不出来。在拍《主妇狂想曲》时她的哭戏就非常不顺利，这让她觉得自己是一个蹩脚的演员，因此，她现在十分紧张。”

在我们这一行里有个小装置：一个小试管，顶部裹着纱布，底部像盐罐一样开有很多小孔，里面则装着晶体氨的小颗粒。用的时候，化妆师从顶上向里面吹气，氨的气味就会从底下的小孔里跑出来，进到你的眼睛里，让你流泪。它会让你的眼睛出现血丝，而且气味很难闻，但它对拍电影很有用。芭芭拉已经让化妆师到了那棵树的后面。我对霍华德说：“我不信她会哭不出来，任何一个唱歌唱得像她那么棒的人都能哭出来。你待在这儿，我去树后。等我冲你挥手时，你就开拍。”

我走到那棵树的后面，看见芭芭拉正在紧张地走来走去。化妆师已经准备好了试管，我过去叫他离开了。她吓了一跳，连声问：“你要去哪儿啊？等等，等等，你想干什么啊？”我说：“放松，放松。”我走过去拥抱着她；就在那一瞬间，她开始抽泣了起来。我冲霍华德挥了挥手，他开动了摄影机，芭芭拉从树后走了出去。

当时，我什么都没跟她说。我根本就没想到要给她什么奇妙的指导。但是我知道，她已经入戏了，她的情绪已经到位了，只是她太紧张，无法让它释放出来。当我拥抱她时，有什么东西触动了她，让她放松了下来。就这样，她一路哭着拍完了这个镜头。你可能会问："你是怎么想到要这样做的？你怎么知道这招会奏效？"说实话，当我叫化妆师离开的时候，接下来该怎么办，还一点儿谱都没有呢。我只是非常相信她能哭出来，因为我已经看到了工作中的她是那么富有情感，知道她是一个非常容易动感情的女人；我不知道该怎么办——只是突然有了那种拥抱她的冲动，我也不知道那种冲动是从哪里来的。

那么，那种冲动是在哪里发生的呢？是在我走过去的路上吗？我觉得不是。我不认为那种冲动是在看到她之前产生的。就问题解决而言，它代表着什么呢？它代表着一个非常有效、非常迅捷的解决方案，可能远胜于一大堆开导或者唠唠叨叨地说什么"好了，想想你自己的伤心往事吧"。如果我走过去对她说："你看，我知道你能够做到，我相信你能。"那么她肯定会说："你离我远点儿！"那只会带给她更大的压力。我认为，或者说我猜，当时她感受到了真正的支持，而那打动了她。我认为那是一个简单、动情的时刻，她感到有人在真正支持她，而这感动了她，就是这样。

领导力箴言
MANAGING THE DREAM
REFLECTIONS ON LEADERSHIP AND CHANGE

自信、愿景、美德、朴素的勇气，以及对神圣的冲动的信赖，不仅是必要的，而且是有效的。

这些领导者已经证明，自信、愿景、美德、朴素的勇气，以及对神圣的冲动的信赖，不仅是必要的，而且是有效的。他们从一切事物当中学习，他们从经历中学到了很多，但从逆境和错误中学到的甚至更多。而且，他们已经学会了通过引导来领导。

压力之下的优雅也许是这个群体的座右铭。在他们当中，没有谁生来就有优势，倒是有人生来就有真正的残疾。他们全都成为了领导者，因为领导者是后天造就的，而且是自我造就的。用华莱士·史蒂文斯的话来说，他们“生活在这个世界上，但又超脱于现有的观念之外”。他们创造了新的世界，因为他们每个人本身就是原创。

他们会说没什么可教你的，但实际上，他们已经给你指明了该怎样学习你需要知道的一切。没有哪位领导者一开始就打算成为领导者。人们打算过自己的人生，充分地表现自己。如果这种表现是有价值的，他们就成为了领导者。

因此，问题的关键不在于要成为一个领导者，而在于要成为自己，要充分地利用自己——你所有的技能、天赋和精力，从而让你的愿景得以展现。你一定不能有所保留。总而言之，你必须要成为真我，并且享受这个成长过程中的乐趣。

亨利·詹姆斯在自己的后半生写出了很多绝妙的小说，他在《随笔和评论》中写道：

> 我必须要放开自己！我一生都在这样对自己说，甚至在我躁动不安、充满激情的久远的青春岁月里，也是这样对自己说。话虽如此，我却从来也没有彻底地做到这一点。这种意识——这种需要自我解放的意识，带着居高临下的威严不时地催促着我，它似乎就是我的救世主，我的未来之路。我积累了巨大的资源，我必须要利用它们，要坚持，要拒绝妥协，要去做更多的事情——比我已经做到的多得多。要做到这一点，要证实你

超越了死亡的自我，唯一的方法就是要投入地、充分地、迅捷地弹奏出尽可能多的音符。可以说，你的整个人生都由你来控制和支配。继续，我的孩子，奋力地去弹奏……去尝试一切，去实践一切，去演奏一切——去做一个艺术家，去展现卓越，直到生命的最后一刻。

詹姆斯的主要作品都是在他的自我激励之后写成的。因此，**你要奋力地去弹奏，去尝试一切，实践一切，演奏一切，去成为那个你能够成为的自己。**

未来没有保质期

待在房间里，
我不能理解这个世界；
但是当我走出去时，
我发现世界就是
三四座小山和一片云。
——华莱士·史蒂文斯

在《向格列柯报告》（*Report to Greco*）中，尼科斯·卡赞扎基斯（Nikos Kazantzakis）提到了一句古老的诅咒：“我诅咒你，愿你生逢乱世。”因此，我们都受到了这句话的诅咒和拖累，也都受到了它的吸引、刺激和迷惑。这是一个多么令人眼花缭乱的时代啊！在《世界是平的：“凌志汽车”和“橄榄树”的视角》（*The Lexus and the Olive Tree*）一书中，汤姆·弗里德曼（Tom Friedman）告诉我们这个世界才刚刚 10 岁；他的意思是，作为冷战结束的标志，柏林墙的倒塌（1989 年 11 月）是在大约二十几年前。他写道，柏林墙是冷战时代的标志，互联网是我们这个“乱世”的标志；前者是一个武装要塞，后者是一个没有边界的世界。在冷战时代，我们担心明处的敌人对我们施加毁灭性的打击；在我们的新时代，我们担心的是看不见、摸不着、感觉不到的经济和科技因素——这些因素可以随时改变我们的生活。

这个世界刚刚 10 岁，因为昔日的成功基础（比如对自然资源、土地、黄金和石油的控制）已不复存在。现在成功的基础是信息；而且正如比尔·盖茨最近所说的：“**我们唯一的资产是人的想象力。**”我认为，他的话一点都不夸张（到目前为止，微软公司的市值是 4 700 亿美元；我怀疑，它们的固定资产加起来也不超过这个市值的 2%）。请看下面这些数据：

- 10 年前，可能只有 400 人明白互联网的威力；如今，这样的人不计其数。
- 10 年前，电子商务几乎还不存在；到了 1998 年，电子商务的销售额已达 430 亿美元；据福雷斯特研究公司（Forrester Research）预测，2003 年这个数字将是 1.3 万亿美元。我认为，到那时这个数字将接近 2 万亿美元。
- 10 年前，日本如日中天，而我们陷入了衰退。
- 10 年前，美国电话电报公司是一个垂死的巨人；如今，它是一个机敏的巨人，把自己的未来押在了有线电视和光纤技术上。
- 10 年前，十大增长股票行业是能源、银行以及制造企业的组合；如今，十大增长股都是信息技术企业：戴尔计算机公司、思科系统公司（Cisco Systems）、太阳微系统公司（Sun Microsystems）、高通公司（Qualcomm）、易安信公司（EMC），直到第十位的英特尔公司。

- 10 年前，埃弗里特·库普（C. Everett Koop）是亲切、和善的美国公共卫生部长；如今，他发起了 Dr.Koop.com —— 一家发布医疗建议的网站，首次公开募股的市值就达到了 8 400 万美元。
- 10 年前，亚马逊（Amazon）是巴西的一条河；如今，amazon 是一个动词，作为一种时尚，我们已经被“亚马逊化”了。
- 10 年前，你根本不可能在《纽约客》上看到下面这幅漫画。

托尼老大的网站，干掉它！

如今让首席执行官们吃不好、睡不好的是一些大事，比如：留住最优秀的人才；保持技术的领先；开创新的销售渠道；消除中间商、过剩产能和过度竞争以及幻影竞争者；避免因贪污而入狱；必须保证最畅销产品的充足供应。最后，10 年前大多数的高级管理者都在读《追求卓越》（*In Search of Excenellce*），而如今他们在读《只有偏执狂才能生存》（*Only the Paranoid Survive*）或者《创新者的窘境》（*The Innovator's Dilemma*）。

因此，我们现在所处的世界大大不同于 10 年前的世界，而 10 年前的世界也大大不同于我开始攻读博士学位的 50 年前，或者我和肯尼思·贝恩（Kenneth D. Benne）以及罗伯特·陈（Robert Chin）天真地出版了《变革规划》（*The Planning of Change*）的 40 年前。当然，我们一向生活在快车道上，但是今天极度动荡、痉挛、易变、令人眼花缭乱的快车道与以往有着质的不同——有着更多的沟沟坎坎和更大的影响力，对生活空间的影响超过了我们以往经历的任何结构性变革，甚至超过了电力或涡轮发动机。

当然，我只能断言而不能证明这一点。但是在我看来，这似乎是完全真实的，因为我手中昔日的先知魔杖已经让我失望了，而且当我走出自己的房间时，我似乎不能像华莱士·史蒂文斯那样看到三四座小山和一片云。不，如今的未来没有保质期，但它确实提出了人类组织的领导者以及学者和研究者应该思考的很多问题。总之，我愿意列举其中的一些难题，一方面是因为它们的紧迫性，另一方面是因为它们有助于照亮我们的道路。

1. 既然这个世界刚刚 10 岁，那么在 2010 年，也就是它 20 岁的时候，组织看起来会是什么样子呢？它们会是通用电气、时代华纳、维亚康姆和英特尔这样的庞大集团吗？还是像规模很小、临时拼凑的好莱坞模式，来自不同学科的群体在短时间内聚在一起，开发或完成一件产品，过后又再次重新组合？再或者，它们是在某个分散化的大集团下相当独立地工作的多个“伟大团队”的某种结合？

2. 新的领导者又怎样呢？当这个世界20岁时，新的领导者看起来会像美国电话电报公司的迈克尔·阿姆斯特朗、英特尔的安迪·格鲁夫或者通用电气的杰克·韦尔奇吗？还是像更年轻的一代，比如惠普的卡莉·菲奥莉娜（Carly Fiorina）、网景（Netscape）的吉姆·克拉克（Jim Clark）、太阳微系统的斯科特·麦克尼利（Scott McNealy）、雅虎的蒂姆·库格尔（Tim Koogle）、美国在线的马克·安德烈森（Mark Andreessen）、思科的约翰·钱伯斯（John Chambers）或者亚马逊的杰夫·贝佐斯（Jefr Bezos）？这些新的领导者会具备那些年过60的老一辈领导者们具备的能力吗？

3. “高参与”组织的未来又怎样呢？正如托克维尔早就跟我们说过的，美国的民主并不总是十全十美的。他认为，美国的民主往往会走极端，并因此倾向于滥用它试图促进的价值观。在现代的所谓“授权组织”中，工作者是苛刻的，而且正得到更大的自主权和决策过程中的发言权；另外，自我管理的团队正变得越来越普遍。那么，美国民主的极端倾向会对这些现代组织产生怎样的影响呢？现代组织会变成领导者由被领导者选出的议会民主吗？会像联合航空公司（United Airlines）一样，企业由员工所有和管理，其董事会的成员都是握有管理权的员工吗？

4. 民主还有另一个我们倾向于回避的困境，那就是我们要怎样对待天赋的差别？我不想听起来像个尼采主义者，但是我们要怎样对待出众的和较差的天赋呢？至少，我们能否承认这种差别呢？是什么阻碍我们正视这个问题？是希特勒的鬼魂吗？是对“超人”的恐惧吗？未来就在这里，但是正如有人曾经说过的，未来的分布是不均衡的。天赋也是这样。这至少给我们提出了两个相关的问题：就组织目前的情况来说，人人都能成为领导者吗？人人都应该渴望成为领导者吗？ 我和伯特·纳努斯都坚定地认为第一个问题的答案是肯定的，但我们都回避了第二个问题。人们在情感智力或者认知智力上会有很大的不同吗？ 一些神经外科医生、大提琴演奏者、网球选手以及领导者有特别的“悟性”吗？在任何指定的人口样本中，我们会有多少个阿加西、马友友或者韦尔奇呢？

第二个问题更复杂，但也是领导者和学者们必须面对的。最富有的1/5人口与最贫穷的1/5人口日益拉大的收入差距，以及普通工作者与普通首席执行官之间令人厌恶的薪酬差距（到目前为止，后者的薪酬是前者的419倍），构成了一个严重的问题。非常值得注意的是，将近90%的股份掌握在10%的人口手中，而且最富有的1%的人口拥有51.4%的股份。此外，还有教育和家庭背景方面的差别。难道我们不应该担心美国社会的“巴西化”吗？难道我们对此就没有任何的责任吗？或者，我们不能对这些令人痛心而又棘手的不平等做点什么吗？

5. 我们当前面临的重要的人口统计变化又怎样呢？我现在特别关注年龄歧视，包括年轻歧视和年老歧视。当我受邀在TED大会上演讲时，我想到了这个问题。作为这个非常成功的大会的创始人，理查德·沃尔曼（Richard Wurman）告诉我，在2000年的会议上，受邀前来的演讲者要么不到40岁，要么就是70岁以上。我认为这很有趣；但更生动地例证了这个问题的，是《纽约时报》上的一篇文章《安德烈森离开美国在线》（*Andreessen Steps Down from AOL*）。这篇报道接着写道，作为一个53岁的前教授，安德烈森的继任者可能更适合于美国在线的方式，因为那里的绝大多数管理者都是三四十岁，而安德烈森才28岁。我记得，在安德烈森与他人共同创立了网景公司时，他才23岁。

现在，让我们来看看这个等式的另一端，也就是60岁以上的人群——所有的报告都认为，他们不仅更长寿、更健康，而且还渴望工作到60或者65岁之后。事实上，非营利组织“公民事业”（Civic Ventures）最近的一项调查显示，50%的美国老人（不管这是怎样定义的）退休后仍在从事有薪的工作，还有40%在从事志愿者工作。这份调查报告宣称，黄金年代已经结束。

请想想：根据最近一期的《经济学家》，直到1960年，“人们的平均寿命是68岁，而其中有50年要从事有薪的工作。而如今，人们的平均寿命是76岁，但他们很有可能只工作38年”。那么，我们要怎样对待这些拥有活力、健康和常识的老人呢？为了留住他们的智慧而又不阻碍年轻一代的前途，组织应该做些什么呢？那些感到无聊的二十来岁的百万富翁又如何呢？难道就像安德烈森先生想做的那样，他们要一辈子不断地创业吗？或者，他们会变成慈善家吗？

这些人口统计特征提出的政策问题有着重大的意义。比如：如果工作者们继续提早退休，而且平均退休年龄似乎在下降到刚过60岁（欧洲国家更低），那么当大量的婴儿潮一代在不远的将来退休时，我们将没有足够多挣工资的人来供养他们。

6. 雇主与员工之间的社会契约，也就是通常可以为双方提供某种形式的忠诚和责任的神圣的隐含约定，又会怎样呢？自1985年以来，美国的劳动大军中有大约25%的人遭到过解雇；即便是现在，当失业率降到30多年来最低的4.2%的时候，每年处于流动中的工作者估计也在50万~750万之间。有趣的是，在1998年，有大约75万名工作者被解雇、辞职或者退休了，而在这些人当中，有92%的人又找到了薪酬至少不比原来差的新工作。最近发表在《华尔街日报》上的一项调查显示，有40%的员工任职不到3年，只有1/3的工作者从事朝九晚五的“老式”工作，当年的离职率是14.5%。在10年前，离职率大约是3%。我认为，在整个劳动大军当中，不安定的工作者始终在20%~25%之间；也就是说，暂时失业或者正在寻找新机会的工作者，大约是这个数字。

我愿意让这些数字更有人情味。在彼得·卡佩利（Peter Capelli）的新书中，苹果电脑公司明确的社会契约引起了我的兴趣：

> 这里是苹果电脑公司将与你签订的协议。这是我们想要从你那里得到的。当你留在这里时，我们将让你享受一次真正美妙的旅行。反过来……我们期望你拼命地工作，并且只要你还留在这里，你就要认同我们的愿景……我们并没有兴趣终生雇用你，那不是我们的想法。这种雇用关系可能只是暂时的，这对我们双方来说都是一个好机会。

根据这些指导方针，约翰·斯卡利告诉我，他发现苹果电脑公司的文化之所以让人难以忍受（仅次于百事公司），一个原因就是毫无忠诚可言。员工会成批成批地突然离去，在半夜收拾干净他们的办公桌，隔天就创建了一家与苹果竞争的新公司。不久前，我与一个教员同事及其父母一起吃饭。他的父亲已经快90岁了，以前是一位非常成功的银行家。老先生顺便对我提起，在自己经营银行业时，他从来不会（“我说的是从来不会，”他强调说）雇用换工作超过3次的人。“因为我不得不认为他们要么不忠诚，要么就是能力不够。”在如今劳动大军的“连续一夫一妻制”中，普通工作者一生里可能要换5~8次工作，考虑到这一点，我认为老先生的说法相当古怪有趣。

在我们的临时社会里，在我们自由意志的社会里，新的劳资合同看起来就像苹果电脑公司的那样："我们并没有兴趣终生雇用你……那不是我们的想法。这种雇用关系可能只是暂时的，这对我们双方来说都是一个好机会。"那么，整个社会契约会是什么样呢？会是一次美妙、暂时的旅行吗？

7. 我们是否有或者是否需要一个流行的组织变革理论？关于领导变革，关于变革管理的重大干预，已经有很多来自各领域的研究者和顾问给我们提供了非常多的研究成果。但是，关于可能促成可持续变革或组织变革典型模式的重大战略要素，我们有任何的共识吗？复杂的人类组织在历史、产品、人口统计特征以及市场等方面是不是太多样了，因此不可能有一个统一的模式？

当我想到如今流行的商业模式时，我觉得那就像是两个极端荒谬地共存着。一方面，在这个互联网时代，我们有硅谷模式：三个不到25岁的年轻人加一个炙手可热的创意，小即是美，听起来耳熟吧？在这同时，我们还能想到另一句陈词滥调：规模很重要。在1998年，世界范围内的兼并收购所涉及的资产为1.6万亿美元；在1999年，这个数字增加到了3万亿美元！考虑到这两个极端，认为我们能够提出一个统一的组织变革理论，这种想法是不是近于空想呢？

顺便说一句，关于这些兼并收购，它们的效果好吗？它们对消费者来说是好还是坏？我有些怀疑，尤其是对最近媒体巨头维亚康姆的成立。想象力官僚化的可能性将让我们每个人都很担心，更不用说冲突问题了——比如，哥伦比亚广播公司对派拉蒙公司（Paramount）的一部影片或者西蒙 & 舒斯特公司（Simon & Schuster）出版的一本书发表评论，并假装那是客观的报告。

8. 自从写作关于“伟大团队”的《七个天才团队的故事》以来，我一直在关注一个令人困惑的道德问题。这个问题还在困扰着我，在《七个天才团队的故事》这本书中也没有探讨。我很难描述它，更别说理解它了；我觉得，用例子来说明它会更容易一些。在《七个天才团队的故事》中，典型的伟大团队是著名物理学家罗伯特·奥本海默领导下的曼哈顿项目组。从 1943 年 1 月开始，这一群科学家和工程师设计出了一种核装置，加快了第二次世界大战的结束。就在曼哈顿项目组成立一年前，在离洛斯阿拉莫斯大约 8 000 千米的柏林市郊的万湖，一个邪恶的小组已经先一步成立了。讽刺的是，这个街区在战前居住着很多富有的犹太人。这个小组由纳粹的安全头子莱因哈德·海德里希（Reinhard Heydrich）领导，辅助他的是秘书阿道夫·艾希曼（Adolf Eichmann）。这个小组设计出了所谓的“最终解决方案”，就是要彻底消灭欧洲幸存的所有犹太人。另一个在 18 世纪后期成立的伟大团队由 6 个人组成，领导者是乔治·华盛顿，他们设计并实施了建立新共和国的计划。

在某种意义上，按照通常文献中描述“高绩效系统”的标准来说，所有这些团队都是“伟大的”。他们都有值得效仿的领导，都有高度的承诺、一致和信任；他们都提出并成功地实施了创新的解决方案。有什么不对的地方呢？这些团队，有的给历史留下了一道伤疤，有的则创建了史上第一个现代的民主国家。它们之间有什么重要的差别呢？我们应该给不替病人着想的健康维护组织或者损害消费者健康的烟草公司做顾问吗？两家电影公司，一家出品渲染色情和暴力的垃圾影片，另一家则出品了《阿甘正传》，它们之间有什么差别吗？类似的例子不胜枚举，但我不太肯定该怎样进一步地把这个问题概念化。

9. 在我到各地演讲期间，我最常被问及的一个问题是关于“平衡”的。提问者所谓的“平衡”往往是指：我能同时兼顾工作和家庭吗？我能同时拥有愉快、美好的家庭生活以及令人惊喜的奖金吗？我的第一个冲动是想回答：“你问错人了。”不过我忍住了。我的第二个冲动是想回答：“兄弟，你能抽出哪怕一纳秒的时间吗？”我还是忍住了。

首先，我应该说清楚，平衡是一个意味着达到均衡的机械术语；在我的《牛津英语词典》中，“balance”（平衡）的第一个定义是“一种称重工具”。不知什么原因，我认为对平衡的追求是异想天开的。任何时候我们都不是只做一件事。我们在车里也是多任务的：面前有一杯咖啡，手上拿着电话，旁边有一部传真机……或者，我们还在剔牙。有趣的是，我注意到有一个新的分数词条进入了我们的词汇表，它就是“24/7”。作为一个缩写，它代表“时刻都在运转的一切事物”，比如我们的计算机，每周 7 天，每天 24 小时，一刻不停。《新兰登书屋俚语历史词典》（*The New Random House Historical Dictional of Slang*）的编辑认为，“24/7”的一个定义将很可能是“永恒的”。詹姆斯·格莱克（James Gleick）的新书《更快：一切都在加速》（*Faster: The Acceleration of Everything*）总结了这个词条。亲爱的安·兰德斯（Ann Landers），你知道有谁打算抽出哪怕一纳秒的时间去闻闻玫瑰的花香吗？

的确有几个朋友告诉我，他们做到了工作与家庭生活的平衡；你知道，就是在滑雪胜地阿斯彭还有第二个家，或者星期天没有电话打扰，或者可以一年拿出 4 个星期的时间和孩子们一起在亚平宁山脉骑车旅行。

好笑的是，他们的手机一直占线，而当我终于打进去时，我听到他们的传真机在吱吱地响。要知道，那天可是星期天！一个三四十岁的人，有两个孩子，加上另一个快要像他一样的伴侣，想在电子商务方面有所成就；或者，一个30岁的助教，也有一两个孩子，爱人有工作，而他自己想获得终身教授职位。我不知道，在这个快节奏的世界里，像这样的人能拥有平衡吗？我觉得，我们唯一有时间做的就是用煮蛋器煮个鸡蛋。这听起来更像是一篇时评，而不是一个问题；但是请告诉我：你知道有谁达到了这种叫作“平衡”的理想境界吗？

在撇开这个问题之前，我的确认为查尔斯·汉迪是对的，我们都是“**饥饿的灵魂**”，工作应该包含比优先认股权更大的意义。最近我给一群软件行业的高管们做了一次演讲，他们的平均年龄是29岁，平均年薪是250万美元。他们不是特别开心，似乎都对意义抱有某种怀疑——“这就是生活的全部吗？”我称之为严重的“流行性物欲症”[①]。或许，作为意义的平衡可以在工作中找到，因为我觉得这个世界的节奏并没有减慢。正如历史学家史蒂芬·克恩（Stephen Kern）曾经说过的：“人类从来没有选择过慢节奏。”

10. 我们要怎样看待首席执行官的频繁更换？最近，人们对首席执行官走马灯式的更替非常感兴趣。哈佛商学院最近的一项研究显示，同10年前相比，如今董事会把首席执行官免职的可能性增加了30%以上。毫无疑问，越来越短的高管任期涉及了很多因素：过度竞争、互联网的爆发、势头强劲的全球主义、上万亿美元的资产合并，等等。为了反思这种关注，《财富》杂志在1999年中期发表了一篇封面报道，介绍了10位被董

① 见同名畅销书籍《流行性物欲症》。此书已由湛庐文化策划、中国人民大学出版社出版。——编者注

事会免职的著名首席执行官，其中包括美国电话电报公司的罗伯特·艾伦（Robert Allen）、普发公司（Pfeiffer Co.）的埃克特·法伊弗（Eckert Pfeiffer）以及苹果电脑公司的约翰·斯卡利。自这篇文章发表以来，我们还可以给这份伤亡名单加上可口可乐的道格拉斯·艾夫斯特以及其他一些首席执行官。

对于往往会打乱高管的工作轨迹的戏剧性的社会和情感事件，摩根·麦考尔（Morgan McCall）和丹尼尔·戈尔曼都曾经发表过开创性的论著。我和詹姆斯·奥图尔也就这一主题写过一篇论文，其基础就是我们相信董事会对高管的失败有着巨大的、未被充分理解的影响。我一直非常想了解领导者怎样保持自己的创造力和活力；我对加里·哈梅尔（Gary Hamel）提出的**“我们的学习速度赶得上世界的变化吗”**这个问题很感兴趣。

我们要怎样留意和关注新生的、具有潜在破坏性的转折点？难道真像康柏的非执行董事长本·罗森（Ben Rosen）“赶走”法伊弗时所认为的那样，我们该归罪于互联网时代的速度吗？纯粹的运气有多大影响？或者，高管们就是不适应变革的曲速（warp）性质吗？如果是这样，为什么？或者说，为什么我们会看到这种高管频繁更迭的巨大浪潮？

11. 对下一代人来说，商业教育的角色是什么？我们还要沿袭老一套，仅仅作出些微调吗？我们现在做得还算不错，或者至少看起来是这样；当然，这是从声望、重要性还有资助的角度来说的。我敢打赌，在过去的10年里，得到巨额捐助并因此重新命名的商学院要比前几十年加在一起还多。因此，既然还没坏，何必要修呢？

但是，我们在忽视哪些转折点呢？我们所提供的教育，能够提供在新经济中持续成功所要求的认知、情感、人际和领导能力吗？在我们塞得满满的课程当中，是否为哲学、形而上学以及批判思维留下了空间？在我们的教育下，学生们能否养成不断学习的热情，能否对自身行动的道德和伦理后果形成敏锐的判断，能否理解工作和人类组织的意义？我最大的愿望就是，我们的学生和校友最终不要像有些年轻的软件业富豪那样，身在度假胜地但手机铃声却响个不停，饱受“物欲强迫症”的折磨，等到退休时却感到非常困惑：“这就是生活的全部吗？”

12. 大约20年前，我以辛辣的笔触写了一篇文章，题为《领导者都去哪里了》；如今我想知道的是，领导者将从哪里来？不久前，我为一所著名的研究中心做了些无偿的顾问工作。在这个研究团队中有多位诺贝尔奖得主。在过去的几年里，他们在领导的问题上遇到了很大的困难。问题很简单，但似乎又很棘手。能通过遴选委员会严格的科学标准的人，都不愿意担任领导工作。他们想从事科学研究。因为曾经在很多遴选院长和校长的委员会中担任过委员，所以这个问题对我来说已经很熟悉了。在自己的学科领域取得了一定的成就，同时能够胜任并且愿意从事领导工作，这样的人确实很稀缺。因此，每隔一年，前面提到的研究中心就要经过一个漫长的挑选过程，聘用一个愿意从事领导工作的人；然而过了大约一年，这个人就会发现自己其实渴望回到实验室去，于是遴选的过程重新开始。没完没了。

最近，纽约的一家大型金融企业问我是否愿意和他们一起开发一项领导力发展计划。在会见了他们的几位高级合伙人之后，我决定拒绝，因为他们大多数人更感兴趣的是从事交易或投资银行业务，而不是从事管理或领导。顺便说一句，对于领导是什么，他们似乎连最模糊的概念都没有，而且他们也不关心这个。某种意义上来说，我不能指责他们。

他们喜欢他们所从事的；同担心供应链或别的什么相比，每天交易数百万美元似乎更能让他们感到兴奋。问题是，他们要怎样找到一个人来"管理亚洲业务"呢？难住我了。但是或许正因如此，我当初本该接受他们的邀请。

有趣的是，如今我们有越来越多的工作者是**"知识工作者"**（这是彼得·德鲁克在25年前提出的术语）。我还应该补充一点，那就是我们有越来越多的劳动者是**"投资工作者"**，他们把可以产生利润的创意带进了企业。大多数组织将很快就会像那所研究中心、那所现代的研究性大学以及那家纽约的金融企业一样。然后就是：要成功地经营这种新经济，他们的领导者从哪里来？

这些问题应该会让我们感到振奋。等在我们前头的未来肯定有着令人兴奋的独特之处；看起来，任何想要定义或影响这些特点的努力都是徒劳的。但是就像圣经中的英雄约瑟（Joseph）①能够解释法老的梦，并制定出了国家的发展路线一样，我们也必须要能够解释我们所处的复杂时代以及从中产生的梦想。难道，现在不正是成为一位领导者的最佳时机吗？

① 神话学大师约瑟夫·坎贝尔的系列经典著作《千面英雄》《追随直觉之路》《神话的力量》《指引生命的神话》追溯了世界各地神话中的英雄故事，为科幻创作提供了取之不尽的创作灵感。该系列著作中文简体字版均由湛庐文化策划、浙江人民出版社出版。——编者注

湛庐文化 Cheers Publishing
a mindstyle business 与思想有关

湛庐，与思想有关……

如何阅读商业图书

商业图书与其他类型的图书，由于阅读目的和方式的不同，因此有其特定的阅读原则和阅读方法，先从一本书开始尝试，再熟练应用。

阅读原则1 二八原则

对商业图书来说，80% 的精华价值可能仅占 20% 的页码。要根据自己的阅读能力，进行阅读时间的分配。

阅读原则2 集中优势精力原则

在一个特定的时间段内，集中突破 20% 的精华内容。也可以在一个时间段内，集中攻克一个主题的阅读。

阅读原则3 递进原则

高效率的阅读并不一定要按照页码顺序展开，可以挑选自己感兴趣的部分阅读，再从兴趣点扩展到其他部分。阅读商业图书切忌贪多，从一个小主题开始，先培养自己的阅读能力，了解文字风格、观点阐述以及案例描述的方法，目的在于对方法的掌握，这才是最重要的。

阅读原则4 好为人师原则

在朋友圈中主导、控制话题，引导话题向自己设计的方向去发展，可以让读书收获更加扎实、实用、有效。

阅读方法与阅读习惯的养成

（1）回想。阅读商业图书常常不会一口气读完，第二次拿起书时，至少用 15 分钟回想上次阅读的内容，不要翻看，实在想不起来再翻看。严格训练自己，一定要回想，坚持 50 次，会逐渐养成习惯。

（2）做笔记。不要试图让笔记具有很强的逻辑性和系统性，不需要有深刻的见解和思想，只要是文字，就是对大脑的锻炼。在空白处多写多画，随笔、符号、涂色、书签、便签、折页，甚至拆书都可以。

（3）读后感和 PPT。坚持写读后感可以大幅度提高阅读能力，做 PPT 可以提高逻辑分析能力。从写读后感开始，写上 5 篇以后，再尝试做 PPT。连续做上 5 个 PPT，再重复写三次读后感。如此坚持，阅读能力将会大幅度提高。

（4）思想的超越。要养成上述阅读习惯，通常需要 6 个月的严格训练，至少完成 4 本书的阅读。你会慢慢发现，自己的思想开始跳脱出来，开始有了超越作者的感觉。比拟作者、超越作者、试图凌驾于作者之上思考问题，是阅读能力提高的必然结果。

扫码关注湛庐文化，
回复"阅读"
这5种方法，让读过的书变成你的影子

[特别感谢：营销及销售行为专家 孙路弘 智慧支持！]

我们出版的所有图书，封底和前勒口都有“湛庐文化”的标志

湛庐文化 Cheers Publishing

a mindstyle business 与思想有关

并归于两个品牌

财富汇　　心视界

找“小红帽”

为了便于读者在浩如烟海的书架陈列中清楚地找到湛庐，我们在每本图书的封面左上角，以及书脊上部 47mm 处，以红色作为标记——称之为**“小红帽”**。同时，封面左上角标记**“湛庐文化 Slogan”**，书脊上标记**“湛庐文化 Logo”**，且下方标注图书所属品牌。

湛庐文化主力打造两个品牌：**财富汇**，致力于为商界人士提供国内外优秀的经济管理类图书；**心视界**，旨在通过心理学大师、心灵导师的专业指导为读者提供改善生活和心境的通路。

阅读的最大成本

读者在选购图书的时候，往往把成本支出的焦点放在书价上，其实不然。

时间才是读者付出的最大阅读成本。

阅读的时间成本=选择花费的时间+阅读花费的时间+误读浪费的时间

湛庐希望成为一个“与思想有关”的组织，成为中国与世界思想交汇的聚集地。通过我们的工作和努力，潜移默化地改变中国人、商业组织的思维方式，与世界先进的理念接轨，帮助国内的企业和经理人，融入世界，这是我们的使命和价值。

我们知道，这项工作就像跑马拉松，是极其漫长和艰苦的。但是我们有决心和毅力去不断推动，在朝着我们目标前进的道路上，所有人都是同行者和推动者。希望更多的专家、学者、读者一起来加入我们的队伍，在当下改变未来。

湛庐文化 Cheers Publishing a mindstyle business 与思想有关

湛庐文化获奖书目

《大数据时代》

国家图书馆"第九届文津奖"十本获奖图书之一
CCTV"2013中国好书"25本获奖图书之一
《光明日报》2013年度《光明书榜》入选图书
《第一财经日报》2013年第一财经金融价值榜"推荐财经图书奖"
2013年度和讯华文财经图书大奖
2013亚马逊年度图书排行榜经济管理类图书榜首
《中国企业家》年度好书经管类TOP10
《创业家》"5年来最值得创业者读的10本书"
《商学院》"2013经理人阅读趣味年报·科技和社会发展趋势类最受关注图书"
《中国新闻出版报》2013年度好书20本之一
2013百道网·中国好书榜·财经类TOP100榜首
2013蓝狮子·腾讯文学十大最佳商业图书和最受欢迎的数字阅读出版物
2013京东经管图书年度畅销榜上榜图书，综合排名第一，经济类榜榜首

《牛奶可乐经济学》

国家图书馆"第四届文津奖"十本获奖图书之一
搜狐、《第一财经日报》2008年十本最佳商业图书

《影响力》(经典版)

《商学院》"2013经理人阅读趣味年报·心理学和行为科学类最受关注图书"
2013亚马逊年度图书分类榜心理励志图书第八名
《财富》鼎力推荐的75本商业必读书之一

《人人时代》(原名《未来是湿的》)

CCTV《子午书简》·《中国图书商报》2009年度最值得一读的30本好书之"年度最佳财经图书"
《第一财经周刊》· 蓝狮子读书会·新浪网2009年度十佳商业图书TOP5

《认知盈余》

《商学院》"2013经理人阅读趣味年报·科技和社会发展趋势类最受关注图书"
2011年度和讯华文财经图书大奖

《大而不倒》

《金融时报》· 高盛2010年度最佳商业图书入选作品
美国《外交政策》杂志评选的全球思想家正在阅读的20本书之一
蓝狮子·新浪2010年度十大最佳商业图书，《智囊悦读》2010年度十大最具价值经管图书

《第一大亨》

普利策传记奖，美国国家图书奖
2013中国好书榜·财经类TOP100

《真实的幸福》

《第一财经周刊》2014年度商业图书TOP10
《职场》2010年度最具阅读价值的10本职场书籍

《星际穿越》

国家图书馆"第十一届文津奖"十本奖获奖图书之一
2015年全国优秀科普作品三等奖
《环球科学》2015最美科学阅读TOP10

《翻转课堂的可汗学院》

《中国教师报》2014年度"影响教师的100本书"TOP10
《第一财经周刊》2014年度商业图书TOP10

湛庐文化获奖书目

《爱哭鬼小隼》
国家图书馆"第九届文津奖"十本获奖图书之一
《新京报》2013年度童书
《中国教育报》2013年度教师推荐的10大童书
新阅读研究所"2013年度最佳童书"

《群体性孤独》
国家图书馆"第十届文津奖"十本获奖图书之一
2014"腾讯网•啖书局"TMT十大最佳图书

《用心教养》
国家新闻出版广电总局2014年度"大众喜爱的50种图书"生活与科普类TOP6

《正能量》
《新智囊》2012年经管类十大图书，京东2012好书榜年度新书

《正义之心》
《第一财经周刊》2014年度商业图书TOP10

《神话的力量》
《心理月刊》2011年度最佳图书奖

《当音乐停止之后》
《中欧商业评论》2014年度经管好书榜•经济金融类

《富足》
《哈佛商业评论》2015年最值得读的八本好书
2014"腾讯网•啖书局"TMT十大最佳图书

《稀缺》
《第一财经周刊》2014年度商业图书TOP10
《中欧商业评论》2014年度经管好书榜•企业管理类

《大爆炸式创新》
《中欧商业评论》2014年度经管好书榜•企业管理类

《技术的本质》
2014"腾讯网•啖书局"TMT十大最佳图书

《社交网络改变世界》
新华网、中国出版传媒2013年度中国影响力图书

《孵化Twitter》
2013年11月亚马逊(美国)月度最佳图书
《第一财经周刊》2014年度商业图书TOP10

《谁是谷歌想要的人才？》
《出版商务周报》2013年度风云图书•励志类上榜书籍

《卡普新生儿安抚法》《最快乐的宝宝1•0~1岁）
2013新浪"养育有道"年度论坛养育类图书推荐奖

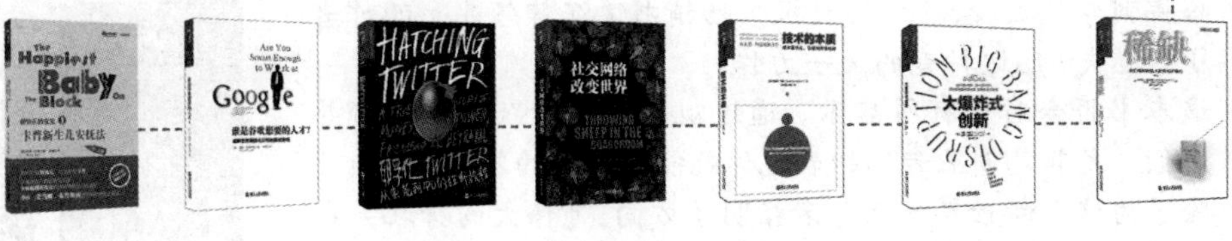

湛庐文化 Cheers Publishing
a mindstyle business 与思想有关

延伸阅读

《沃伦·本尼斯经典四部曲》

扫码直达本书购买链接

◎ 沃伦·本尼斯被称为领导力之父，组织发展理论先驱。以关于领导艺术的著作而闻名，经典四部曲分别是《领导者》《成为领导者》《七个天才团队的故事》《经营梦想》，对我们了解近代西方领导力思想、认识现代组织的领导力真谛、迎接当下和未来的领导力挑战具有重要的意义。

◎ 沃伦·本尼斯使领导学成为一门学科，为领导学建立学术规则。他打破陈见，率先指出以人为本、更加民主的领导者更适合应对复杂多变的当代环境。

《管理工作的本质》（珍藏版）

扫码直达本书购买链接

◎ 亨利·明茨伯格最知名的著作，该作品奠定了其极具影响力的管理大师地位。

◎ 经理角色管理学派最早出版的经典著作，作者对组织结构设计和领导者的培养提出了一系列具有洞见的观点，这些观点成为领导学研究的基础。

◎ 在书中作者指出了 4 个对管理者的工作产生影响的变量，并将管理者的管理活动分为 3 个大类，在这 3 个大类中又细分管理者的工作角色为 10 种。

《卓有成效的组织》（珍藏版）

扫码直达本书购买链接

◎ 亨利·明茨伯格最得意的著作，展现并整合了所有关于“如何设计一个有效的组织”的研究。

◎ 在书中作者解释了何为组织结构——将工作拆分成若干不同的任务，再协调整合起来以实现工作目标的各种方法的总和。

◎ 在书中，作者同时指出组织的 5 大组成部分、5 大协调机制、9 大设计参数、4 组情景因素，揭示出管理工作的本质。

《伟大的挣扎》

扫码直达本书购买链接

◎ 哈佛商学院教授、《纽约时报》畅销书《沉静领导》的作者小约瑟夫·巴达拉克的又一力作。

◎ 这本书将会对你有所启示。通过观察那些活跃组织的领导者们，尤其是创业者们的表现你就能找到新的答案。

◎ 除了为这个新世界的领导者指明了方向，《伟大的挣扎》也为普通人认识世界、过好生活提供了思路。

图书在版编目（CIP）数据

经营梦想（纪念版）/（美）本尼斯著；姜文波译．—杭州：浙江人民出版社，2017.1

ISBN 978-7-213-07718-0

Ⅰ.①经… Ⅱ.①本… ②姜… Ⅲ.①领导学－文集 Ⅳ.①C933-53

中国版本图书馆 CIP 数据核字（2016）第 288792 号

浙江省版权局
著作权合同登记章
图字：11-2016-205号

上架指导：管理/领导力

经营梦想（纪念版）

［美］沃伦·本尼斯　著
姜文波　译　徐中　审校

出版发行：浙江人民出版社（杭州体育场路 347 号　邮编　310006）
市场部电话：（0571）85061682　85176516
集团网址：浙江出版联合集团　http://www.zjcb.com
责任编辑：蔡玲平　陈　源
责任校对：朱志萍　张谷年
印　　刷：北京中印联印务有限公司
开　　本：720mm × 965 mm 1/16　　印　　张：22.5
字　　数：268 千字　　插　　页：3
版　　次：2017 年 1 月第 1 版　　印　　次：2017 年 5 月第 3 次印刷
书　　号：ISBN 978-7-213-07718-0
定　　价：69.90 元

如发现印装质量问题，影响阅读，请与市场部联系调换。